JN165267

高野光平

昭和ノスタルジー解体

「懐かしさ」はどう作られたのか

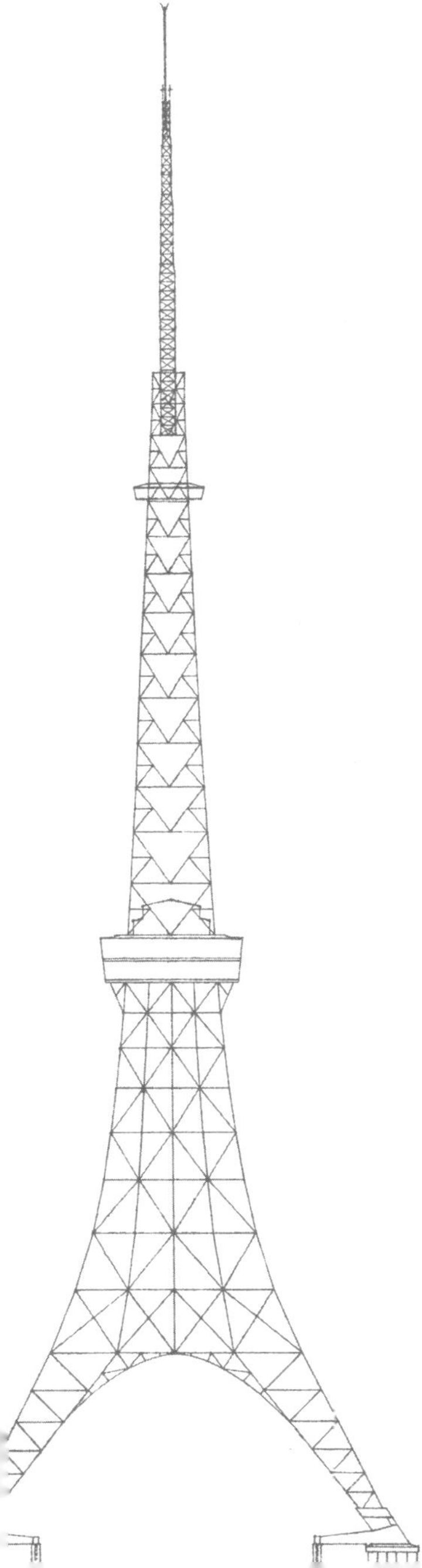

晶文社

装丁・本文組　細野綾子

昭和ノスタルジー解体　目次

一九八〇年代

序

ふたつの「三丁目」のあいだに

この本は、いわゆる「懐かしの昭和」を愛好する文化がいつ、どのように成立したのかを考えるものです。まずは、私がなぜこのテーマに興味を持ったのか、そしてどのような議論をするつもりなのかについて、簡単に説明します。

この本を手にとってくださった読者の方は、二〇〇五年十一月に公開された映画「ＡＬＷＡＹＳ　三丁目の夕日」の大ヒットの前後に、昭和ノスタルジーの大きなブームがあったことを覚えているでしょうか。「ＡＬＷＡＹＳ」の舞台となった昭和三十年代を中心に、懐かしの昭和を楽しむさまざまな書籍、雑誌特集、テレビ番組、商品、イベント、展覧会、レジャー施設などが人気を博しました。

ブームが始まって少し経つと、なぜこのようなブームが起こったのかについて、たくさんの論者が分析をおこないました。当時大学の教員になったばかりの私も、小さい頃から昭和文化が大好きだったこともあり、分析の輪に加わろうとしました。科学研究費補助金という国からの研究費を獲得して、さっそく関連書籍を集めて分析に取り組んだのです。

しかし、調べれば調べるほど私には疑問が浮かぶばかりでした。世に出回っていた分析のほとんどが、目の前の現象、つまりゼロ年代に起こった昭和三十年代ノスタルジーについて考えていたのですが、私にはそれが、一連の文化現象の一部でしかないように見えたのです。昭和を愛好するブームはゼロ年代に限ったことではないし、その対象は昭和三十年代に限ったことでもないし、発揮されている感性がノスタルジーに限ったことでないのは、少し調べれば明らかでした。

昭和の街並みを復元した「新横浜ラーメン博物館」や「ナムコ・ナンジャタウン」は一九九〇年代のオープンだし、古き良き街並みをめぐるレトロ散歩も九〇年代が発祥です。もっとさかのぼって、一九八四年には「懐古ブーム」、八六年には「レトロブーム」という大きな流行が起こっています。さらに言えば、「ＡＬＷＡＹＳ」の原作である西岸《さいがん》良平『三丁目の夕日』が始まったのは一九七四年です。そのとき西岸は二十代、掲載誌は青年マンガ誌で、『三丁目の夕日』のスタートは若者文化でした。昭和愛好は昭和の最中に始まり、長い歴史があります。

また、昭和ノスタルジーブームをつぶさに見ていくと、昭和四十年代や一九七〇年代、昭和五十年代までもが対象になっています。「ＡＬＷＡＹＳ」の舞台は昭和三十年代ですが、ブームの対象はそのディケイド（十年間）にとどまるものではありませんでした。そして、過去への憧憬であるノスタルジー以外にも、いま過去と出会う面白さに力点が置かれた「レトロ」という言葉が使われていたし、古いセンスを笑いとともに受容する「アナクロニズム」も認められます。レトロに対して「かわいい」や「おしゃれ」という形容もありました。感性も多様なものだったのです。

こうした多様性を脇において、目の前のもっとも目立つ現象にまず注目することは間違っていません。私はそうした分析を批判するつもりはなく、むしろおおいにこの本の参考にしています。しかしそれだけでは話が終わらないとも思いました。昭和イメージの全容はもっと広く、目の前の現象だけを見ても分からないことがいろいろあるはずだと。

私がそう考えた最大の理由は、私自身の経験にあります。私も小さい頃から昭和の文化が大好きでした。なかでもハマったのが、一九九〇年代に音楽好きの世界を席巻した「渋谷系」です。レトロエッセンスをパッチワークして作られた数々の楽曲やビジュアルイメージを、二十代の私は猛烈におしゃれでカッコいいものだと感じていました。私の研究の原点は、あのときなぜ、あんなにレトロなものに夢中になったのか、あの感覚は何だったのか、その理由を突きとめたいというものでした。

しかし、昭和ノスタルジーに関するこれまでの議論のどこにも、「九〇年代」や「おしゃれ」というキーワードはありませんでした。世の中は「ＡＬＷＡＹＳ」的な昭和三十年代ノスタルジーであふれているけれども、自分にとっての昭和愛好はそれではない。なんだかみそっかすにされているような気がしてきて、なんとか私自身の経験を救い出せないか、渋谷系のおしゃれさにハマった自分の経験も含めて、近い過去を愛する現象の全体像を記述する方法はないだろうかと考えるようになりました。

「ＡＬＷＡＹＳ」的なノスタルジーと渋谷系のレトロポップは、似たような時代に似たようなものを愛好しているのだから、無関係であるはずがないのです。もしかすると、なにもかもが有機的につながっているのではないか。すべてが結びついた大きな地図を描き出せれば、それこそが私が知りたかった答えなのではないか。そんなアイデアが自分の中でふくらんできました。

そこで私は、視野をタテとヨコに拡げることにしました。タテとは、話をゼロ年代だけで終わらせずに時代をさかのぼっていくことです。つながっている糸をたどっていくと、九〇年代、八〇年代、七〇年代と、近い過去の文化を愛好する営みはどこまでも続いていました。時代をさかのぼるにつれて、昭和五十年代が愛好の対象から外れ、昭和四十年代が外れ、そして昭和三十年代の愛好をさかのぼりきると、行き着いたのは一九七四（昭和四十九）年でした。マンガ『三丁目の夕日』の連載が始まった年であり、高度成長が終わった場所です。現在の昭和ノスタルジーの始点はここにありました。

この本の問題設定は、マンガ『三丁目の夕日』（一九七四年）から映画「ALWAYS　三丁目の夕日」（二〇〇五年）までの三十二年間に、昭和の愛好をめぐって何があったのか、という題意に集約されます。いつ、誰が、なぜ、戦後昭和の文化や日常生活を懐かしんだのか。ふたつの「三丁目」のあいだに起こったできごとの系譜図を作成することが、この本のいちばんの目標になりました。

そのとき、ヨコにも視点を拡げることを意識しました。ノスタルジーだけではなく、おしゃれなものやかわいいものを愛でるレトロセンスや、ひと昔前のダサい流行を笑うようなアナクロニズムも視野に入れています。さらに、子ども時代に親しんだモノやコンテンツを収集したり、データベースを作ったり、批評したりするオタクカルチャーも接続させました。

おたくを議論に含めたことで、つながりが見えにくかった部分にいっせいに光が当たり、劇的に見通しがよくなりました。これは、この本の中でもっとも大きな発見です。昭和ノスタルジーとは何かを考えるにあたり、「おたく」や「サブカルチャー（サブカル）」は決定的に重要なキーワードだったのです。

昭和の愛好をめぐる多様な感性について、三十余年の歴史を描き出し、私たちの昭和イメージがどのように構成されてきたのかを明らかにすること。これが、この本が目指していることです。

そこにはさまざまな人々が登場します。昭和愛好は中高年の専売特許ではなく、それぞれの時代の若者たちも深く関与してきました。「若者」もこの本のキーワードのひとつです。若者から中高年まで、あらゆる世代がそれぞれの立場から昭和愛好を積み重ねてきた先に、ゼロ年代の昭和ノスタルジーブームが花開いたと言えます。

「懐かしの昭和」は時間をかけてみんなで作ってきたということが、読者のみなさまに伝わればこの本の目的は達成されます。昭和ノスタルジーをいったんバラバラに解体して、個々の部品の成り立ちをじゅうぶん観察してからふたたび組み立てて、設計図付きの「懐かしの昭和」を完成させます。三百ページ以上を要する長いタイムトラベルですが、どうぞよろしくおつきあいください。

本文に入る前に、この本で多用するいくつかの用語について説明しておきます。まず、世代のくくり方です。近い過去に対する感覚は、対象となる時代との距離感、つまり生まれた時期によって細かく変化します。戦後日本の生活文化やメディア文化は短いスパンで大きく変わったので、生まれが十年違えば、場合によっては五年違うだけでも、異なった枠組みが必要になることがあります。一方で、近い生まれの人々のあいだには強い共通性が認められます。

いろいろな条件を検討した結果、戦後生まれの人々を次のような世代に区切りました。

一九四〇年代後半生まれ　＝　**団塊世代**
一九五〇年代前半生まれ　＝　**ポスト団塊**
一九五〇年代後半生まれ　＝　**無共闘世代**
一九六〇年代生まれ　＝　**新人類**
一九七〇年代生まれ　＝　**団塊ジュニア**
一九八〇年代以降生まれ　＝　**(特に名称なし)**

どんな分け方を採用しても境界付近はあいまいになってしまい、ふんわりとした分け方にならざるをえません。であればキリのよいところで切ったほうが分かりやすいと考えてこのようにしました。個々の世代の範囲は人口学的な定義と少しズレているのでご注意ください。機械的に区切ったように見えますが、それぞれが特徴ある共通性をしっかり持っています。個々の世代の共通性は本文で順番に明らかにしていきます。

あとふたつ、重要な用語として「若者」と「サブカルチャー（サブカル）」があります。この本で若者と言った場合、おおざっぱに十代と二十代を指します。そして若者向けのメディアで花開いた文化を「若者文化」と呼んでいます。

「サブカルチャー（サブカル）」は定義に幅があり、定義だけで論争が起きるようなデリケートな概念ですが、この本では単純に「あまり一般的ではないメディアを中心に、特定の趣味嗜好を持つ人々が継続的にコミュニケートしている状況」とします。具体的には、マンガやアニメ、マイナーな音楽などを愛好する人々になりますが、それらのコンテンツ自体を指すというよりは、そこに集った人々のコミュニケーション全体を指す言葉としてサブカルの語を用いています。

一九七〇年代

第1章　ニューノスタルジーの誕生

――『三丁目の夕日』とその時代

マンガ雑誌『ビッグコミックオリジナル』（小学館）一九七四年九月二十日号から、西岸良平『三丁目の夕日』の連載が始まった。

昭和三十年代の東京・夕日町三丁目が舞台のこの作品は、小さな自動車修理会社「鈴木オート」を経営する鈴木家のひとり息子・一平を主人公に、父の則文、母のトモエ、集団就職で上京した従業員の星野六郎（六さん）、そして三丁目のさまざまな住人たちが織りなすささやかな日常のドラマを、四十年にわたり一話完結で描き続けてきた。

映画「ALWAYS　三丁目の夕日」の原作であり、現在の昭和ノスタルジーの原点といえる『三丁目の夕日』はどのような時代背景から生まれたのか。そこに描かれたノスタルジーは、どのような社会意識と共鳴したものだったのか。一九七〇年代の連載初期に焦点を当てて、この作品と同時代との関わりを探りたい。鍵になるのは高度成長の終焉というできごとである。

高度成長の「終焉感」

経済学的には諸説あるようだが、日本の高度成長はおおむね一九五五年ごろに始まり、一九七三〜七四年ごろに終わった。この時期の日本は生産性が飛躍的に向上し、需要と供給の継続的な好循環が起こって経済規模が一気に拡大した。人々が実感したのは、身のまわりに起こる生活革新であり、都市化する街の風景であり、そして成長を伝えるメディアの言葉や映像だった。

いいことばかりではない。公害問題は深刻だったし、食品や生活用品の化学物質汚染はたびたびニュースをにぎわせた。都市化が人情を薄くしたという議論もあった。さまざまな難点を含みながらも日本人は、その「モーレツ」な変化にひとしく巻き込まれ、濃厚な記憶として高度成長の日々は私たちに深く刻み込まれた。

そんな高度成長にかげりが見え始めたのは、大阪万博が終わった一九七〇年ごろからである。ニクソン・ショックによる円高不況への懸念や、列島改造ブームに端を発するインフレーションなどで物価が上昇し、消費者の不満と不安は育っていた。加えて六〇年代から続く公害や食品汚染の問題は、七〇年代に入っても収束のきざしをみせなかった。

七三年十月、第四次中東戦争の勃発から石油価格が急騰し、多方面で値上げが起こる（第一次オイルショック）。トイレットペーパー騒動などの衝撃的なニュースを通じて、日本人は久しぶりに国レベルでモノが手に入らない状況を痛感したはずだ。ガソリンスタンドの休日営業中止、風俗営業や映画館の終了時刻の繰り上げなどの事態が次々と起こった。

オイルショックが直接的に高度成長を終わらせたわけではないが、そのインパクトは数年かけて育ってきた「終焉感」のとどめの一撃だったと言えるだろう。日本人は楽観的な成長主義がもう通用しないことをはっきりと認識していく。

社会・経済状況の変化にはかならず文化が対応するもので、ここでも終焉感と向き合う文化がいくつも生まれた。七三年には小松左京『日本沈没』がベストセラーになり、野坂昭如《あきゆき》や井上ひさしが執筆陣に名を連ねた雑誌『終末から』（筑摩書房）が発刊されて話題になった。

翌七四年には五島勉『ノストラダムスの大予言』がベストセラーになり、超能力者ユリ・ゲラー、映画「エクソシスト」、中岡俊哉の心霊写真集が人気になるなど、いわゆるオカルトブームが起こる。五島は一九九九年に人類が滅亡する要因として「超光化学スモッグ」と「大陸間弾道ミサイル」をあげていて、オカルトブームと社会不安の結びつきをうかがわせる。

旅する若者たち

そんな終焉感と向き合う文化のひとつに、ふるさとや日本の原風景に魅力を見出す傾向も位置づけられる。古き良き日本の姿や望郷をテーマにしたコンテンツは戦後を通じて存在するが、とりわけ一九七〇年ごろから目立って増加したのは、「ディスカバー・ジャパン」と「アンノン族」を中心とした、日本の原風景と旅を結びつける文化だった。

ディスカバー・ジャパンは七〇年十月から始まった日本国有鉄道のキャンペーンで、「海に見つめよう、私を」「旅は、もうひとりのあなたを映す鏡」などの抽象的なキャッチコピーと、アーティスティックな写真を組み合わせたポスターが話題になった。特定の観光地をフィーチャーするわけでもなく、割引やサービスの宣伝でもない、私たちにとって旅とは何かを問いかける哲学的な内容が特徴だった。

アンノン族はディスカバー・ジャパンと同時期に起こったブームである。七〇年創刊の『an・an』(平凡出版　現・マガジンハウス)と七一年創刊の『non-no』(集英社)というふたつの人気女性誌が頻繁に旅特集を組んだことから、倉敷、金沢、飛騨高山、益子などの渋めの観光地や、鎌倉、京都などをたくさんの若い女性たちが訪れた。

創刊後しばらくの『an・an』は、ファッション写真のロケとしてモロッコ、ロンドン、インドなど海外をめぐる記事が多く、国内の観光記事もあったが見開きの小さなものだった。しかし『non-no』が創刊から毎号、おすすめルート、おいしい食事、おみやげ情報などの実用記事を充実させたのに歩調を合わせたのか、『an・an』も七二年九月から切れ目なく実用的な旅特集を組むようになる。

アンノン族もディスカバー・ジャパンと同じく、失われゆく日本の原風景に安らぎを覚えつつ、そこで自分自身を再発見することが意図されていた。初期のビジュアルイメージは最先端のファッションで古都を訪れる異文化交流のおもむきだったが、七三年ごろから『an・an』『non-no』とも特

図1：『an・an』1973年9月号

集タイトルに「ふるさと」の語が散見され、ノスタルジックなテイストが強まっている〈図1〉。

『non-no』一九七三年八月二十日号の特集「ふるさとを考える」には、東京で暮らす芸能人や業界人二十名のコラムが掲載されている。それを読むと、若い世代にも故郷へのノスタルジーが強くあり、しかも公害や工業化との対比で故郷をとらえていることがよく分かる。同特集に寄稿した小松左京と野坂昭如も同様のことを述べていて、アンノン族は大枠では終焉感と向き合う文化のひとつだったと考えられる。

ただし、アンノン族の旅は自らのルーツを直接訪ねるものではなく、飛騨高山や萩・津和野などの典型的な風景に仮託された、抽象的なふるさとイメージの消費だった。とりわけ都市出身者にとって、田舎の風景は漠然としたノスタルジー以外のものではない。東京出身の西岸良平にとっても、それは本当のノスタルジーではなかったかもしれない。

ディスカバー・ジャパン的なノスタルジーが日本中で共有されるにつれて、団塊とポスト団塊の若者たちは、一方でそれをイメージ的に消費しつつも、他方では自らの思い出との微妙なズレを感じていた可能性はある。であれば、自分たちがもっとダイレクトに感情移入できるような、自分たちに固有のノスタルジーを追求しようと考えるのは自然な流れだ。

そして七四年九月、アンノン族の沈静化と入れ替わるように始まったのが『三丁目の夕日』だった。

山の手のノスタルジック・メルヘン

西岸良平は一九四七年生まれの団塊世代で、一九七二年にマンガ家としてデビューした。『三丁目の夕日』は西岸が二十六歳または二十七歳のときに描き始めた作品である。

第一話「ベーゴマ仮面」雑誌掲載時の欄外には次のアオリ文句がある〈図2〉。

「新連載　ノスタルジック・メルヘン」

「昭和30年、東京は山の手・夕日町。そこには、まだ、あのメルヘンの世界がありました!!」

図2:『三丁目の夕日』第1話「ベーゴマ仮面」(『ビッグコミックオリジナル』1974年9月20日号)

ふたつ目の文章に書かれた「山の手」に注目したい。「ＡＬＷＡＹＳ」の公式ウェブサイトでは夕日町三丁目を下町としており、世間的にも下町だと受けとめられていると思うが、連載当初の設定は山の手だった。作品内には「もといた下町」というセリフがあり、鈴木家は下町から山の手に引っ越してきたことが分かる。七七年掲載の「鈴木家の人々」によると、父・則文は「下町の修理工場に勤めながら、いまに自分の会社を持つんだと」夢を抱きつつ、「神田川のそばのアパートに一家三人で暮らしていた」という。

第三話「おばあちゃんの自転車」（一九七四年十月二十日号）欄外には「三丁目の舞台は、東京・

世田谷のとある町」と書かれているから、山の手とは世田谷を指すようだ。西岸が世田谷区出身だからだろう。世田谷は、同年に連載を終了した『サザエさん』（朝日新聞朝刊）と同じ舞台設定である。後期の『サザエさん』が殺伐とした都市や薄れる人情を痛烈に皮肉っていたことを思うと、ノスタルジック・メルヘンと銘打たれるゆえんも理解できる。

私たちは昭和ノスタルジーというと下町を連想しがちだが、それはいま、昔風の町並みや人間関係が残っている（ように見える）からで、昔はどこにでも似た風景があった。七四年当時、昭和三十年代らしさは下町だけに宿るものではなかったということだ。

失われた時代

『三丁目の夕日』には昭和三十年代の古き良き街並みが数多く描かれる。一九七〇年代の作品から例をあげると、ベーゴマ、街頭テレビ、七輪でサンマを焼く、家庭電化、集団就職、踏切のおじさん、幻燈機、チンチン電車、カミナリ族、ダッコちゃん、紙芝居、防空壕探検、結核、恋文の代筆屋、炭屋、力道山、貸本屋、氷屋、バスガール、家で飼うニワトリなど。

街頭テレビや集団就職は昭和三十年代ならではのものだが、ベーゴマ、七輪、紙芝居、氷屋などは昭和二十年代や戦前にもあった。昭和三十年代は前の時代からの連続性を多く含んでいた。しかしそれらの多くは高度成長期に失われていく。失われるという点で、紙芝居や氷屋は昭和三十年代

図3：(左)「桜の木の下で」
(右)「おじいさんの旗」

に固有の現象になる。

西岸はしばしば、現在では失われたものという視点を明確に描く。たとえば一九七五年四月五日号「おじいさんの旗」で描かれる有人操作の踏切や、同年四月二十日号「桜の木の下で」で描かれる近所の桜並木は、最後の一コマで失われた風景だと伝えられる〈図3〉。西岸が取り上げる多くのものは連載時にほぼ失われていた文化であり、読者はそれらを通じて取り戻せない過去を強く感じたことだろう。

一方で失われていないものも登場する。たとえば子ども文化に関するものがそうで、三角ベース、駄菓子屋、少年雑誌の通信販売、そろばん塾、糸電話、肝試しなどは連載当時も普通にあったはずだ。一平がらみで登場するこれらの要素は、社会的に失われたというよりは、個人的に失われた過去であり、自身の子ども時代へのノスタルジーとして表現されたものだ。たとえ遊び自体が日本に残っていても、自分たちにとってのそれは失われたという感覚である。

読者の共感

昭和三十年代のこうした描写に対して、読者たちは素直な反応を示している。同誌の読者投稿欄からいくつか声を拾ってみたい。

「ちょうど私が小学生くらいだった時代（昭和30年代）を背景に、そこに生きる庶民の幸福な暮らしざまが（今より確かに貧しい時でしたが）生き生きと描かれており、限りないノスタルジーを覚えます」（二十四歳・女、一九七五年二月二十日号）

「西岸世界がおもに『失われつつあるもの』を、描いていることです。『三丁目の夕日』に描かれた世界が我々読者の、子供時代の場面と重なり、また、ノスタルジー・ブームとも無縁ではないでしょう」（二十五歳・男、一九七五年十一月五日号）

「これこそ、都会人には忘れられていた心の故郷でしょう。ひょっとして、西岸良平氏は、私と同世代……」（二十九歳・男、一九七六年十一月二十日号）

読者たちはそろって同世代の共感を口にする。年齢をみて分かるように、投稿者のほとんどは西岸と同じ団塊世代かポスト団塊である。二人目の投稿に「ノスタルジー・ブーム」という言葉があり、先述したふるさとブームと関連づけられていたと読める。

一方で、『三丁目の夕日』は直接的な記憶を持たない人々にも訴える力を持っていたようだ。たとえば次のような投稿である。

「とっても人情味のある、心休まるストーリーなんですよね。スピードだのスリルだの、雑然とした現代の世の中で、シラケきった私たちに、何かしらあったかいものを与えてくれるような感じがします。［中略］30年代の懐古趣味だっていう人もいるけれど、そんなことないわよね。わたしだって、わかるんですもん」（女、一九七六年四月五日号）

この女性は投稿の冒頭で女学生と名乗っており、「わかる」という言い方から自分たちの経験とは異なるものの、理解できるものがあったようだ。ややデキすぎの文章と言えなくもないが、本物の女学生の言葉だと信じることにしよう。「30年代の懐古趣味だっていう人」がどういう人たちなのか文面だけでは判断できないが、『三丁目の夕日』は誰もが無条件に共感するわけではなかったようだ。

ニューノスタルジーと高度成長批判

読者たちの反応は「ＡＬＷＡＹＳ」に対する私たちの反応によく似ていて、三十年越しに共有される普遍的なノスタルジーを思わせる。しかし『三丁目の夕日』は、描き手も読み手も二十代が中心で、若者向けのマンガ雑誌に連載されたローカルな文化だった。当時の『三丁目の夕日』は、国民全体で共有されるレベルの記憶ではなかったはずだ。

ノスタルジーは世代による差が大きく、ちょっとしたディテールの描き方で共感の度合いは大きく変化する。たとえばオート三輪がバタバタと走り回る光景は、三十代以上にとっても懐かしいかもしれないが、それは少年少女の日々とは結びつかない。小学生の目線でオート三輪を見つめたのは限られた世代だけである。

また、『三丁目の夕日』では都市化や家庭電化、メディアの充実などが少しだけ子どもの世界に影響を与えるが、この設定は下の世代には共感できても、そのような子ども時代を送っていない上の世代には共感しにくいだろう。『三丁目の夕日』は基本的に若者目線のテキストだった。

若者の感性が生み出す新しい文化を、当時は「ニュー」という言葉をつけて表現した。だから私は『三丁目の夕日』を「ニューノスタルジー」と呼んでいる。従来の家族観に対して「ニューファミリー」が生まれ、従来の歌謡曲に対して「ニューミュージック」が生まれ、ファッションでは従来のトラッドを刷新する「ニュートラディショナル」が生まれたように、従来の望郷や懐古を更新する「ニューノスタルジー」を若者は生み出した。

ただしそれは、一般的なふるさとイメージと完全に断絶していたわけではなく、ひとつの重要な共通点を持っていた。それは高度成長に対する批判と反省がベースになっていることだ。たとえばさきほどの女学生はスピード時代の雑然とした世の中を批判していた。この種の投稿は他にもある。

「戦後私たちは、豊かさを求めてあくせくしてきましたが、同時に心の温かさを失っていたのではないでしょうか。［中略］私たちが追い求めている幸福は、実は私たち自身の手の中にあるのにそれに気づかない……私は、そんな感想を持ちました」（二十歳・男、一九七五年一月五日号）

これは西岸より十歳近く年下の、ポスト団塊の若者の投稿である。こうした高度成長批判はこの時期さんざん語られたもので、『三丁目の夕日』も少なからず同じ文脈で読まれていたようだ。ニューノスタルジーはローカルな文化ではあるが、終焉感と向き合う大きな社会意識とはリンクしていたのである。

とはいえ『三丁目の夕日』の舞台である昭和三十年代前半は高度成長の初期にあたり、成長から完全に切り離されていたわけでもない。もし、切り離されているように感じていたのなら、そこには独特の時間感覚があるように思える。

西岸がインタビューに応じた読売新聞一九七九年十月十七日夕刊の記事「郷愁誘う〝良き時代〟」の記者の言葉に次のような一節がある。

「『新分野を打ち立てたメルヘン・コミック』と評価される西岸良平の『三丁目の夕日』は、高度成長の始まるはるか前、町にはどこか戦後のおもかげをとどめて、オート三輪がバタバタと走り回る――そういう時代の絵物語である」

「はるか前」という記者の言い方が重要だ。記事では公害と都市の肥大化を三十年代後半と断っていて、前半と切り離している。前半と後半には心理的な距離があったようだ。この距離感がおそらく、『三丁目の夕日』のメルヘンを可能にしていた。高度成長という巨大な山脈越しに振り返る昭和三十年代前半は、じっさいの距離よりもずいぶん遠くに、現実から切り離されたようなたたずまいで見えたのかもしれない。

ニヒリズム　――マンガとしての『三丁目の夕日』

『三丁目の夕日』は、小説でも映画でも少年マンガでもなく、青年マンガだった。この事実もまた、ニューノスタルジーのローカル性と深い関わりを持っている。ここからは『三丁目の夕日』のマンガとしての性質について考えてみたい。

第一話が掲載された『ビッグコミックオリジナル』一九七四年九月二十日号をひもとくと、水島新司『あぶさん』、ジョージ秋山『浮浪雲』、黒鉄ヒロシ『赤兵衛』、柿沼宏作・武本サブロー画『カルテ』、バロン吉元『どん亀野郎』、楳図かずお『闇のアルバム』、小池一雄（現・一夫）作・平野仁画『サハラ』、篠原とおる『銀笹』、小島功『ヒゲとボイン』、園山俊二『ヒモ・ストーリー』、雁屋哲作・池上遼一画『百家族』が載っている。顔ぶれを見て分かるように、劇画とナンセンスの雰囲気に満ちた雑誌だった。

その雰囲気に合わせるように、『三丁目の夕日』にはしばしば、文学的で独特の余韻を残す表現がみられる。

図3で取り上げた「おじいさんの旗」には、踏切のおじいさんが電車にはねられて亡くなった、あるいは重傷を負ったことを示唆するコマがある。踏切のおじいさんは退職を間近に控えていたが、いたずらをしていた一平が線路に足をはさまれたのを助けようとして、電車にはねられてしまう。連載開始から半年、はじめて現れた辛口のオチだった。

西岸はしばしば、辛口のペーソスを唐突に入れ込み、余韻を残して物語を終わらせることを好んだ。図4にいくつか例を示した。すべて物語の最後の三コマである。

「幻燈」（一九七五年）は、古い幻燈機が宝物の貧しい病気（おそらく結核）の女性の話。彼女には病気のことを理解してくれる恋人がいて、結婚を申し込まれていた。しかし結婚のため荷造りをしている最中に血を吐いた彼女は、この幸せが幻燈のようなまぼろしにすぎないことを直感したのか、彼の前から姿を消してしまう。

「けいとうの花」（一九七六年）は、おばあちゃん子だった少年・キヨシの話。ある日キヨシは、庭に咲く一輪の花の名前（けいとう）をおばあちゃんに教えてもらう。その後キヨシは結核にかかり長期療養する。全快して家に戻り、庭一面にけいとうの花が咲いているのを見てキヨシはおばあちゃんを思い出し呼び続けるが、おばあちゃんはキヨシの療養中にこの世を去っていた。

「いたずら教室」（一九七九年）は、一平の同級生だった口うるさい女子の話。ガリレオというあだなの彼女は一平の天敵で、いたずらしているところを目撃されては告げ口されていた。しかしある日、ガリレオは結核で入院する。一平は先生とお見舞いに行き、和気あいあいと会話して友情が芽生えたかに見えたが、ガリレオはいつまでたっても学校に戻ってこなかった。

『三丁目の夕日』はけっこう人が病んだり死んだりするマンガである。それも唐突にあっけなく死

図4：（上から順に）「幻燈」「けいとうの花」「いたずら教室」

ぬ。先の例は結核ばかりだが、疫痢や交通事故なども出てくる。当時の衛生状況を忠実に描いているとも言えるし、昔は今よりも死が身近だったと伝えたいのかもしれない。しかしそれ以上に、人の死を淡々と描くニヒリズムは、劇画の流れをくんだ青年マンガ誌という発表媒体からの影響ではなかったか。

同誌の増刊号に掲載された西岸の読切短編でも、人殺しの話、心中の話、老人の話など、死が重要なモチーフになっている。社会の暗部や非情を意欲的に扱う新しいマンガ表現の場であればこそ、西岸もまた、自らのテーマに沿って死と向き合ったのではないか。

ＳＦテイストとメルヘン

ニヒリズムと並んでＳＦテイストも西岸の特徴である。『三丁目の夕日』には、時空を超え、リアルとフィクションの境界があいまいになるような話がある。代表的なのは定期的に登場する「怪人Ｘ」をめぐる物語だろう。三丁目のはずれの掘っ立て小屋に住み、廃品回収、煙突掃除、コーモリ（傘）直しなどで生活する顔を隠した人物で、子どもたちから怖れられていた。この怪人Ｘをめぐって、夢とも現実ともつかない子ども時代の不思議な体験が描かれる。

クリスマスにおもちゃの自動車が欲しいけれど、もらえそうにないと嘆く貧しい少年の陰で、怪人Ｘは廃品回収で手に入れたボロボロの自動車を見つめていた。その夜、少年は怪人Ｘが自分をさらいにくる怖い夢を見て、目覚めると枕元にピカピカのおもちゃの自動車が置かれていた(「サンタクロースは誰だ」)。

一平たちが防空壕跡を探検する。奥に入ると上のほうに光が見え、はしごを登るとお化け煙突の先に出た。一平は煙突に落書きしてから元の道を帰ろうとするが道に迷ってしまう。そこに怪人Xが現れ、恐怖のあまり卒倒する一平。目覚めると自宅で、父はガス中毒で倒れていた一平たちを怪人Xが助けてくれたと告げる。父によると防空壕は浅く、すぐに行き止まりだったという。しかし最後のコマに映り込んだお化け煙突の先には、一平が書いた「へのへのもへじ」がはっきりと刻まれていた(「三丁目の七不思議」)。

街に住んでいたナゾの人物、異常な風貌や行動の大人たち、あるいはサーカスや見世物小屋でのフリークス体験は、しばしばノスタルジー本で回想される。アウトサイダーたちの異形は、現実をとらえる枠組みが脆弱な子どもたちに不思議な体験をもたらす。西岸はそうしたリアルとフィクションの境界線上の体験を好んで描いた。

初期の読切短編にも同様の傾向が見られる〈図5〉。「サーカスの夜」は、ある刑事が誘拐事件の犯人を追ううちに子ども時代のサーカス小屋の記憶に迷い込むが、じつは刑事の世界のほうが夢だったという物語だ。「夕日のフライングマン」は、子どもの頃公園のすべり台から家の屋根まで空を飛んだと主張する男の物語。常識的に考えれば夢か妄想なのだが、男の母親が、すべり台に息子の靴が置いてあり、屋根の下で気絶していた息子の足の裏が汚れていなかったことをずっと不思議がっていて、そのエピソードが夢と現実を混乱させる。一平の煙突の落書きと同じだ。

西岸は、帰るべき場所としての子ども時代を夢かまぼろしのように描く。子ども時代の思い出は誰でも、リアルな記憶と夢の記憶が混濁するものだが、西岸は記憶のそうした性質を活かし、思い出をメルヘン化することに長けていた。それは青年マンガ誌ゆえの文学的な実験だったと私は考えている。

先に引用した読売新聞の記事によれば、西岸自身は病弱で、小学生時代はほとんど戸外で遊ばなかったという。『三丁目の夕日』は彼の実体験ではなく、眺めていたできごとの心理的な再構成なのである。そうした西岸の個人的事情にも、メルヘンに対する欲求がひそんでいるのかもしれない。

図5：（上）「サーカスの夜」
（下）「夕日のフライングマン」

虚構の中に夢を折りたたむこと

『三丁目の夕日』は、終焉感と向き合う七〇年代的な時代状況の中で、七〇年代の若者たちが、七〇年代に発達した青年マンガという場で生み出した、七〇年代的な不透明さに満ちたテキストである。それは、高度成長に対する批判の文脈を持っていた点でも七〇年代的だった。

そこには、描かれた昭和三十年代と、描いた七〇年代とが混在する。どんなテキストでも、それが生産された時代の社会文化状況と無縁ではありえない。であればこそニューノスタルジーは、七〇年代が終わりに近づくにつれて、七〇年代的な文脈、つまり高度成長批判という文脈を失っていく。

劇作家・評論家の山崎正和(一九三四年生)は、七〇年代前半の日本社会が「六〇年代に生まれ育ったいろいろの神話が、それこそ将棋倒しに崩壊していった五年間」であり、人々は「六〇年代に対して批判的になり、さまざまな価値を片っぱしから裏返しにしようとした」と整理する。しかし一方で、都市的な社会構造をいまさら覆すことはできず、最終的に日本人はその価値を積極的に受け入れる方向で落ち着いたと指摘する。

「あの目の回るような六〇年代の都市化を経験し、そのよさも悪さも嚙みしめたうえで、ついに、都市化に対する嫌悪さえ通り抜けてきた、七〇年代の日本人は、今やそうした都市の積極的な価値を発見し、それを育てて行く最良の資格者だといえるにちがいありません」（山崎正和『おんりい・いえすたでい'60ｓ』一九七七年、二百二十三頁）

社会学者の見田宗介《むねすけ》（一九三七年生）は『現代日本の感覚と思想』（一九九五年）の中で、七〇年代前半を夢に生きた時代から虚構に生きる時代への転換点としてとらえた。見田の図式にしたがえば、高度成長を見つめ直す身振りは夢の時代の清算だったが、アンノン族や、オカルトや、そしてマンガは、「ここではないどこか」をフィクショナルに、メルヘンチックに消費する身振りだった点で、虚構の時代の萌芽でもあった。

夢と虚構が入れ替わる中で産み落とされたニューノスタルジーは、夢の時代を虚構の中に折りたたんでいく営みだった。その折り目が見える位置にいたのが、二十代の若者たちだったということだ。

第2章 キープオンの誕生 ――「ぼくたちの世代」とおたくの胎動

特集「ぼくたちの世代」

西岸が『三丁目の夕日』の連載を始めた約九か月後、雑誌『宝島』一九七五年六月号で「ぼくたちの世代」という特集が組まれた〈図1〉。『宝島』は一九七三年に創刊した若者向けのカルチャー誌で、当時の編集長は西岸と同い年の高平哲郎《てつお》（一九四七年生）だった。

この特集は、一九六〇年代のポピュラーカルチャーを回想したものである。同じ世代向けでも『三丁目の夕日』とは違って、中学生から大学生くらいまでの青春時代をテーマにしている。高度成長のただ中で、モノと情報に囲まれて青春の日々を過ごした彼らの思い出は『三丁目の夕日』とだいぶ様子が異なるが、今日の昭和ノスタルジーのもうひとつのプロトタイプとして注目すべきものだ。
百ページを超えるこの特集は、編集スタッフの北山耕平（一九四九年生）と結城杏（一九四八〜四九年生）による長文のエッセイを中心に、合間にテレビや音楽に関する約五十点の図版を差しはさむ構成になっている。冒頭に掲げられた宣言文で、彼らは特集の主旨を上の世代と対比するかたちで次のように示した。

図1：『宝島』1975年6月号

「ぼくたちは、いま、ぼくたち自身のことを語ろうと思う。集団疎開でも、大陸引揚げでも、戦後闇市でもなく、ビートルズと、テレビがなくてはいられないぼくたちの世代のことを」

この言葉を裏付けるように、ランダムに挿入される図版では「パパ大好き」「ララミー牧場」などのアメリカテレビドラマや、ビートルズのイラストなどが選ばれている。他にも「ひょっこりひょうたん島」など日本のテレビ番組、「若大将」シリーズや「太陽がいっぱい」など洋邦の映画、テレビスターの顔写真の切り抜き、ケネディ大統領、サイケデリック、ウッドストックフェスティバル、深夜ラジオ、アングラ演劇など、六〇年代の若者が親しんだ多様な文化が図版にちりばめられた〈図2〉。

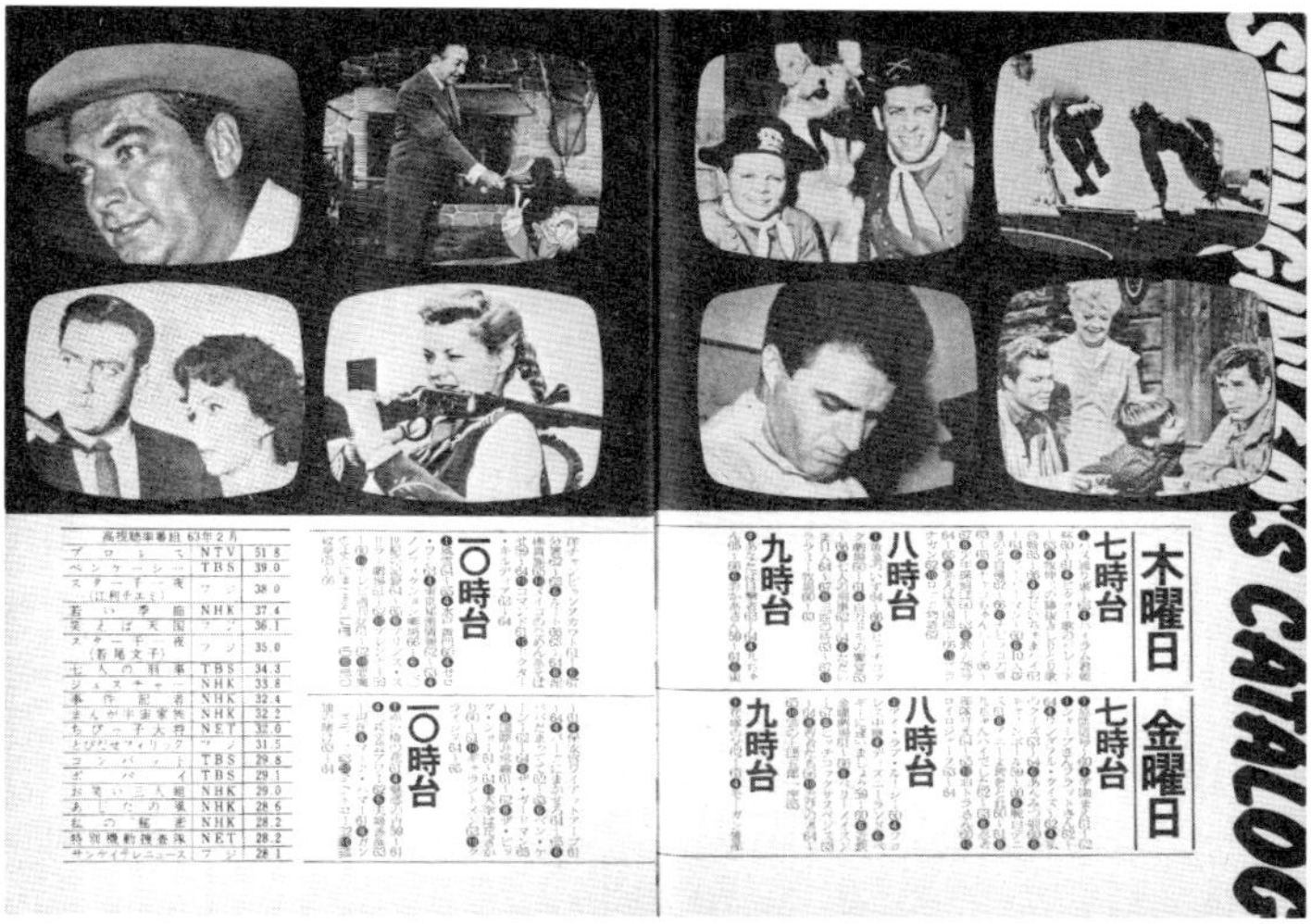

高視聴率番組 63年2月		
プロレス	NTV	51.8
ベンケーシー	TBS	39.0
スター千一夜（江利チエミ）	フジ	38.0
若い季節	NHK	37.4
笑えば天国	フジ	36.1
スター千一夜（若尾文子）	フジ	35.0
七人の刑事	TBS	34.3
ジェスチャー	NHK	33.8
事件記者	NHK	32.4
まんが宇宙家族	NHK	32.2
ちびっ子大將	NET	32.0
とびだせフィリック	フジ	31.5
コンバット	TBS	29.8
ポパイ	TBS	29.1
お笑い三人組	NHK	29.0
あしたの家	NHK	28.6
私の秘密	NHK	28.2
特別機動捜査隊	NET	28.2
サンケイテレニュース	フジ	28.1

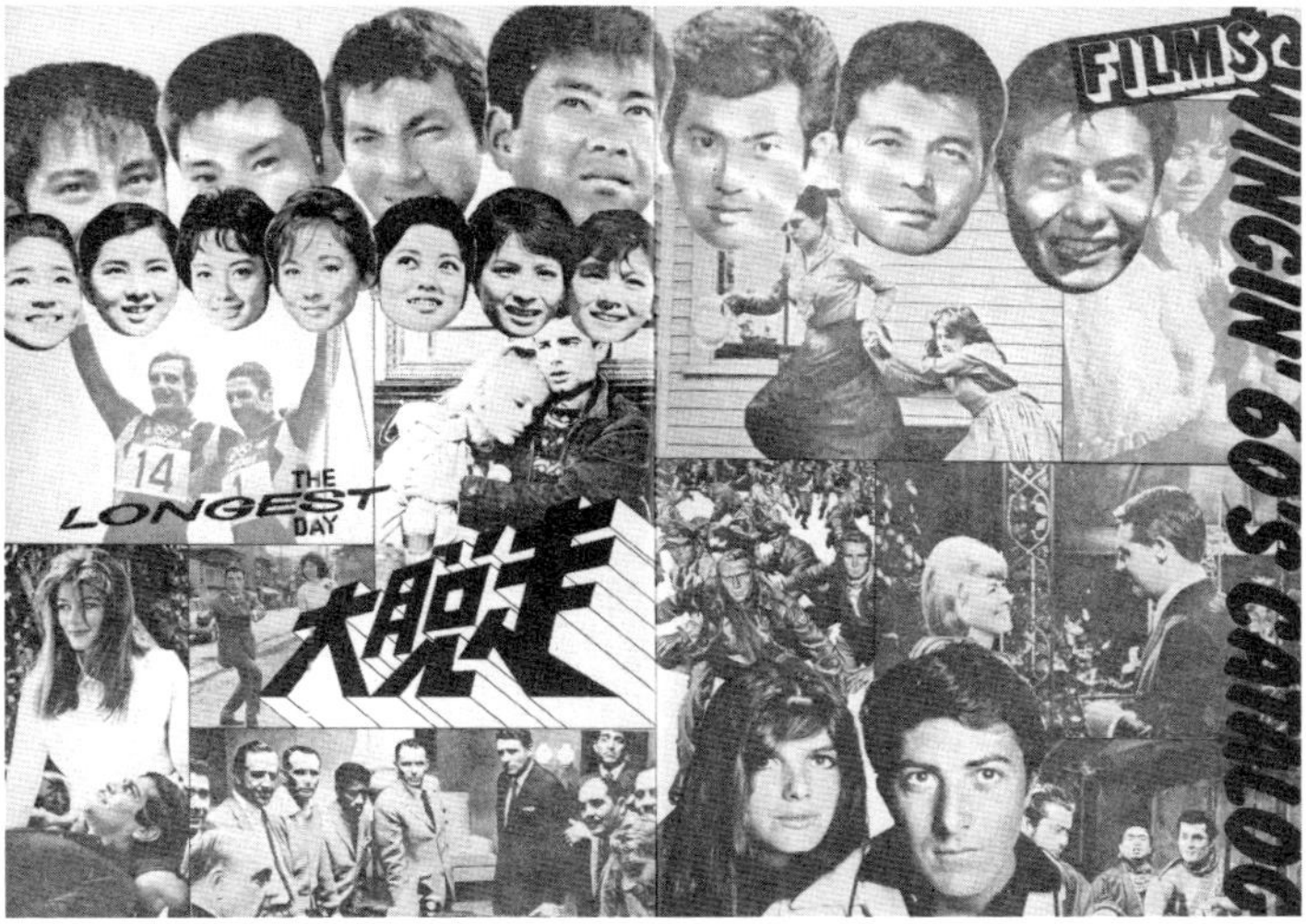

図2：「ぼくたちの世代」図版ページ

メディアコンテンツが多い印象を受けるが、それは子ども向け、若者向けのようにターゲットを絞ったコンテンツが世代を浮かび上がらせるからだ。彼らが戦中派と自分を区別するときにメディアを持ち出すのは、彼らにとってメディアが世代を浮かび上がらせる重要な切り口だからである。

テレビとビートルズの記憶

宣言文にあるテレビとビートルズは彼らの象徴だった。日本のテレビ放送は一九五三年に始まり、世帯普及率は一九五九年に二十三パーセント、六一年に五十パーセント、六二年に六十五パーセントと急激に伸びた(日本放送協会編『放送五十年史 資料編』一九七七年)。とりわけアメリカを中心とした外国のテレビ・コンテンツの影響は大きく、昭和三十年代の年間視聴率ランキングをみるとアメリカドラマがベストテンのうち四本、五本を占める年が複数ある。北山耕平は、「ぼくたちの世代には、物質文明が豊かな国アメリカに対するあこがれみたいなものが確かにあった」と書いている。

ドラマに出てくる大きな冷蔵庫やバスルームにあこがれたという回想をよく聞くが、それはホームドラマや青春ドラマの話である。豊かさへのあこがれだけでなく、西部劇はアメリカのカッコよさを、ディズニーやハンナ・バーベラのアニメーションはアメリカの楽しさをお茶の間に運んだ。テレビとともに育った世代は、その体験が強烈だったということだ。

ビートルズは一九六二年にデビューした（日本でのレコードデビューは六四年）。六〇年代はロック音楽の発展期で、多くのイギリス、アメリカのミュージシャンが若者に支持された。洋楽のメディアはテレビよりもラジオと雑誌である。首都圏を例にとると、数々の洋楽番組を放送したラジオ関東や、ＴＢＳラジオ「パック・イン・ミュージック」などが好んで聴かれた。雑誌では『ミュージック・ライフ』『音楽専科』『ニューミュージック・マガジン』などが洋楽を紹介していた。『平凡パンチ』などの若者向け週刊誌でもしばしばロックが取り上げられている。

こうしたメディア体験の共有が「ぼくたちの世代」のベースを形成していた。それだけならたんなるノスタルジーにすぎないが、『宝島』の特集の主眼はそこにはなかった。テレビとビートルズの記憶を武器に、エッセイを担当した北山と結城は、「ぼくたちの世代」の存在意義をかけたアイデンティティ闘争を仕掛けていく。

記憶語りと世代間闘争

北山はエッセイの中で、「ぼくたちはテレビジョンとともに育ってきた名実ともに最初の世代だ」「テレビジョンが、ぼくたちをつくった」などテレビとの関わりを強調する一方で、「ぼくたちよりも年齢がうえで、読書の習慣がついてしまった人たちとは、考えかたからしてまるっきり違っていて当然なのだ」と差別化を試みる。そしてついには、「彼らは、ぼくたちにとっては、生まれながらの敵なのだ」とまで言い切った。

自分たちは一枚岩のテレビ世代であり、上の世代と対立する人種だと宣言する態度は、全共闘的な政治闘争ではなく、文化闘争によって自分たちのアイデンティティを確立しようとするものにほかならない。彼らが六〇年代のポピュラーカルチャーを回想するのは、ノスタルジーにひたるためではなく、自分たちのアイデンティティを求める戦いだった。

テレビがなぜ世代間の断絶を生むかについて、北山は「没入」(インヴォルヴメント)という言葉を使った。メディアへの没入によって観る者を物理的な拘束から解放する度合いは、テレビのほうが書物よりもはるかに強く、テレビ世代は海外にも、戦場にも、ファンタジーの世界にも自由に出入りしてきたから、より体験が豊かだとする。

彼の論調は、メディアを身体機能や感覚の拡張ととらえたマクルーハニズムを思わせるもので、「ぼくたちの世代」はメディア論的にアイデンティティの確立を試みるものだった。戦後生まれという孤立した状況で育った彼らは、二十代後半の大人の年齢に差しかかって、あらためてどういう大人になるべきか問い直す中で、その原点を六〇年代の個性的なメディア体験に求めたのである。

そして彼らは、「ぼくたちの世代」にふさわしい大人とは何かを考え始める。北山は、テレビによる自由な感性の獲得にもかかわらず、型にはまった大人になるしか道がないことに違和感を抱いていた。

「ぼくたちは、さまざまなかたちで、あるパターンを踏んだ大人たちになることを要求されていた時代だった。〔中略〕ぼくたちはテレビジョンをとおして解放された状態を身体で知っていたので、その代償としてなにか大切なものを失うような、そしてそのなにか、のほうがより重要なものであるような気持がたえずしていて」

後半のエッセイを担当した結城も、「大人になってしまうことは、おそろしく滑稽なことでしかなかった」と書いている。

この特集と同じ七五年、シンガーソングライターの荒井由実（一九五四年生）は、バンバンのために作詞・作曲した「『いちご白書』をもう一度」の中で、もう若くないからと髪を切って大人になる物語を描いた。同じく七五年にスタートした中村雅俊（一九五一年生）主演のテレビドラマ「俺たちの旅」でも、定められたレールにとらわれず自由に生きようとする若者たちの姿が描かれた。大人になることへの葛藤は、団塊とポスト団塊が共有していたひとつの気分だったのだろう。

北山は、「ぼくたちの世代」がなるべき大人について、ビートルズの言葉に託して語る。

「どうして君は大人になるというと、すぐ自分の身のまわりの人間を想像してしまうんだい？ぼくたちを見てごらん。ぼくたちだって大人なんだ。〔中略〕もし、どうしても大人になることを要求されたら、ぼくはビートルズになりたい、彼らのような大人に、と言ってやればいいんだ」

自分より年上のビートルズから、なりたい大人のイメージを得る。テレビと同じくロックもまた、「ぼくたちの世代」のあるべき姿をもたらすものだった。結城も「ビートルズは、とりもなおさず僕自身だったし、陽気で闊達な〈僕の青春〉そのものに他ならなかった」と述べている。

北山と結城が世代のすべてを代表しているとは思えないが、この時代にありえた二十代の言説のひとつのかたちとして、テレビとロックによる自己形成の物語と、それによる上の世代との差別化、そして新しい大人像の模索が存在したことは確かだ。

すべての世代が子ども時代や青春時代を語りたがるわけではない。語りたい理由を持つ世代だけが雄弁になる。戦後生まれという特殊な状況にあり、アイデンティティをめぐる葛藤が宿命づけられていた「ぼくたちの世代」は、アイデンティティに関わる若い時代の記憶を二十代後半になって語り始めるだけの、確かな理由を持っていた。

大人になるための過去

「ぼくたちの世代」ではどんな大人になるかが重要なテーマだった。平凡な大人になりたくない、なりたい大人になりたい、というのはいつの時代も若者を悩ませる問題だ。そのとき若者は「ここではないどこか」を目指す。

図式的に言えば、ここではないどこかには少なくとも三つの方向がある。場所からの逃避は

「旅」であり、現実からの逃避は「オカルト」であり、そして現在からの逃避は「ノスタルジー」である。一九七〇年代の若者たちは、アンノン族として、ノストラダムスやユリ・ゲラーを信じるものとして、三丁目の夕日を想うものとして、すべての方向へと向かった。

ニューノスタルジーと「ぼくたちの世代」は、世代に固有の過去の記憶に向かったことは共通していた。しかし、ニューノスタルジーがいっときでも大人を忘れようとしたのに対して、「ぼくたちの世代」はむしろ大人になろうとしていた。ここに両者のスタンスの違いが表れている。『三丁目の夕日』は、すでに大人になってしまった人が、遠い過去をメルヘンチックに振り返るノスタルジーとして楽しむものだった。一方で「ぼくたちの世代」は、大人になりきれない人が過去を頼りにいまの自分を見つめ直すものだ。

すでに大人になっていることを前提としたニューノスタルジーは、三十代、四十代になってもその条件は変わらないので、いつまでも味わうことができる。だから『三丁目の夕日』は四十年も連載が続いてきたし、二十一世紀に映画化もされた。しかし、「ぼくたちの世代」は二十代に特有の状況に根ざしていて、この時期にしか成立しえない緊張感を帯びたものだ。だから長くは続かなかった。「ぼくたちの世代」の終わり方はこの章の最後に述べる。

ところで、大人を忘れるか、大人と向き合うかというふたつの選択肢の他に、論理的に考えるともうひとつの可能性がある。それは大人にならないという選択だ。言い方を変えれば、子どものまま大人になってしまうという選択である。この選択はじっさいに存在した。

「ぼくたちの世代」が発表された七五年は、特撮研究団体「怪獣倶楽部」が結成された年でもあり、マンガ同人サークル「迷宮」が結成された年でもあり、そして年末に第一回コミックマーケットが開催された年でもあった。この話は、おたく文化の成立へとつながっている。

マンガとアニメを論じる人々

現在「おたく」と呼ばれる文化的傾向のルーツをたどっていくと、一九七〇年代の中盤に行き着く。マンガ、アニメ、怪獣や特撮などを愛好する若者たちのコミュニティやネットワークが、目に見えるかたちで成立したのがこの時期だった。子ども時代の趣味を大人になっても続けるには既存の価値観と戦わなければならず、彼らは積極的に批評活動、同人誌の発行、イベントの実施などの情報発信・情報交換をおこなうようになっていた。この本では一般的な呼称にならい彼らを「プレおたく」と呼ぶ。

マンガに関して重要なのは、原田央男《てるお》（一九五一年生）、米沢嘉博（一九五三年生）、式城京太郎（一九五三年生）、亜庭《あにわ》じゅん（一九五〇年生）らによって、七五年に漫画批評家集団「迷宮」が結成されたことである。同人誌『漫画新批評大系』を発行するとともに、同年十二月に同人誌の即売会「コミックマーケット」第一回を開催した。

彼らの興味はもっぱら現在のマンガ文化で、少年時代を回想する性質のものではない。もちろん過去の作品を取り上げることもあったし、原田央男（霜月たかなか）の回顧からは、懐かしのテレビ主題歌を同人誌に採録したり、イベントで歌ったりする様子がうかがえる（霜月たかなか『コミックマーケット創世記』二〇〇八年）。

そうした行為に無邪気な少年時代へのノスタルジーがいくぶん含まれているにしても、あくまで主眼は、子どもの読みものとされていたマンガを大人の領域へと持ち込んで、大人の自分たちの文化として確立させることにあった。なぜなら、北山耕平がテレビを自分たちのアイデンティティとして論じたように、マンガもまた、彼らのアイデンティティそのものだったからだ。

戦後、『少年』『ぼくら』『少年ブック』などの月刊マンガ誌が隆盛したのち、一九五九年に『少年マガジン』と『少年サンデー』が創刊して週刊マンガ誌が擡頭する。一九五〇～六〇年代は貸本マンガも人気があった。六〇年代後半からは『漫画アクション』『プレイコミック』など、劇画を中心とした青年マンガ誌も生まれた。意欲的な作品を掲載する『ガロ』と『ＣＯＭ』もあった。彼らは文字どおりマンガとともに育った世代である。

『漫画新批評大系』に連載された亜庭じゅんの「マニア運動体論」に記された次の一節が、彼らの思想を明快に説明している（霜月前掲書より引用）。

「マンガから離れていって、『一人前の大人』なるものになってしまった人間とは僕等は違う。僕等はマンガと共にあり続けたし、あり続けたいと思っている」

アニメーション（アニメ）についてもほぼ同時期に同人的なコミュニティが成立しているが、アニメーションには早い段階から商業誌の展開がみられる。確認できるもっとも古いアニメーション商業誌は、やはり七五年に創刊した季刊誌『ファントーシュ』である。

発行者はアニメーション研究者のなみきたかし（一九五二年生）で、創刊号には政岡憲三や川本喜八郎などの著名なアニメーション作家たち、脚本家の辻真先、手塚治虫などがメッセージを寄せている。作家へのインタビューや作品評論、技法分析などの一方で、同人サークル紹介やアニメソングに関する記事もある。アニメーションの総合的な研究誌・情報誌だった。

七七年に創刊した『ＯＵＴ』（みのり書房）は、当初はサブカルチャー全般を扱う趣旨だったが、第五号の「宇宙戦艦ヤマト」特集が好評だったのをきっかけにアニメを重視した誌面づくりになっていく。ヤマトブームは中学生・高校生だった新人類を大量に巻き込みながら、七八年の『アニメージュ』（徳間書店）創刊、八〇年からの「機動戦士ガンダム」ブームなどにつながり、アニメ趣味はマンガとともに八〇年代に一大文化へと成長していった。

怪獣・特撮趣味とデータベース欲求

怪獣や特撮を愛する人々のコミュニティ形成もマンガやアニメと似た展開だが、このジャンルはＳＦファンという先行するコミュニティの存在が大きく、そこで出会った若者たちが新たな潮流を生み出すという過程をたどった。

その土壌を提供したのは、早川書房の雑誌『Ｓ‐Ｆマガジン』である。本来は小説誌だが、ＳＦ映画やファンタジー映画も積極的に取り上げたのに加えて、子ども向けとされていた怪獣映画やテレビの特撮ものなどの情報も載っていた。そうしたコンテンツを愛する若者たちを満足させる、ほとんど唯一のメディアであった。

アニメ・特撮評論家の中島紳介（一九五五年生）の回想によると、『Ｓ‐Ｆマガジン』の通信欄を使って怪獣・特撮ファンが呼びかけ合い、七三年ごろから各地で同好会が形成されるようになったという。その代表的な存在は同人誌『ＰＵＦＦ』を発行した「宙《おおぞら》」という団体で、『ＰＵＦＦ』は七四年三月から七五年三月まで六号プラス増刊一冊が制作された。

その後、宙のメンバーがスライドするかたちで、特撮研究者・竹内博（一九五五年生）を中心に「怪獣倶楽部」が結成された。同名の同人誌を七五年四月に創刊し、七六年十二月まで五号を発行した。各号の特集は、東宝特撮映画、東映エンタテイメント（仮面ライダー、イナズマンなど）、マイティジャック（円谷プロ製作の六八年のテレビ番組）、ガメラと大魔神、ウルトラＱ。『怪獣倶楽部』以外にも、関西の『衝撃波Ｑ』、北陸の『ＭＯＮＬＯ』、九州の『スタークロス』など同時期に多くの同人誌が発行された。

中島によれば、怪獣映画や特撮はチャチな子どもだましであり、大人の鑑賞にたえるものではないというのが当時の一般的な認識だったという。こうした風潮の中で、互いの趣味を高め合い、批評のフィールドを立ち上げるために彼らがとった方法は、徹底した資料主義だった。

同人誌の目次をみていくと「目録」「リスト」「分類表」といった言葉が目につく。「志穂美悦子関係記事目録」「イナズマン放映リスト」「動物系怪獣怪人分類表」など、竹内博を中心に研究・批評のベースとなる基礎資料の充実がはかられた。ネットはもちろん、家庭用ビデオもほとんど普及していない当時、映像系の同人にとって基礎的なデータベースの充実はそれ自体が意義ぶかい活動だったということだ。

各分野のプレおたくに共通するのは、子ども時代の趣味を大人になっても継続するための環境づくりを志向していることである。「ぼくたちの世代」が、子ども時代のメディア体験を参照して新しい大人像を模索したのに対して、プレおたくは子ども時代のメディア体験をそのまま大人の世界に持ち込むことで、大人概念の更新をはかった。

もちろん彼らは、たんに好きなものを追究していただけで、大人概念を更新しようと意図していたわけではない。しかし、少年期のメディア体験を大人の世界に持ち込んだ以上、大人概念の更新が避けられない現象として引き起こされたのである。

登場人物の生年を見て分かるように、プレおたくには団塊世代が少ない。ほとんどがポスト団塊で、次の無共闘世代に微妙にかかるくらいまでのエリアに重要人物が集中している。戦後のメディア文化は短いスパンで急激に成長し、ちょっとした年齢の差で体験の質が大きく変わるから、こうした細かい違いが生まれてくる。

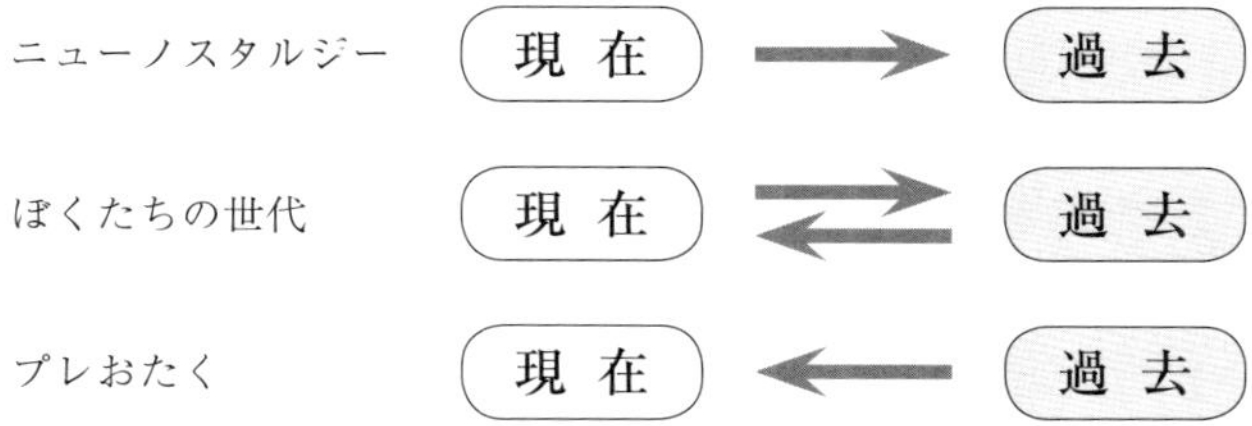

図3：過去に対する三種類のスタンス

一九七五年が生んだ三つ子たちと「キープオン」

過去を過去として振り返るニューノスタルジー、過去を素材に現在を再構成する「ぼくたちの世代」、過去をそのまま現在に持ち込むプレおたく。この三種類のスタンスはすべて、一九七五年前後の若者の切実な動機から生まれた。すべてルーツが同じ、三つ子なのである。現在隆盛をきわめるおたく文化と昭和ノスタルジーは、同じDNAを持つのだ〈図3〉。

なかでもプレおたくは、「現在」というものに対してポジティブな意識を持っていたからこそ、八〇年代以降に大きく花開くことになる。彼らにとって、過去を振り返るのは現在が不満であることを意味しない。逆に現在が楽しいことを意味している。

「ぼくたちの世代」と同じ七五年、一九六〇年代文化の回想をテーマにしたもうひとつの書籍があった。マンガ・アニメーション研究者の小野耕世（一九三九年生）が編集し、テレビ、マンガ、映画、ファッション、音楽などを取り上げた『60年代のカタログ』である〈図4〉。序文で小野はこんなことを書いている。

図4：小野耕世編『60年代のカタログ』（1975）

「ところで、思い出とは、なにかしら。〔中略〕目に見えないけれど、ふわふわと浮いているのであって、それを、ひょいとつかんで、いま、味わっているとすれば、それは〈現在〉なのだという気がする。私にとって、昔のまんがも、〔中略〕いま読んでみておもしろければ、それは現在のまんがであるように」

過去の文化体験を過去にとどまるものとしてではなく、自分とともに成長していく現在としてとらえるこうした態度は、とてもポジティブである。「迷宮」の米沢嘉博と式城京太郎が一九八二年に刊行した『2B弾・銀玉戦争の日々』（詳しくは5章）のあとがきでも、執筆の動機として「自らを形造っているものの再発見」「問題は過去ではなく未来」といった前向きな言葉が並ぶ。

「いま見ると懐かしい」ノスタルジーでもなく、「いま見ると面白い」アナクロニズムでもない、しいて言えば「いまだに面白い」というプレおたくたちの態度を、私は「キープオン」と命名した。

過去のコンテンツをいまだに面白がるキープオンは、若い世代の「いま見ると面白い」感性と、面白がるという点において共鳴しやすい。八〇年代以降、自らの少年時代をキープオンする世代と、過去の文化に新しい魅力を見出す下の世代とが、同床異夢のような連帯を示す現象がしばしば起こる。後の章で何度も出てくるが、この連帯がのちにキープオンの隆盛を支えていくことになる。

「ぼくたちの世代」のその後

キープオンが下の世代と連帯して文化を形成していく一方で、「ぼくたちの世代」はその後どうなっていったのか。彼らが提示した六〇年代愛好の枠組みは、4章で示すようにあるていど継承されていくのだが、しかし時代とともに抜け落ちていくものもあった。なかでも、(これはだいぶ先の話だが)彼らの核であったアメリカへのあこがれが抜け落ちるのは印象的だ。

団塊世代・ポスト団塊にとって、アメリカのテレビドラマ、映画、音楽、ファッションなどは、自己形成に重大な影響を与えるものだった。しかし現在の昭和ノスタルジーでは、アメリカの影響があったことはあまり思い出されることがない。代わりに重視されるようになったのは、昔ながらの街並みや子どもの遊び、のりもの、そしてマンガ、アニメ、ヒーローなどの、いわば国産コンテンツである。

哲学者の東浩紀(一九七一年生)は『動物化するポストモダン』の中で、日本のおたく文化の成立背景について「オタク系文化の根底には、敗戦でいちど古き良き日本が滅びたあと、アメリカ産の材料でふたたび疑似的な日本を作り上げようとする複雑な欲望が潜んでいる」と論じている(二十四頁)。

ここでいう「アメリカ産の材料」とはアニメ、特撮、SF、コンピュータ・ゲームなどを指す。「疑似的な日本」とは、日本的な主題を日本的な表現で、日本的に消費する行為の全体を指している。分かりやすく言えば、宇宙船に乗ったりサイボーグになったり、SF的な存在である女性の姿が巫女、のようなことだ。

東の議論にしたがえば、おたく文化の確立と発展は、戦後の日本がアメリカの激しい影響を受けた事実に立脚しつつも、それを忘れていくというねじれたプロセスである。アメリカとイギリスに純粋なあこがれを抱き、そのあこがれと日本の現実とのはざまで葛藤した北山と結城の思想は、その後のノスタルジーの文脈で忘れ去られていくが、それはおたく文化が日本の象徴になっていく過程と同時進行だった。両者が三つ子の関係にあることを考えると、ひとつの現象の表と裏だったとみなすことができる。

「ぼくたちの世代」の影響力は少なくとも七〇年代のあいだは続いていた。たとえば小室等(一九四三年生)、吉田拓郎(一九四六年生)、井上陽水(一九四八年生)、泉谷しげる(一九四八年生)が設立したフォーライフレコードの機関誌『FOR LIFE』創刊号(一九七六年)は、ビートルズ、ボブ・ディラン、昔のラジオ、昔のマンガなど「ぼくたちの世代」に内容がよく似ていて、『宝島』編集長だった高平哲郎も寄稿している。

フォーライフレコードが目指したアーティスト主導のレコード会社経営は、従来のレコード業界の慣習を打破しようとするもので、音楽体験を武器に上の世代と対立しようとする「ぼくたちの世代」の強い意志が感じられる。しかし、こうした意志をはっきり確認できるのはこのあたりまでだ。

どうすれば自分らしい大人になれるか、という問題が彼らの基本にあったことを考えると、もしかするとその問題が解決した、つまりなりたい大人になれたのかもしれない。この話は4章でふたたび取り上げたい。

この章は一九七五年を中心に整理してきた。一九七五年は昭和五十年で、戦後三十年でもあった。節目の年らしくさまざまな記憶の整理がおこなわれ、毎日新聞社『一億人の昭和史』シリーズの刊行が始まるなど、昭和の集合的記憶にとって重要な一年である。天皇のアメリカ訪問もこの年だった。そんな転機と歩調を合わせたわけではないだろうが、文化的にも過去の記憶をめぐって多くの動きがあった年だった。

第3章　キッチュ感覚の誕生——文化屋雑貨店と『ビックリハウス』

文化屋雑貨店オープン

『三丁目の夕日』が始まった一九七四年にいったん話を戻したい。この年、東京・渋谷に「文化屋雑貨店」が開店した。ここに、古いものに対して新しさ、面白さ、おしゃれさなどを見出す感覚の、現在に直接つながる起源を定めることができる。

雑貨は、身に着けたりインテリアにしたり、さまざまな場面で私たちの身近にあって、持つ者のセンスを積極的に表現する。七〇年代の後半から、懐かしい雰囲気を帯びた雑貨が流行に敏感な少年少女たちにおしゃれなものとして受け入れられていく。

一九七四年三月二十四日、現在は「ファイヤー通り」と呼ばれる渋谷の通りの一角に文化屋雑貨店はオープンした。店主は元商業デザイナーの長谷川義太郎（一九四六年生）という人物である。彼の自伝『がらくた雑貨店は夢宇宙』（一九八三年）では、開店の動機が次のように回想されている。

「地上何メートルだかから落っことしても割れないとか、何十時間たってもお湯が冷めないとか、ニューファミリー用と称して売られている商品のなんと押しつけがましいこと。〔中略〕この昭和四十年代、日本の経済はメチャクチャに登りつめ、オイルショックの入口に立っていたのだ。ぼくが文化屋雑貨店をおっぱじめたのは、そんな社会の状況が、過度にアベレージを上げた生活や生き方を強要しているように思えたからだ」（十一〜十二頁）

「デパートや専門店で一般用として売られているものは、デザイン過剰で、値段も高過ぎる。そこでぼくたちは、生活を提案するための、基本的なもののラインを考えた。それが綿一〇〇パーセントのシャツや、白生地のマグカップや、ブリキのじょうろや、金太郎の腹掛けや、ペリカン口のポットであったわけなのだ」（十八頁）

機能とデザインを際限なく高めた高度成長期のモノに対して、長谷川はモノと生活との関係を見つめ直し、モノの持つ基本的な性能をシンプルなデザインとともにとらえ直そうとした。高度成長批判がベースになっている点ではニューノスタルジーと立ち位置が近い。そんな長谷川が売っていたのは次のようなものだったという。

中国のお茶碗、プラスチックのハート型の容れ物、絵柄のついた石鹸、教育用カルタ、白い生地

図1：文化屋雑貨店の商品例（『がらくた雑貨店は夢宇宙』より）

のお皿、ヒョウ柄スカーフ、ウルトラバッグ（ただ中身がたくさん入る大きなバッグ）、香港から輸入した小学生用スクールバッグやプラスチック製壁掛け、なんでもない中国製のTシャツ、前に三つボタンのついたおじさんTシャツ、白い陶磁器、中国の傘、ごつい指輪、ブロマイド（洋物で、名も知らぬ男優や女優のもの）、プリント・ガラスコップ、綿の生地でつくった巾着、何の変哲もない運動靴、プラスチック製のメガネフレーム、プラスチックのラジオ、ブリキのおもちゃ、セルロイドの筆箱、金太郎の腹掛け、伯父さんが撮った（アメリカの）写真、きいちのぬりえ、幼稚園バッグ、ホーロー製品、ほうろく、電気マッチ、模様入り万年筆……〈図1〉。

まさしく〝雑〟貨店としか言いようのないラインアップだが、「民芸品でなく、手造りでなく、ファッションでなく」と彼が言っているように、都会的なハイセンスも、アンティーク的な価値も否定したところに成り立つ、生々しい人工物の生態系がそこに繰り広げられていた。機能、デザイン、アンティークの過剰を批判する長谷川の理念から、高度成長終焉後のひとつの方向性をうかがうことができる。しかし、これだけでは若者のセンスに訴えかける要素は感じられない。

キッチュというキーワード

彼が扱った商品をよく見ると、モノの基本的な価値だけでは説明できない要素を含んでいることに気づく。ヒョウ柄スカーフ、洋物のブロマイド、香港製や中国製の雑貨などは、実用性よりもそれを持つこと自体の楽しさや面白さを志向している。これについて長谷川は、「自分の生活のなかから生まれた必要なものが初期の頃の商品の一つの柱なら、もう一つの柱は文化屋雑貨店の特徴を物語るキッチュなるものだ。なぜこんなものがと思われる、まがいものと言われてきた物たちである」と述べている。

ここにキッチュというキーワードが登場する。「中国の子供たちが描かれたポスターはキッチュとしか言いようがありません」「ヒョウ柄は流行にのってしまいファッションなんぞになってしまったけど、あれこそまさしくキッチュの王様」など、長谷川は自伝でたびたびこの言葉を使っている。

キッチュ（kitsch）とは、正統な芸術的評価の枠組みから外れるような俗悪さ、古臭さ、安っぽさを帯びながらも、それゆえに強烈な個性と存在感を放ち人々を魅了することである。正統な評価から絶妙にズレている点で、馬喰町や蔵前の問屋から仕入れてくる古めかしい国産グッズと、中国や香港から仕入れてくるチープでケバケバしいグッズは同じ魅力を有することになる。

昭和三十年代を感じさせるホーローのランプシェードや開襟シャツ、セルロイドの弁当箱などは文化屋の主力商品ではあったが、それらは数あるキッチュなアプローチのひとつとして、中国製品や古いアメリカの写真などとごちゃまぜに陳列されていた。こうした空間では、昭和三十年代は懐かしいという自己性ではなく、エスニック（異国的）な他者性の一種として受けとめられる。

この可能性に反応したのが、十代の若者たちだった。

若者との出会い

文化屋が軌道に乗ってくると、長谷川は自らの活動を積極的にメディアで宣伝した。女性向けのファッション誌やインテリア誌への素材提供をはじめ、若者向けの雑誌でもたびたび取り上げられたようだ。雑誌を見て文化屋を訪れる若い客について、自伝には次のような描写がある。

「雑誌で紹介されれば、地方の人もたくさんきてくれる。はとバスこそ停まりはしないが、シーズンには修学旅行の生徒さんたちで店がいっぱいになる」（四十三頁）
「あのう、雑誌で見たんですけどー、セルロイドの筆箱がどうしてもほしいんです」（八十一〜八十二頁）
「地方の雑誌大好き女の子に、自分の村を捜しなさい、となり町を歩きなさいとすすめたおかげで、いざ自分が地方を走り回っても、『この前女の子が皆買うていってしもうたわ。これ新製品だけどいらないかね、いらないね』と文房具屋のおばさんに言われることが多くなった」（八十三頁）

具体的に何年ごろの描写かはっきりしないが、ある時期から一部の若者が文化屋に注目したことは確かだ。スタイリストの高橋靖子（一九四一年生）が一九六〇〜七〇年代の表参道カルチャーを回想したエッセイには、次のような一節がある（高橋靖子『表参道のヤッコさん』二〇一二年）。

「アシスタントだったのんちゃんは、私が支給する薄給の中で、いつもドキッとするほどチャーミングなコーディネートをしていた。私はいちいち、『そのブラウスは？』『そのブローチは？』と出所を聞いたが、文化屋で買ったものがずいぶんあった。彼女のおしゃれは、若さとセンスとある種の才能があれば、お金をかけなくても、十分に魅力を発揮するという見本みたいなものだった。文化屋はそういう若者のために、意味ある存在感を今も持ち続けている」（百

五十六頁)

高度成長のアンチテーゼとして出発した文化屋は、やがて若者たちに新しいキッチュなセンスとして受け入れられた。長谷川は最初から若者を狙ったわけではないだろうが、デザインもアンティーク性も排除したことで意味の余白が大きくなり、しかも既存の価値観をズラすキッチュな魅力があったことで、結果的に若者の自己表現に適したものになったのである。

きいちのぬりえ

一九七〇年代後半、西武資本の入った渋谷は若者の街へと成長し、原宿はまもなく若者の聖地となる。渋谷・原宿エリアはサブカルチャーを生み出す気運を育てていた。近い場所にあった文化屋も、サブカルチャーの発信者たちとの交流があったはずだ。渋谷にあったパルコ出版の雑誌『ビックリハウス』もおそらくそこに関わっている。

七四年に創刊した月刊誌『ビックリハウス』は、十代の読者を中心に小話、パロディ、ナンセンスなど雑多なネタの投稿を載せる雑誌だった。そんな記事の合間に、七八年一月号から「キイチ・コレクション」と題する見開き二ページのぬりえが連載された〈図2〉。「きいちのぬりえ」で知られるぬりえ作家・蔦谷《つたや》喜一(一九一四年生)の作品が、若者雑誌の誌面を飾ったのである。

図2：「キイチ・コレクション」（『ビックリハウス』1978年8月号）

掲載は同年十二月号まで毎回続き、翌七九年一月号にきせかえ人形のイラストが収録されたところで終わる。蔦谷自身も、執筆者陣のひとことコラム集「登場人物ビックラゲーション」で若い執筆者に交じってたびたび短い言葉を寄せていた。

現在では昭和の象徴のように扱われる「きいちのぬりえ」が本格的に評価されたのはこのときである。連載開始直後の七八年一～二月、東京・銀座の資生堂ギャラリーで「きいちのぬりえ展」が開催された。同年七月には草思社から作品集『きいちのぬりえ――メリーちゃん花子さん』が発売され、マンガ家の竹宮惠子（一九五〇年生）や作家の田辺聖子（一九二八年生）が寄稿している。刊行を記念して八月に西武百貨店池袋店で「きいちのぬりえ原画展」が開催された。

一連のブームには長谷川が関わっていた。自

図3：長谷川義太郎『がらくた雑貨店は夢宇宙』表紙

伝には「雑貨屋を始めたことで知りあったマスコミの人たちに紹介して、きいちさんのぬり絵はいくつかの雑誌にも載り反響もなかなかのものだった」とある（百十七頁）。蔦谷も作品集の巻末に、長谷川らの来訪がすべてのきっかけだったと書いている。長谷川は自伝の表紙イラストを蔦谷に依頼するなど〈図3〉、蔦谷に対する思い入れは相当だったようだ。

一定の年齢以上の人にとって、「きいちのぬりえ」はおそらくノスタルジックな表象だった。蔦谷の描く少年少女は素朴でバタ臭く、一目で古いと分かるから、若者にもノスタルジーは理解できただろう。しかし、あまり豊かとはいえない表情にある長いまつげや流し目は、妖艶で大人びたものであり、短い手足と丸みを帯びた体形とのアンバランスがある種のネオテニー（幼形成熟）を感じさせる。「きいちのぬりえ」は、若者にとっておそらくキッチュな表象だった。

異人性を含んだ蔦谷の絵は、昭和のセンスがアジアの雑貨や欧米の古い写真と渾然一体だった状況を表してもいるだろう。また、一九四〇年代から活動を続ける蔦谷の絵は昭和何年代と特定されない漠然とした時代性を帯びていた。「きいちのぬりえ」は、国籍も時代も横断する自由なセンスだった当時のキッチュ感覚を象徴していたのかもしれない。

『ビックリハウス』のキッチュ感覚

蔦谷喜一再評価の舞台になった『ビックリハウス』のその後の誌面から、古い素材によるキッチュ感覚をもう少し調べてみたい。まず言及すべきは、一九八〇年十月号から始まったコーナー「ヘンタイよいこ新聞」だろう。

コピーライターの糸井重里（一九四八年生）が責任編集をつとめたこのコーナーは、「キモチワルイものとは何か」「コワイものとは何か」などのお題を出して読者の投稿をつのるもので、基本的には『ビックリハウス』のスタイルそのものである。しかし、横書きが右から左になっていて、漢字が総ルビ、フォントもイラストもいかにも古臭く、まるで昭和初期の少年雑誌のような雰囲気を持っていた〈図4〉。昭和初期の印刷物の表象が読者のキッチュなセンスにハマっていたことがうかがえる。

一九八一年一月号から連載が始まった「出どころ白書」も古さを楽しむものだった。カラーテレビ放送が始まった頃のエピソード、不二家のペコちゃんポコちゃんやグリコのゴールインマークの由来、下敷きやシャープペンシルの開発秘話など、日常で出会う何気ないアイテムの起源を調べたこの連載は、どうでもいい歴史を真面目に調査するナンセンスさが肝だったと思われる。

ヘンタイよいこ新聞

ヘンタイよいこになるためには

1、ヘンタイよいこ新聞10のお約束を、しっかり守ること。

2、往復葉書に、次のように記入し、ヘンタイよいこ新聞のミトメ印をもらうこと。

※一、自分の住所を記入し、末尾に必ず「支部長」と書き添える。

※二、自分の名前を書く。

渋谷区宇田川町十五ノ一
ビックリハウス
エンクツルーム内
ヘンタイよいこ新聞
総本社 御中

※一 ○○県××市△△町 三ノ五ノ六
支部長
※二 山本三郎 印

ここに、こちらの印が押される。

なお、認定返送作業をエンタツにするために、返信葉書の表には絶対に自分の住所氏名を書くこと。

これは、自分の「身分証明書」となるものであるから、雑につくればそれだけ自分が安っぽくなるので、そのむね注意されたい。

3、ヘンタイよいこ新聞への投稿が、日本一と認められた時には、ヘンタイよいこ日本一新聞に掲載され「ヘンタイよいこシール」が郵送される。

このシールが3枚たまると、より格上の「ほんとうのヘンタイよいこ会員証」が付与される。これはヒジョーに名誉なことであるから両親や先生などに自慢してください。

ところで、日本一とは、本部が日本一であると認めた日本一のことであるから、あんまりシビアにならないよーに。

4、ヘンタイよいこの世界は、きわめて健康的な厳しい身分制があるから、不気味な民主平等思想の人は、はじめから「ああ、ぼくなんかとはちがう世界だ」とあきらめて、別の不健全な幸福を追及しなさい。

ヘンタイよいこ新聞の

◇永遠《えいえん》のテーマ◇

A キモチワルイものとは何か？
B コワイものとは何か？
C キモチイイものとは何か？
D オイシイものとは何か？
E スケベなものとは何か？
F オイシイものとは何か？
G キタナイものとは何か？
H カワイイものとは何か？
I ホシイものとは何か？
J ビンボーとは何か？

▶今号が「ヘンタイよいこ新聞の永遠のテーマ・10本柱」である。ま、これは、ハッキリ言って、もっとあってもよいのだが、10という数字がキリもいいので、この10本に決めたのである。

こーゆーテーマで、各地から通信していただきたい。

文体や、絵、なども日本一選考の際、おおいに考慮されるから気をつけなさい。

しかし、この10本柱以外のテーマを発見して、しかもそれに答えるとゆー作業も、エライことである。だから、それも、どんどんしなさい。

10

ヘンタイよいこ新聞

責任編集 糸井重里

ヘンタイよいこ新聞《しんぶん》10のお約束《やくそく》

一、セイジョーよいこは、ゆっくりと、じょじょにヘンタイよいこを、めざします。
二、ヘンタイわるいこは、なるべくすみやかに、ヘンタイよいこをめざします。
三、セイジョーわるいこは、ヘンタイよいこの生活をおびやかしてはいけません。
四、ヘンタイよいおじさん（おばさん）は、ヘンタイよいこの大切なおともだちです。
五、ヘンタイよいこは、ヘンタイよいこ新聞を、しっかり読みます。
六、ヘンタイよいこは、ヘンタイよいこ新聞に、お手紙を出します。
七、ヘンタイよいこは、明日への希望を忘れません。
八、ヘンタイよいこは、変態にならないように、じゅうぶん注意をします。
九、ヘンタイよいこは、変態のおともだちを大切に守ってやるのです。
十、ヘンタイよいこは、カラダをいつも清くしています。

ヘンタイよいこ新聞

大一号《だいいちごう》

9

図4：「ヘンタイよいこ新聞」第1号（『ビックリハウス』1980年10月号）

この連載は同年三月号、四月号の計三回しか確認できず、いつのまにか立ち消えになってしまった。「出どころ白書」は、九〇年代に精力的に昭和レトロ本を刊行した串間努の姿勢に通じるものがあるが、彼は当時熱心なビックリハウサーで賞もとっている。串間は「出どころ白書」の正統な継承者だと言えるだろう（串間については9章）。

「出どころ白書」と同じ号から始まったもうひとつの連載に「ナゼナゼコーナーなぜっこ」がある。こちらは長続きしたコーナーで、ゴジラの性別は何か、「？」マークはいつから始まったか、ティッシュはなぜ二枚一組か、重傷と軽傷の違い、「新発売」とはいつまでか、など日常の些細な疑問に答える雑学的な内容だった。

雑学とキッチュは、世の中の主要な関心

から外れたものに光を当てて面白がる知的な遊戯として、同じセンスのもとにあったように見える。世間の常識（ジョーシキ）にとらわれない愛情を発揮するのがヘンタイよいこの基本だから、古いものへの関心は自分のヘンタイよいこぶりを確認する恰好の素材だったのだろう。

雑貨が架橋したふたつの世代

文化屋雑貨店と『ビックリハウス』を中心に、古い素材に対するキッチュ感覚の誕生をみてきた。もちろん当時の人気雑貨店は文化屋だけではない。同じ渋谷には七二年開店の「大中」があったし、七六年には「ビリケン商會」が東京・青山に開店した。渋谷パルコパートI、東急ハンズ、ラフォーレ原宿など雑貨を扱う大型店舗も七〇年代のオープンである。エスニック雑貨の「チチカカ」、ヨーロピアン雑貨の「リトルロック」などもあった。

雑貨とは少し違うが、代官山「harappa A」や自由が丘「となりのみよちゃん」など、新感覚の駄菓子屋も同時期にオープンしている。八〇年代のサブカル誌にしばしば登場するこれらの店は、タウン情報誌『angle』七八年五月号に女子高生たちに人気との記述があり、七〇年代から話題だったようだ。これらはすべて東京の事例だが、他の都市でも大なり小なり同じような展開があったと推測される。

おしゃれでかわいい雑貨や小物を愛好する文化が若者たちに広がり、その中のひとつのジャンルにキッチュ志向があって、そこに昭和三十年代グッズが位置づけられていた。若い世代にとって、昭和三十年代的なセンスは数ある選択肢のひとつにすぎず、当時に対して特別な思い入れを持つ世代とは少し温度差があったかもしれない。

しかしそこには、三十代になった文化屋の長谷川ら団塊世代と、十代の新人類とをつなぐ確かな経路が形成されていた。これまで、昭和三十年代や一九六〇年代に対するノスタルジーやキープオンは世代内のコミュニケーションで成り立っていたが、キッチュ感覚は世代を超えた交流によって生み出された。世代間交流はその後のレトロ趣味の基盤になるもので、文化屋はそのさきがけだった。雑貨という意味の余白の大きな存在が、異なる価値観を持つふたつの世代を架橋したのである。

七〇年代が生み出した原型

一九七〇年代、戦後世代たちが過去とどのように向き合ってきたかについて、1章から3章までいくつかの角度から整理してきた。

高度成長が終焉を迎え、成長への批判と反省は人々の目を古き良き日本へと向けた。その中で、田舎や古都などの遠い日本ではなく、昭和三十年代という近い日本に郷愁を抱いたのは、その時代しか知らない戦後生まれの若者たちだった。彼らのニューノスタルジーは、戦後文化をノスタルジックな枠組みでとらえるはじめての試みだった。

しかしその試みは、七〇年代の終わりとともに性質を変えていく。成人した無共闘世代がメディア・ターゲットとして明確化すると、彼らにも同じようなノスタルジー志向が認められるようになるが、その様相は少し異なっていた。

タウン情報誌『angle』は七〇年代末の大学生（無共闘世代）をターゲットにした雑誌だが、七八〜七九年の記事には縁日、チンチン電車、横丁の夕暮れなどニューノスタルジー的な街の風景がタウン情報として紹介されている。しかしそこにはもう、高度成長批判の文脈は認められない。一方でアンノン族的な江戸情緒の特集や、プレおたく的なマンガ、テレビ、おもちゃなど懐かしグッズの紹介もあって、いろいろと混ざっている印象だ。

世代が入れ替わると、前の世代から引き継がれた文化が自分たち仕様に取捨選択され、アレンジされて、もともと持っていた性質が薄まっていく。高度成長批判からスタートしたニューノスタルジーは、戦後昭和の文化を懐かしむという大枠だけを残して、その思想までが下の世代に引き継がれることはなかった。

もうひとつ引き継がれなかったことがある。それは、ノスタルジーが二十代の自分探しと結びついていたことだ。上の世代と比べてあまりにも特殊な出自（戦争を知らない）だった団塊世代とポスト団塊は、成人して社会に出て、自らのアイデンティティを模索する必要に迫られていた。「ぼくたちの世代」もプレおたくも、従来的な大人像をいかに乗り越えて新しい大人になるかがテーマになっていて、そこに少年時代の経験が関わっていた。

これもまた、その後の世代と共鳴こそすれ、直接的に引き継がれることはなかった。その原因は彼ら自身にある。彼らが新しい大人像を開拓して、それを定着させたおかげで、下の世代は大人になることにあまり葛藤しなくなったのだ。大人になっても子ども時代のコンテンツに夢中になるのはいまでは当たり前だし、そもそもマンガやアニメは子ども向けのコンテンツではなくなった。そこに、抵抗やアイデンティティといった重いテーマがともなうことはもうない。

こうして、戦後文化に対する七〇年代的感性は少しずつ失われていく。八〇年代に入ると、これまで一体に近かった団塊とポスト団塊が切り離されて、ポスト団塊と無共闘世代とが結びつき、さらに時代を下ると無共闘世代と新人類が結びつくというように、主役の切り替えが進んでいく。

七〇年代的感性が完全に消え去るわけではない。『三丁目の夕日』の連載は続いていくし、彼らが記憶語りをやめるわけではないので、八〇年代以降も過去と向き合う文化の一角を占め続ける。ただしそれは、当分のあいだ中心的な役割から外れていく。団塊世代は新しい文化を作っていくことに力を割き、思い出語りはしばらく影をひそめる。

とはいえ、七〇年代にニューノスタルジー、キープオン、キッチュという三つのセンスの原型が出そろったのはきわめて重要で、この原型が後々まで昭和イメージの構成に強い影響を与えることが今後の章で明らかになる。七〇年代的感性は「懐かしの昭和」のまぎれもないルーツだった。

一九八〇年代

第4章　一九六〇年代の解放
——『ＰＯＰＥＹＥ』と語りの世代交代

from 60's on

一九七九年十二月、七〇年代の最後の月に、雑誌『ＰＯＰＥＹＥ』で「from 60's on」という特集が組まれた〈図1〉。この特集は、一九六〇年代に対するスタンスが七〇年代的なものから八〇年代的なものへと切り替わる過渡期に位置し、何がどう切り替わったのかを観察しやすい。

平凡出版（現・マガジンハウス）の『ＰＯＰＥＹＥ』は七六年六月二十五日に創刊した。「シティボーイのためのライフ・スタイル・マガジン」と銘打たれたこの雑誌は、海外の最新文化を紹介しながら、その文化にまつわる商品をカタログ的に見せることを得意とした。創刊号のジョギングとスニーカーの特集に始まり、テニス、サーフィン、バイク、ハワイ、アメリカ西海岸、ロンドンなどをダンディな文章と写真で伝えるのが基本的なスタイルである。

一方で国内のファッション事情や流行も取り上げた。「POPEYE FORUM」というコラム集のページではさまざまな国内店舗が紹介され、作家・村松友視《ともみ》（一九四〇年生）のプロレスコラムやミュージシャン・近田春夫（一九五一年生）の歌謡曲コラムも連載されていた。『ＰＯＰＥＹＥ』は欧米の印象が強烈だが、国内の情報をやりとりする場もあったので、これから紹介する特集は唐突というわけではない。

一九六〇年代特集「from 60's on」は全百七十ページの四分の三にあたる百二十八ページを占める

図1：『POPEYE』1979年12月25日号

大特集である。十三の小テーマ、二十二ページのノンセクションのコラム、各ページの隅に入った名盤紹介コラム（全七十五枚、大瀧詠一担当）から成る。少し長くなるが、十三の小テーマと執筆担当者（署名記事のみ）、および取り上げられた項目の一覧を記す。執筆者は分かる範囲で生年を付した。

(1)　いま面白いものはすべて60年代に出現した　室謙二（一九四六年生）
ジョン・F・ケネディ／モハメド・アリ／堀江謙一／池田勇人／学生運動（スチューデント・パワー）／アポロ11号／ウッドストック／三島由紀夫

(2)　機械が機械らしかった　1960年代に生産された名機・名車
ヤマハトレールDT1／ソニートランジスタテレビ／ニコンF、ハッセルブラッド500C／ギブソンレスポール／ホンダドリームスーパースポーツCB72／セイコーストップウォッチ、ファイブスポーツスピードタイマー／トヨタスポーツ800／AIWA携帯用ステレオカセットテープレコーダー

(3)　Sixty meets Eighty　今だから着ちゃう　POPEYE FASHION LABO
モッズ／サンジェルマン／ジャズ、ソウル／ミリタリー、コンチネンタル／エスニック

(4)　小林さんが街角を曲がると、そこにいつも新しい世界があった　小林泰彦（一九三五年生）
1967アメリカ／1968ロンドン／1968パリ／1968湘南海岸

(5)　懐かしのグループサウンズ GS TOPICS 10　大貫憲章《けんしょう》（一九五一年生）

二十九グループの写真とキャプション／ミッキー吉野／ゴーゴーガール／サイケ&ミリタリールック／キメポーズ／ウエスタンカーニバル／ブルー・コメッツレコード大賞／ジャズ喫茶／久美かおり（タイガース映画のヒロイン）／安岡力也キックボクサー転向／赤松愛

(6) 60年代は――食う寝るTVが3大要素！　泉麻人（一九五六年生）

アメリカドラマ四十九本（ポパイ／ローハイド／ララミー牧場／ドビーの青春／サンセット77／ライフルマン／パパ大好き／アンタッチャブル……etc.）、国産番組三十八本（月光仮面／スター千一夜／ザ・ヒットパレード／スチャラカ社員／怪傑ハリマオ／夢であいましょう／シャボン玉ホリデー／ズバリ！　当てましょう／七人の刑事／特別機動捜査隊……etc.）

(7) なんでアル？　ＣＭがあった　山川浩二《ひろじ》（一九二七年生）

アイデアル／長生きチョンパ（船橋ヘルスセンター）／ヴィックスドロップ／森永エールチョコレート／リポビタンＤ／レナウン青島幸男／アスパラ弘田三枝子／バヤリースチンパンジー／イエイエ／桃屋のり平／マーブルチョコレート上原ゆかり……etc.

(8) この頁は、インスタントにはできなかったワ

チキンラーメン／明治コーヒー／渡辺ジュースの素／ボンカレー／みそ汁……etc.

(9) 少年たちはみんな力道山になりたかった　ゴング伊藤（伊藤政則《せいそく》・一九五三年生）

力道山／有名レスラーたち／「東京スポーツ」「大阪スポーツ」の紙面

(10) Rock Connection ２００のロック・グループが登場　水上《みなかみ》はる子

ロック回路図／概説／シャナナ、イエス、ジェファーソン・エアプレイン、マーク・ボラン、

ビーチボーイズ、ボブ・ディラン、デヴィッド・ボウイ、ロッド・スチュワート、ビージーズ、シカゴ

⑾　この際だからマンガをDIGしてしまおう
カムイ伝／『少年ブック』付録／COMとガロ／西部もの（太平原児）／戦争もの（大空のちかい）／『少年ジャンプ』とハレンチ学園／サンデーとマガジン／梶原一騎／劇画（ゴルゴ13）／オバケのQ太郎／マンガ家入門

⑿　映画がすべての始まりだった　稲田隆紀（一九四八年生）
やくざ映画／マカロニウエスタン／ジャック・ニコルスン／ATG／アラビアのロレンス／カトリーヌ・ドヌーヴ／ウエスト・サイド物語／アラン・ドロンとオードリー・ヘプバーン／そのほか、洋画二十八コラム、邦画五コラム

⒀　2輪も4輪も、みんな自分の顔と足を持っていた
スバル360／マツダコスモ／プリンス・スカイライン2000GT／カワサキ500SS マッハⅢ／トヨタ・カローラスプリンター／ホンダ1300・99／スズキウルフT90／ホンダ・ドリームCB750／トヨタ2000GT／そのほか国産車、国産バイク多数

執筆者の生年は幅広いが、とりわけ導入文を一九四六年生まれの室謙二が書いていることから、「ぼくたちの世代」との連続性をみることができる。内容的にも、外国ドラマ、洋画、洋楽に比重を置いている点でよく似ている。一方で、⑹の執筆を一九五六年生まれの若きコラムニスト・泉

麻人《あさと》が担当していることが大きな特徴である。のちに無共闘世代を代表する文化発信者となる泉がここにいる意味については後述する。

六〇年代を社会に託す

当時の編集部員でこの特集を担当した椎根和《やまと》（一九四二年生）は次のように回想する。

「ぼくは日本の高度経済成長時代がまるまるおさまる60年代のクロニクルのようなものができないかと考えた。それも新商品の生成・発展史を中心として……。ある意味でマイナーな日本製商品が世界的にメジャーになって行く過程でもあった」（椎根和『popeye 物語』二〇〇八年、二百十八頁）

「商品」と「世界」を意識しているのは『ＰＯＰＥＹＥ』らしいところだが、クロニクル（編年史）という発想はそれまでの六〇年代特集にはなかったものだ。２章で取り上げた『60年代のカタログ』では、カタログという近い意味の言葉をタイトルに使っていたが、まえがきでカタログとは雑記帳ていどの意味であるとわざわざ断っているので別物と考えたほうがよい。

クロニクル的な発想とは、個人的な思い入れの強い弱いに関係なく、すべてを網羅的に横並びにすることで、そこからひとつの時代感覚を浮かび上がらせようとするものである。その意味で「from 60's on」は、個人的ではなく社会的な、自己的ではなく他者的な目的を持ったものだ。だからこの特集は「ぼくたちの世代」を表現したものではない。誰にでもアクセス可能な、汎用的な一九六〇年代の共有が目指されていた。

そのことを分かりやすく示しているのは誌面のレイアウトだろう。ほぼすべてのページに小さな写真とコラムがいっぱいに敷き詰められて、どこを開いてもひとつくらい引っかかりがあるように作られている〈図2〉。混沌としたページレイアウトが統合的なひとつの時代感覚を浮かび上がらせ、読む者に訴えかけてくる。読者たちは、多少知らないことがあってもアイテムの海を勢いで泳いでいくことができる。

このような時代表現は、カタログ性が強かった『POPEYE』の性格をそのまま反映しただけではあるが、結果として幅広い世代に開放された、何を感じてもらってもかまわないというような素材としての一九六〇年代を描き出すことに成功している。それは、自分たちのためではなく、若い世代のために作った特集だからだ。

ただしそこには、下の世代に向けての申し送り事項のようなものが付帯していた。特集の冒頭には次のような宣言文がある。

「ぼくたちが楽しんでいる〝いま〟のルーツをたどっていくと、ほとんど60年代に行き当るわけ。60年代というのは昔むかしのことじゃなくて〝いま〟の中にあるんだ。ぼくたちの60年代は、

From 60's on.

幼児用の玩具が、恋人のいない年頃の女のコの欲求不満を解消した。

60年春、東京・浅草にあるツクダ屋玩具店が売り出したダッコちゃんは大人気となり、世に"ウィンキー・ブーム"をつくった。このダッコちゃん、それまで居眠りする人形はあったが、ウィンクするものはなかった。また、玩具に黒い色はタブーとされていたが、逆に黒色を使用し、"ブラック・ピープルの赤ちゃん"としたところがミソ。ハイティーンの女のコが、このダッコちゃんを腕に

からませ銀座通りを闊歩したことがブームのキッカケだった。以来、そもそも幼児用の玩具だったものが客層の年齢も高くなり、ついには年頃の女のコのペットにまでなってしまったのだ。なにしろ、デパートではダッコちゃんを買いに群がる人たちに整理券を発行したというから、その熱狂的なモテぶりもうなずけよう。

そして、当時の社会心理学の先生たちは、この状況をみて「恋人のいない年頃のお嬢さんたちのフラストレーションのなせる行為」と解説。ひとつ180円でした。

➡ツイストを軽快に踊る、左はスマイリー小原、中・後ろは伊東ゆかり、中・前は中尾ミエ、右は"スパーク野郎"こと藤木孝の面々。浮れております

この写真は現在入手可能な、79年度版ダッコちゃんです

⬆ティン・トイのロボットの多くは60年代に生れた。これは〈米澤〉のゼンマイ仕掛の三角ロボット。目に火花を散らし歩いた

●60年代の、典型的な"ガールズ・ソング"だ

新しい物がドンドン開発され、それが大流行した。

日本人が浮れ踊ったフリー・ダンスの極めつきはツイストだ。

60年、チャビー・チェッカーの歌った「ザ・ツイスト」は爆発的にヒットし、ツイスト旋風を巻き起こした。そのブームはアメリカ国内にとどまらず、全世界を席捲。もちろん、日本にも上陸した。このとき、世はまさにインスタント時代に突入。"ダンスのできない人でも15分で踊れる"と話題を呼んだ。また、その踊り方も簡単明瞭、8ビートにあわせて腰と肩、ヒザとくるぶしをヒネって踊ればOKというフリーなものだったため、気楽に踊れると人気になったわけだ。

当時、かの中川三郎先生も「日本に昔からある"阿波踊り"のモダン版と思って間違いありませんね。また、美容体操がわりともなるため、みなさん、ドンドン踊りましょう」といっていた。ツイストは、まさに"ドドンパ"や"スクスク"をしのぐ、フリー・ダンスの極めつきだったのだ。

ちなみに、街ではツイスト・コンクールもよく開かれ、ダンスを始めて1か月目という自衛隊員が見事優勝して騒がれたこともありました。

テレビさえまだ完全に普及してないとき、すでにホームビデオが売られていた。

ナショナル・ビデオシステム　業務用にビデオテープレコーダーが使われ始めたのが60年代初頭。そして中期にはすでにホームビデオが発売されている。ホームビデオといっても値段は非常に高く、とても一般家庭で買える代物ではなかったんだけどね。

当時のビデオはオープンリール式が主流。もちろん白黒だ。その後Uマチックなどのカートリッジ式ビデオが現われ、現在のベータ方式、VHS方式へとつながる。同時に家庭用ビデオカメラも各社から発表されている。ビデオライフの基礎が形成されたのが60年代。写真は最初のカラー・テレビカメラ。(66年)

⬇一度カラーテレビに映りたかったの

"コンバット"ごっこも楽しかったな……。

ナショナルT-1　CB（シチズン・バンド）が許可になったのが60年、そしてその年にはトランシーバーの第1号が出現している。そのスタイルは現代のものと大差ないほど完璧なデザインだった。実用性を追求すると必然的にデザインは決まるのかな。もちろんオールトランジスター製のハンディなものでプライベート通信に大活躍した。(60年)

⬇少年の夢、無線通信が現実となった

レコードとテープの長所をあわせ持ったマグナファックス。今残っていれば大流行間違いなしの楽しい商品だったんだ。

ビクターPMD-1、MDR-2　テープではなく、レコードと同形のマグネチックディスクに磁気録音してしまうユニークな録音機がマグナファックス。これだとテープと異なり曲の頭出しが簡単にできるので人気が出ると思ったらあにはからんや消えてしまった。録音ヘッドをレコード用カートリッジに替えればレコード演奏もできる一石二鳥の便利なものだっただけにとても残念。

マグナファックスと専用ステレオプリアンプで1セット。値段も手頃だと思うのだけど。1万1300円、2万4000円。(64年)

⬆これさえあればプライベート・レコードが簡単に作れたんだけど

●乾電池が強力になるとメカも性能アップ。これ真実ヨ

栄養よければ力いっぱい。乾電池の重要性をお忘れなく……。

ナショナル・ハイトップ　電気製品を生かすも殺すも乾電池次第。その乾電池の寿命を従来の倍以上に延ばしたのがハイトップ。これがポータブル・メカの行動範囲をぐっと広げてくれた。縁の下の力持ちの発売は63年ですゾ。

コレが発売されてから、思いっ切り朝寝ができた。

ナショナルRC-10　時計とラジオの機能を両立させたモデル。"タイミィ"というニックネームで目覚し用に売られ大好評を博した。この頃から音楽でお目覚めが始まったんだね。6,500円。(67年)

水泳はリズムにのって。水中スピーカー。

パイオニアUL-2　水の中専用のスピーカーが60年代には存在していた。元来シンクロナイズド・スイミング用に開発されたもので、かなり大きなプールでも使用が可能だったが70年代に入り製造が中止されてしまった。ぜひとも再発売を望みたいものだ。なお、空気中では使うことができない。(64年)

⬆水中で聴く音楽ってどんな感じ!

⬆低血圧もなんのその、目覚めスッキリ便利もの

69

図2：「from 60's on」誌面の例

ジジムサいお説教調でもないし、ノスタルジックな追想調でもない。ましてや歴史の教科書調なんかじゃない。ぼくたちの60年代は〝いま〟なんだ。いま面白いものはすべて60年代に出現してきたものだと言っても、言いすぎじゃないんだ」

六〇年代と〝いま〟を結びつけるのは、成長した自分に内在するものとして六〇年代をとらえた「ぼくたちの世代」に近い考え方だ。しかし「from 60's on」では、成長したのは自分というよりは社会である。彼らは六〇年代文化をクロニクル化することで、六〇年代を個人の中に生きるものから、社会の中に生きるものへと転移させようとしていた。

そのメッセージは各コーナーのキャプション文にちりばめられている。「GSこそは日本のロックの原点であり、パイオニアだった」「それ以来インスタントものは、若者たちの必需品としてますます隆盛をきわめている」「音楽がボクたちの生活に欠かせないものになり、ライフスタイルにまで影響するようになったのは、全部60年代に始まったことだった」など。

きたるべき八〇年代の文化に、六〇年代の文化が息づいていると若者たちに伝えることで、「ぼくたちの世代」は六〇年代とともに生きることを社会に託した。そのような決断にいたった理由はおそらく、彼らがもう、じゅうぶんなりたい大人になったからだ。『POPEYE』という雑誌はそんな雰囲気に満ちている。もう、自分探しのための六〇年代はいらないし、戦前生まれと敵対する必要もなかった。だから六〇年代を笹舟のように時代の流れに浮かべて、自分たちの手元から社会へと解放したのだ。

The Heavenly 70's

「from 60's on」からちょうど一年後、『POPEYE』は一九八〇年十二月十日号で一九七〇年代の特集「The Heavenly 70's」を組んだ。七〇年代が終わってわずか一年で編まれたクロニクルは、構成、レイアウトともに六〇年代特集と非常に似ている。似ているということはつまり、「from 60's on」が汎用的な記憶の形式を持っていて、他の年代にも応用がきくことの証明である。

　ブルース・リーのイラストを表紙にした「The Heavenly 70's」〈図3〉は、二十四の小テーマとノンセクションコラムからなる。小テーマをおおざっぱに分けると、事件、マンガ、ファッション、アイドル、住居、長島（長嶋）茂雄引退、有名人の死、コマーシャル、テレビ、できごと、映画、音楽、ファストフード、格闘技、自動車・バイクなど。分かりにくいものだけ解説すると、「住居」は手づくりの木の家や米軍ハウス、「できごと」はストリーキング、オリバーくん、口裂け女など、「音楽」は邦楽がニューミュージック、洋楽がパンクロックとソウルである。

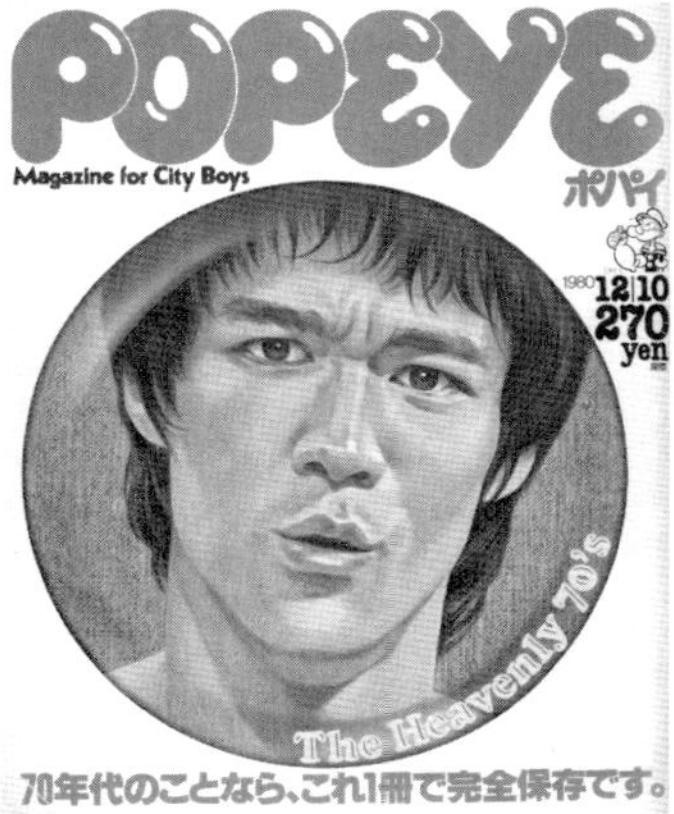

図3：『POPEYE』1980年12月10日号

七〇年代特集には、六〇年代特集には見られなかったひとつの特徴がある。それは、国内の文化について批判的・揶揄的な表現が目立つことだ。たとえば七〇年代後半に隆盛したニューミュージックを紹介する次の記事は、ニューミュージックを好む人も、それを小バカにする人も、同時に嘲笑するようなエリート的な立ち位置を感じさせる。

「音楽をワカっている人たちの間じゃ、どちらかというとヤユするような印象の悪さがあるから、だからこそ他人からその種扱いされたりするとムカっ腹を立てたりする人もいるわけなんだが、まあ、コトはオンビンに」

ユーミン（荒井由実）に対しても手厳しい。「下世話なキメ言葉のはさみこまれた歌詞づくりを大きな特徴としていた」「プチブルを自称して開き直り、豪華というより派手な装いと大がかりなステージング」など、おちょくりの姿勢が垣間見える。

詳しくは6章で取り上げるが、遠い過去はカッコよく、近い過去は恥ずかしいという風潮が八〇年代にはあって、七〇年代は揶揄の対象になりがちだった。音楽だけでなく日本映画についても同様の（観るべきものが少ないといった）論調が見られる。

読者にとって、あるいは編者にとって、七〇年代はリバイバルすべき素晴らしき六〇年代とは同列に語れないものだったことは確かだ。七〇年代がそういう時代になるには、もう少し世代の入れ替わりが進まなければならなかった。

ああ、ナミダの懐古物

六〇年代特集と七〇年代特集にはさまれた一九八〇年十一月十日号から、『ＰＯＰＥＹＥ』では泉麻人の連載コラム「ああ、ナミダの懐古物」がスタートした。ここに、戦後文化の懐古を担う世代の交代をみることができる。

一九五六年生まれの泉は、大学卒業後に東京ニュース通信社に入社、『週刊ＴＶガイド』編集部で働いていた。他社の新人編集者でありながら、泉は「from 60's on」のテレビのコーナーを担当する。この仕事をきっかけに、「POPEYE FORUM」の一角で懐かしのおもちゃやお菓子について自身の思い出や雑学を語るコラムを書き始めた。

全二十八回の連載で取り上げたものは表4のとおり。コラムのテーマはお菓子、おもちゃ、おまけなどの商品が大半を占める。「ガラスを割ってしまったなどの悲報も各所で聞かれた」（スーパーボール）、「おはなしの部分が、聴いてみると意外に退屈なのだ」（朝日ソノラマ）、「敵の陣地内に並んだコマを飛び越して行くときなんてのは、もう自分の頭のよさにホレボレしてしまう」（ダイヤモンドゲーム）など、当時を知る読者が思わず共感してしまうような、あるある的なエピソードが基本になっている。

コラムは読者に好評だったようで、しばしば投稿欄に感想が載った。「ぼくのナミダの懐古物」

「懐かしさいっぱいで涙がホロリ」などの投稿タイトルに読者の思い入れがうかがえるが、何よりそれが表れたのは連載終了後の反応である。

八二年十月二十五日号で最終回を迎えたあと、投稿欄はまるで泉の連載を引き継ぐかのような活況を呈した。十一月二十五日号では「鉄人28号グリコ」のオマケ写真を送ってきた投稿が載り、十二月十日号では「泉麻人サマお元気ですか?」とのタイトルで駄菓子への想いをつづった投稿が採用されている。

八三年に入ってからも、小学校の算数の授業で使用した「いろいた」、二十年ほど前に集めたというシールやワッペン、大阪万博の太陽の塔のミニチュアとコンパニオン人形、ミツワのディズニー石鹸や丸出だめ夫ガムなど、自身が保管する懐古グッズを開陳して想いを吐露する読者が相次いだ。

この現象は、『POPEYE』の主要読者層である一九五〇年代後半から六〇年代初頭に生まれた世代が、ノスタルジーのポテンシャルを溜め込んでいたことを示している。彼らの世代にとって、高度成長期は面白いテレビやマンガ、おいしいお菓子、楽しいおもちゃなどに彩られた日々だった。批判や反省を含まない高度成長への純粋なノスタルジーは、無共闘世代がメディアの現場に顔を出し始めた八〇年代初頭に需要と供給の輪郭を現し始めた。

連載回	テーマ	掲載号
1	森永製菓ビックリバッジ	1980.11.10
2	ワッペン	1980.12.25
3	フルヤウィンターキャラメル	1981.1.25
4	和泉製菓ウインナチョコレートスペシャル	1981.2.25
5	ロッテ・ピンクミントガム	1981.3.10
6	プロ野球球団旗メダル	1981.5.10
7	森永チューレット	1981.5.25
8	オリンピック旗	1981.6.10
9	スーパーボール	1981.7.25
10	ジンタン自動車ガム	1981.8.10
11	怪獣グッズ／ハリスチューイングボン／トミーガン	1981.9.10
12	任天堂イニシャルトランプ	1981.10.10
13	朝日ソノラマ	1981.10.25
14	プロ野球ファン手帳	1981.12.10

連載回	テーマ	掲載号
15	ダイヤモンドゲーム	1981.12.25
16	昭和43年1月1日のテレビ欄	1982.1.10
17	新春懐古クイズ	1982.1.25
18	ピンク・レディーに懐古魂を見た	1982.2.25
19	明治フルーツアラモードガム	1982.3.10
20	スプーン曲げ	1982.4.10
21	不二家ハイカップ	1982.4.25
22	クッピーラムネ	1982.5.25
23	森永タムタム	1982.6.25
24	東京都区分地図	1982.7.10
25	大塚製薬の錦四郎ノート	1982.7.25
26	コルゲンコーワカエル人形	1982.9.10
27	鉄人28号コップ	1982.10.10
28	昭和30年代的まゆ毛	1982.10.25

表4：「ああ、ナミダの懐古物」連載一覧

無共闘世代のアイデンティティ

2章で書いたように、むかし語りが個人的なレベルを超えて世代的なものになるためには、その世代に過去を語るべき動機がなければならない。無共闘世代にはどのような動機があったのだろうか。八〇年代に入ると彼らは子ども時代を懐かしむ書籍を出し始めるので、少し時代は後になるが書籍のまえがき・あとがきから動機を先取りしておこう。

一九五八年生まれの田埜哲文《たのてつふみ》が監修した『ぼくらのヒーロー図鑑』(一九八五年、詳しくは6章)のあとがきには次のような記述がある。

「『俺たちの若い頃は……』という『大人』の常套句は、これまでは戦争体験であり、高度成長下での艱難辛苦であった。しかし、原体験となりえるものは何も、戦争ばかりではないのだ。僕らだって、振りかえる過去くらいはあるし、それは、それで、スリリングでエキサイティングな体験だったのだ。さしずめ、テレビや映画、そしてコマーシャルやマンガが僕らの共通の原体験といえるのではなかろうか」

戦前世代との対比で自分たちのメディア体験を取り上げるのは、「ぼくたちの世代」と同じようなスタンスである。ポスト団塊の米沢嘉博と式城京太郎(ともに一九五三年生)も共著『2B弾・

銀玉戦争の日々』（一九八二年）の中で、「昭和三十年代を少年で過ごした人間達にとって、ほとんど変わることのない体験とは、メディア体験なのだ」と書いている（二百四十五頁）。メディア体験をベースにした「対・戦前生まれ」という構図は戦後世代に共通するものだ。

一方で、無共闘世代だけに共有される構図もある。名前が示すように「対・全共闘世代」だ。全共闘世代とは団塊世代と一部のポスト団塊を指す。泉麻人は、イラストレーターのみうらじゅん（一九五八年生）との共著『無共闘世代』（一九八五年）のまえがきで次のように述べている。

「私たちの弱みは、戦争が無かった上に、全共闘運動すら間に合わなかったという点です。そういう人たちが、何か自らにハクのようなものを付けようとするときに、何に頼ったらいいのか？ 生い立ちなどを語る際に、どういった事柄を見せ場に持ってくればいいのでしょうか？ 終戦後の貧乏を味わったり、角材を持ってキャベツを齧る生活ができた人々はその点しあわせです」

冗談めいた言い方だが本音だろう。泉はこの本の中で、みうらと一緒に少年時代のテレビネタや音楽ネタを延々と語り、無共闘世代のアイデンティティを示していく。

もうひとつ例をあげる。八二年に創刊したミニコミ誌『東京おとなクラブ』は、マンガ、怪獣、アイドル、テレビなどのいわゆるサブカルチャーをテーマにして、その筋の有名人たちが多数参加した雑誌である。タイトルにわざわざ「おとな」とひらがなで付けていることから、2章で述べた新しい大人概念への意識がうかがえる。

創刊号の編集後記で、発行者・エンドウユイチ（遠藤諭・一九五六年生）は次のように書いている。

「この本は、一応、ぼくなどの世代のための本である。ぼくなどの世代とはどういう世代か？それは、例のベビーブームの連中よりも1テンポ半遅れてやってきた人々を指しているつもりなのだが、この辺の人間たちというのは、どーもちゅーブラリンなのである。［中略］われわれには何があったか？　われわれの手許にあったものはというと…せいぜいが怪獣ブームで」

角材を持ってキャベツをかじっていた（全共闘世代）、例のベビーブームの連中（団塊世代）と比べて、自分たちにはこれといった個性がないという自意識は、彼らを「シラケ世代」と呼んだ世間からのプレッシャーをある意味で自虐的に内面化したものだ。よくも悪くもキャラの濃い上の世代のあおりを受けて、自分たちのアイデンティティを確認せざるを得ない状況になった。

そのとき選択された無共闘世代のアイデンティティが、少年時代の豊富なメディア体験やモノ体験を語ることだったのである。それは、泉やエンドウと同い年の作家・田中康夫が、同時期に小説『なんとなく、クリスタル』（一九八〇年）で描いた消費の謳歌と比べて地味だったかもしれないが、確かに無共闘世代の本質の一面を示すものだったはずだ。

語り手の世代交代と状況の複雑化

「from 60's on」をきっかけに、「ぼくたちの世代」による六〇年代語りは個人的な次元から社会的な次元へと昇華した。それは、今後どの世代が六〇年代を語ってもよくなることを意味していた。八〇年代以降、サブカルチャーの主要な生産者になるポスト団塊と無共闘世代は、それぞれの立ち位置から六〇年代を語り始める。

その中身はもちろん、団塊世代とは異なるものだった。「ああ、ナミダの懐古物」で花開いたような子ども時代のノスタルジーもあれば、対・全共闘世代に根ざした彼らを笑うような態度もある。六〇年代をキープオン的にデータベース化したい欲求も強い。幅の広い年齢層が語りの中心になることで、世代のアイデンティティを示すための方法も多様になっていく。

サブカルチャーの受け手である新人類もまた多様だった。六〇年代を新しいものとしてとらえ、面白さやカッコよさを見出せる距離感を彼らは持っていた。しかし一方で、幼少期とはいえ六〇年代には生まれているし、育った環境に六〇年代的なものはたくさん残っていたから、そこにノスタルジーを感じることもできただろう。

六〇年代をめぐるコミュニケーションが世代内から世代間へと拡張することで、世代ごとに異なる受けとめ方をしたり、逆に世代を超えて同じ感覚を共有したり、あるいは世代内でも感覚の相違があったりと、六〇年代に対する解釈は多様化・複雑化する。「from 60's on」は、そのスタートの号令のような存在だったのである。

対六〇年代だけでもこれだけ複雑化するのに、八〇年代はそれ以外の動きも同時に起こるのでさらに話がややこしくなる。まず、昭和四十年代や一九七〇年代が振り返りの射程に入ってくる。逆に、昭和初期や大正、江戸までを対象にした大きな流行も生まれる。こうした懐古的な傾向がサブカルチャーを超えてマス化し、戦前生まれを巻き込む大がかりな事態にもなる。すべてが相互に関連し合いながら同時進行するので、なかなかにややこしい。

このややこしい流れは最終的に、「レトロ」という便利な言葉にすべてが回収されて落ち着きをみせるのだが、それは一九八六年のできごとである。それまでのあいだ、過去をめぐる文化は複雑な推移を続ける。次章からは、その様子をできるだけ分かりやすく整理していきたい。

第5章　ニューウェーブな過去　——アナクロ・廃盤・ゴジラブーム

ニューウェーブのキッチュ感覚

過去をめぐる一九八〇年代の動向は複雑だが、そこで共有される感覚がノスタルジー、キープオン、キッチュの三つのセンスで説明できることに変わりはない。本章では三つのセンスを軸にしながら、一九八一年から八四年までの状況をみていくことにする。

まずはキッチュの動向について。八〇年代に入るとキッチュは「ニューウェーブ」と呼ばれる潮流に組み込まれていく。

ニューウェーブはもともと音楽用語で、七〇年代中盤のパンク・ムーヴメントを受けたポスト・パンク状況全般を指す言葉である。日本ではパンク／ニューウェーブというセットの概念として定着し、音楽的にはテクノポップを中心に、やがて先進的で前衛的な音楽ジャンルの総称になっていった。音楽以外にも意味が広がり、ファッションや持ち物、思想などを最先端の都市的センスでまとめた人々やその志向をおおざっぱにニューウェーブと呼ぶようになった。

ニューウェーブとしてくくれる傾向には過去の文化表象を取り入れたものが少なくない。音楽に絞って言えば、代表的な存在のひとつは八一年に結成された「ゲルニカ」だろう。

図1：ゲルニカ『改造への躍動』アルバムジャケット（1982）

ゲルニカは、上野耕路（一九六〇年生）、太田螢一（一九五七年生）、そしてニューウェーブキッズたちからカリスマ的な人気を得ることになる戸川純（一九六一年生）の三人で結成された。一九二〇～三〇年代を思わせるビジュアルイメージと、シンセサイザーのトラックに乗せて歌曲のように歌いあげるサウンドを特徴とした。

八二年にアルバム『改造への躍動』をリリース〈図1〉。右からの表記や旧かなづかいを用いており、曲名も「銀輪は唄う」「工場見學」「大油田交響楽」「マロニエ読本」など志向性が明確だ。しかしサウンド自体は未来的なコンピュータ音であり、過去と未来の混沌に面白さが宿っている。

上野耕路はもともとパンクやテクノポップ路線の音楽をやっていて、戦前趣味の発想はゲルニカ

図2：太田螢一のアートワーク。(上)「衛生博覧會」ポスター、(左下)『太田螢一の人外大魔境』アルバムジャケット、(右下)「ナゴムレコード」ロゴ

図3：『ヘンタイよいこ新聞』書籍版

からである。彼のインタビューを読むと、幅広い音楽体験やミュージシャンとの交流の中から、新しく個性的な音楽性として戦前趣味を選びとったことがよく分かる（ばるぼら『NYLON 100%』二〇〇八年）。

作詞とアートワークを担当した太田螢一は同じインタビューで、戦後はアメリカニズムとポップが中心となり、戦前のセンスが埋もれてしまったので、そこに光を当てたら面白いと思ったと述べている。

太田の仕事を図2に三点あげた。ゲルニカ活動休止後のソロアルバム『太田螢一の人外大魔境』（一九八三年）は、昔の冒険小説の挿し絵をグロテスクにアレンジしたようなスタイル。「衛生博覧會」（一九八五年）は四十組のアーティストによる展覧会で、ポスターのイメージは国籍不明の昔のナースだ。「ナゴムレコード」は八三年に設立したインディーズの音楽レーベルで、ロゴは昔の児童向けコンテンツを思わせるタッチである。

こうしたセンスは太田にかぎらず、八〇年代前半のニューウェーブ的感性にしばしば見られるものだ。3章で取り上げた糸井重里『ヘンタイよいこ新聞』書籍版（一九八二年）の装丁も同じ流れに位置づけられる〈図3〉。

戦前の表象はちょうどよい距離感であり、かつこれまであまり注目されてこなかったので、ニューウェーブのトンがったセンスを刺激する恰好の素材だった。すこし後にアジアのポップスやレコードジャケットのセンスがもてはやされるようになるが、これも距離感のよさという点で同じである。タテ軸（時代）とヨコ軸（地域）に視点をずらして新しさを探し出すキッチュの精神は、八〇年代に入っても変わらなかった。

広告のアナクロニズム

こうしたキッチュ感覚はアートの近接領域である広告にもみられた。『広告批評』一九八三年二月号は「広告のビョーキ」と題した特集を組み、最近の広告にありがちな特徴を病にたとえて整理しているが、そこで「差別化病」「ライフスタイル氏病」などと並んで「アナクロ病」があげられている。

アナクロとは時代錯誤を意味するアナクロニズムの略語である。古臭いテイストをあえて用いることでおしゃれさや面白さを狙ったものを、『広告批評』は「アナクロ病」と呼んだ。この病にかかった広告は「なんの脈絡もなく突如若者雑誌の片スミに顔を出したり」するのだという。

この記事でアナクロのルーツとされているのは、レコード盤を手にした舞妓の姿を古写真のように仕上げた、八一年三月発売のＹＭＯのアルバム『ＢＧＭ』の広告だった。ゲルニカが登場する少

図4：(左)サントリービール
(右)TeLePAL

し前のことだ。「これはなんとなく面白そうだぞ、という気分はまたたく間に伝播して、そのあたりから、この症例は増える一方だ」と分析されている。

　悪意的な書き方をしているが、『広告批評』がよい広告として評価しているものにもアナクロ路線がいくつもある。八三年の例をあげると、力道山を使った小学館の雑誌『TeLePAL』、戦前の「オラガビール」の広告をまねた角ばった大きなコピーの「サントリービール」〈以上図4〉、ゴジラを登場させた「アサヒ黒生」、しばらく使われていなかった黒人風の少年のマークを復活させた「カルピス」など。力道山やゴジラなど戦後のものもいくつか含まれている。

　この時期の広告には、これまで培われてきた広告やデザインの定石をあえて壊すような試みが多くみられる。ヘタウマ系のイラストもそうだし、笑わせる広告、セルフパロディ的な広告も流行した。アナクロ広告も同じで、消費者のノスタルジーに訴えるというよりは、八〇年代的なセンスの中にあえて過去のセンスを放り込むことで生まれる異物感を楽しみつつ、予定調和的な広告図像の世界に揺さぶりをかける意図があったと思われる。

こうした視点の切り替えは『広告批評』自体にもみられるものだ。同誌は七九年の創刊以来、戦時の広告や、外国から見た日本（日本文化に関する珍妙な記述やジャポニスムなど）を何度も特集していて、歴史的・地理的に視点を切り替えて現在の日本をナナメから見ることを好んでいた。のちに江戸時代の広告や明治〜昭和初期に活躍した出版人・宮武外骨の特集なども手がける。これは広告界全体の流れだったのである。

フィフティーズのキッチュ

ゲルニカもアナクロ広告も、過去のセンスを呼び戻す意図はキッチュの表現である。インパクトのある新しい試みがもてはやされたニューウェーブ期、キッチュは数ある表現の選択肢のひとつとして存在していた。たとえば音楽の場合、数ある表現というのはパンクやテクノなどで、それらを選ぶか、あるいはキッチュを選ぶかというオルタナティブな関係がそこにはあった。

同時期に流行したフィフティーズもその文脈で理解できる。一九五〇年代（フィフティーズ）のアメリカンカルチャーや、ロカビリーやオールディーズなどの音楽を愛好する若者がこの時期に増えた。リーゼント、革ジャン、ポニーテールなどのスタイルはツッパリ文化との結びつきを連想させるが、もともとフィフティーズはニューウェーブに位置づけられていた。

フィフティーズの中心にいたのは、原宿のブティック「クリーム・ソーダ」の経営者だった山崎眞行（一九四五年生）である。山崎は七五年にフィフティーズファッションの店「クリーム・ソーダ」を開店、若者から支持を得るようになる。一部の支持者はロックンロール族と呼ばれ、竹の子族と原宿の勢力を二分した。八一年に結成されたクリーム・ソーダの店員によるロカビリーバンド「ブラック・キャッツ」もヒットし、山崎はカリスマ的な存在になっていく。

山崎の自伝『クリーム・ソーダ物語』（一九八二年）では、リアルタイムでフィフティーズを経験した世代がものしり顔で当時を語ることへの不信感とともに、多くの可能性の中からフィフティーズを選ぶ若者たちの創造的センスを評価する記述がみられる。

「彼らは結局自分のものさしでしか判断しない。例えば、ボタンダウンのシャツがなかったから自分で作ったとか誇らしげに言う。今の子だって、なければ作ると思う。あるのに作る必要ない。同じボタンダウンでもたくさんの数の中からセレクトするっていうのが、今の子たちのセンスなのにそういうとこは見れない」（百二頁）
「ロックンロールにしたって、当時の人は流行でやってただけでしょ。ブラック・キャッツは違う。ハードロック、パンク、テクノ、いろんな音楽があって、その中から選んでロカビリーをやってる。そこんとこ忘れて物言って欲しくないな」（百二頁）

ここで山崎が強調する「セレクト（選ぶ）」は、ゲルニカの上野が数ある可能性から主体的に戦前を選びとった話と似ている。若い世代にとって過去の文化のリバイバルや再解釈は、ニューウェーブの方向性としてパンクやテクノと相対的な関係にあり、自らの創造的なセンスを発揮する方法のひとつだったということだ。

流行観測で知られる雑誌『アクロス』一九八二年四月号に、「アメリカンフィフティーズは、当時の底抜けの明るさと、それと表裏をなす大量生産的な安っぽい感覚がもてはやされている」との分析がある。「安っぽい感覚」はまさに文化屋雑貨店が追求したキッチュの精神であり、フィフティーズは正統なキッチュの伝承者であった。

『宝島』のアナクロ趣味

ここまでの話では、アナクロ趣味はおしゃれでカッコよく、創造性にあふれる（ただしやりすぎると「病」になるが）ものとして理解される。しかし当時のサブカル雑誌には、アナクロという言葉が少し違ったニュアンスで用いられるケースもよくある。ニューウェーブ感覚が正確に記録された雑誌『宝島』を読んでいくと、もうひとつのアナクロ概念が同時進行で輪郭を持ち始めたのが分かる。

八二年三月号から、『宝島』では読者投稿コーナー「アメイジング駄菓子ワールド」が始まった。駄菓子のパッケージデザインの不思議さ、ネーミングの安易さ、パクリの大胆さなどを面白がる文章とともに、現役で流通する駄菓子を写真つきで紹介するものである。「なつかしさとニューウェーブさが胸を打つ」とあり、駄菓子は読者たちのノスタルジーと、キッチュ的なセンスとを同時に満たすものとして重宝された。

以後、「アメイジング駄菓子ワールド」は『宝島』の人気コーナーに成長していき、八二年十月号では特集が組まれた。「今やちょっとしたブームを呼ぶ原色駄菓子」「ひとつひとつが超モダン世界」「驚きのポップ・ワールド」など、キッチュな魅力を強調する言葉が並ぶ。一方で「なんだかよくわかんねー」「コワイ」「ヘン」など、笑いを意図したキャプションも見受けられる。

少し戻って八二年六月号からは「VOW POST」という読者投稿ページが独立して設けられ、読者たちは街で見かけたヘンなもの、面白いモノを積極的に発見して投稿するようになる。「アメイジング駄菓子ワールド」は「VOW POST」の一コーナーに収まった。

「VOW POST」では、ヘンなチラシ、ヘンな看板や街の風景、奇妙な通販商品、誤植、海外の間違った日本語やパクリ商品などが好まれた。古臭いネタもこうした雰囲気の中にあったわけだが、読者投稿の性質上、いま自分の身のまわりにあるものを取り上げることが基本になるので、必然的に過去の古いモノではなく、いまもある古いモノが中心になる。しかもそれを笑う態度をともなっていた。

『宝島』ではこうしたスタンスをアナクロと呼ぶようになった。「由美かおるさんが毎週、超アナクロ的なアイメイク及び衣装を画面で見せてくれます」(一九八三年一月号)、「青年の表情になんともいえないアナクロ的魅力を感じます」（一九八三年四月号、くびかえあそびセット、図5）、「どへぇ。アナクロ恐怖マンガ」（一九八三年七月号）など。

『宝島』のアナクロ趣味は置き薬のブームでピークを迎える。八三年十一月号の「VOW POST」に「はら一回」という置き薬が投稿されたのをきっかけにブレイクが起こり、編集部に置き薬の投稿が相次いだという（過去にも投稿はあったがブレイクしなかった）。それ以来、パッケージの人物の表情、色づかい、レイアウトなどのアナクロ具合にツッコミを入れて掲載するようになった。八七年に単行本化された『VOW 現代下世話大全』で、置き薬は巻頭カラーを飾っている（図6）。

VOW

VOW・POSTへバウい市民のタメの

うへぇ。

昔のアソビは過激ですゼ。

「すたいる・くびかえあそび」のキョーフ

一瞬見ると何が何だか分からない「すたいる・くびかえあそび」。我家のがらくた箱の中からみつけ母ちゃんに問いをなげかけたところ、その名のとーり、服を折り紙かなんかで作ってくびだけさしかえてあそぶとユーいわばきせかえ人形みたいなもんでした。

このたくさんのおねいさんや子供、じいばあ、そしてたった一人の青年の表情になんともいえないアナクロ的魅力を感じます。それにもまして、まわりの小道具のモダンさに私は心をうたれました。

が、首のなんともツルリとした切り口はやはり気持ちいいです。

（北海道・向井せいか）

ローカル・TVレポート

葬式日程番組

「おくやみ」だ！

“おくやみ”って知ってますか。ウィークディの12時（夜）前後の

図5：『宝島』1983年4月号

　ここでいうアナクロは、時代の流れに取り残されて現代の空間に放置された、古臭いセンスの奇妙なたたずまいを意味していた。それを発見して味わうのがアナクロの楽しみ方であり、自ら意識的に生み出すものではない。そこが音楽や広告のアナ

図6：『VOW　現代下世話大全』(1987)

クロとは異なる点のひとつだ。

もうひとつの違いは、『宝島』では戦前のものがほとんど対象にならないことである。時代遅れという言葉は古すぎるものには使わない。古すぎると一周回って新しくなるので、そうなる手前の絶妙な古さを持ったものだけがアナクロになる。昭和三十年代や四十年代のセンスがちょうどそこにあたるので、『宝島』的なアナクロにはキッチュさだけでなく、いくぶんのノスタルジーも含まれる。

笑えることが重視されていた『宝島』だったが、八四年に入るとアナクロという言葉をたんに古くてイイ感じのもの全般に用いるようになる。「庶民の店とアナクロ文化は深い愛で結ばれています」(一九八四年三月号、旅館・洋食堂・カフェなどの紹介)など、笑いのテイストは弱まっていく。

アナクロという概念が定着したことで、古

いものに対するキッチュは、その他のキッチュから切り出されて独立して認識されるようになった。カッコいい、おしゃれ、面白い、逆に新しい、ヘンなど多様な解釈を含むあいまいな概念ではあるが、さしあたりカテゴライズされたことで、その後のレトロブームの重要な基盤のひとつになっている。

世代ごとのノスタルジー

アナクロキッチュが流行をみせる一方で、ノスタルジーはそれほど大きなムーヴメントを起こしておらず、全体として散漫な印象だ。とはいえいくつかの重要な動向は確認できるので、世代ごとに状況をみていこう。

団塊世代は三十代中盤に差しかかり、思い出の需要は高まってきそうだが、この時期はあまり供給が見られない。ただし『三丁目の夕日』が一九八一年の小学館漫画賞を受賞したり、当時無名だったおもちゃコレクターの北原照久（一九四八年生）の記事が朝日新聞に載ったり（一九八二年四月八日）するなどいくつかのトピックはある。

彼らのノスタルジーは若者のサブカルチャーと着実に切り離されつつあった。『宝島』では、八一年の段階では「不良少年たちの文化史」（三月号）や「反逆の六〇年代」（十月号）など、団塊世代の価値観に合わせた特集が見受けられたが、八二年になると「ビートルズ世代はもはや中堅サラリーマン」（七月号）、「これじゃタイム・マシン今秋の外タレ面ツ」（九月号）など突き放した態度に変わっている。

一方で、糸井重里の大活躍や、雑誌『ＢＲＵＴＵＳ』の「特集・オヤジの時代」（一九八一年）など、団塊世代に元気があったことも事実で、過去を振り返るよりも、これからの時代を作っていこうとする意志のほうが強かったのかもしれない。

ポスト団塊と無共闘世代のノスタルジーでは、前章で取り上げた「ああ、ナミダの懐古物」をめぐる活況がちょうどこの時期にあたる。また、何度か名前を出した米沢嘉博・式城京太郎『２Ｂ弾・銀玉戦争の日々』の刊行は八二年八月である〈図7〉。同書の章構成は次のとおりで、身のまわりの事物とメディアコンテンツとがバランスよく構成されているのは、その後のノスタルジー本のひな型とみることができる。

第１章　駄菓子屋の日々……不潔な駄菓子と人工着色／クジ引きに憑かれて／名もなき悲しい玩具達／銀玉ピストル発達史
第２章　ぼくらのテリトリー……神社、川べり、空き地／紙芝居の風景／街とデパート
第３章　知識の泉に手を入れて……テレビのある風景／スーパーヒーローカタログ／グリコとカバヤのアトムシール／マンガと少年雑誌
第４章　王国の住人達を訪ねて……家庭の風景――日用品の変わりゆく様／病気の日――うろうろわくわく家の中／横町のパーソナリティ――ガキ大将に博士に名人／ぼくらのヒエラル

キー――金持ちと貧乏
第5章　学校はプレイランド……休み時間は有意義に／女の中におっとこが一人／ツベルクリンと検便と／校門横の風物誌――下校時刻を待ち受けて
第6章　武器秘密工場の謎……忍者の武器を作る！／罠を仕掛けろ――落とし穴と草結び／ついに登場2B弾――五〇銭の爆裂花火／2Bの危険な遊び方
第7章　冒険と闘いのただ中へ……秘密の隠れ家――敵のアジトを襲撃せよ／ぼくらは少年探偵団――ごっこ遊びの変遷／生き物殺しの楽しみ／果てしなき銀玉戦争――銃撃戦の終りには

（節タイトルは一部抜粋）

図7：米沢嘉博・式城京太郎『2B 弾・銀玉戦争の日々』（1982）

新人類のノスタルジーはほとんどかたちになっていないが、貴重な例として『ビックリハウス』の投稿欄「MEDIA JAPAN」内の「昔なつかしコーナー」がある。投稿者が懐かしいものを自由に語るコーナーで、八二年三月号から八三年四月号まで設けられた。全投稿で取り上げられたものと投稿者の年齢を表8にまとめた。だいたい二十一歳以下が新

ジャンル	テーマ	年齢	掲載号
遊び	四角いメンコ	17	1982.3
	たんていちょう		1982.4
	相撲のオモチャ		1982.6
	ひみつのアッコちゃんコンパクト	17	1982.7
	もくもく煙（現在販売中のもの）		1982.7
	ぬりえ	14	1982.11
	透明ランナー		1982.11
	遊園地の仮面ライダー	17	1982.12
	じんぎ（カンチョウ的なもの）	24	1983.1
	三輪車で焼き芋屋ごっこ	16	1983.4
食べ物	10円お好み焼き	28	1982.4
	モコモコシャーベット	21	1982.4
	コメット（チョコ菓子）	20	1982.6
	マンボー（はっか菓子）	16	1982.6
	ボン（ガム）		1982.7
	アベックいか／イモあめ	21	1982.9
食べ物	カバヤビックリーグガム	20	1982.9
	太郎豆		1982.11
	ハウスたまごめん	18	1983.3
テレビ	怪奇大作戦（1968〜69年）	20	1982.3
	アベック歌合戦（1962〜68年）	17	1982.3
	アッポしましまグー（1969〜71年）	18	1982.9
	ヒューマン（1972年）		1982.11
	大川栄子（女優）	21	1983.3
グッズ	電気時計		1982.6
	ウテナお子様クリーム	22	1982.12
	キュートサンスター歯磨		1983.1
音楽	シュリークス（バンド）	20	1983.3
学校	給食のハトチャミルク	19	1982.3
街並み	バスの方向機	16	1982.9
マンガ	おはようエルザ	27	1983.3

表8：「昔なつかしコーナー」掲載ネタ一覧（年齢空欄は不明）

人類である。

「ああ、ナミダの懐古物」と一部読者層がかぶることもあって傾向が近く、遊びやお菓子に集中しているのが分かる。テレビ番組もあげられている。若者には若者なりのノスタルジーがあり、聞けばこうしてちゃんと返ってくる。彼らのノスタルジーがまとまったかたちで表に出るのはもう少し先だが、この時期すでに輪郭はできあがっていた。

廃盤ブームのキープオン

ここからはキープオンの動向をみていきたい。マンガとアニメの愛好文化がこの時期に大きく花開いたことはよく知られているが、それ以外にふたつ、その後のレトロブームに強い影響を与えたものがある。

ひとつは廃盤レコードのブームである。この時期、昭和三十年代、四十年代の歌謡曲の再評価が進んだ。中心的存在は八二年十月から始まったテレビ番組「タモリ倶楽部」（テレビ朝日系）のコーナー「廃盤アワー」だろう。

司会のタモリ（一九四五年生）と構成作家の佐々木勝俊（一九五三年生）が、廃盤レコードを中古価格や各界での評判をもとにランク付けしていくコーナーで、内藤洋子「白馬のルンナ」（一九六七年）、平山三紀「真夏の出来事」（一九七一年）、エミー・ジャクソン「涙の太陽」（一九六五年）など

図９：『REMEMBER』第６号（1984）

が上位の常連だった。

「廃盤アワー」の人気と連動するように、日本コロムビアは八三年に過去のヒットポップスを集めたコンピレーションレコード「恋すれど廃盤」シリーズを発売。東芝ＥＭＩも「ザ・復刻盤シリーズ」を出し、ちょっとしたリバイバルブームが起こった。

ただし廃盤ブームは「タモリ倶楽部」からすべてが始まったわけではない。ミュージシャンの近田春夫は七〇年代から雑誌やラジオで歌謡曲論を展開し、その中には昭和三十〜四十年代の曲も含まれた。また、ゲルニカと親交があり同じ八一年に結成された「東京ブラボー」は、一九六〇年代のグループサウンズ（ＧＳ）やサイケのテイストを基調にしていた。

八二年には、音楽評論家の高護《こうまもる》（一九五四年生）を中心としたＳＦＣ音楽出版（現ウルトラ・ヴァイヴ）が、昭和三十〜四十年代の歌謡曲をメインにすえた季刊評論誌『REMEMBER』を創刊している〈図９〉。たとえば第三号をひもとくと、和田アキ子の全シングル解説と本人インタビュー、一九五〇年代を代表するロカビリー歌手・山下敬二郎の特集、テーマ別のいろいろなベストテン、新旧ごった煮のシングルレビュー、邦楽とＲ＆Ｂ特集など盛りだくさんだ。リアルタイムの歌謡曲もかなり含まれている。

テーマ別ベストテンには「オールディーズに似ている曲」といったマニアックで深い知識が求められるものもある。また、特集を組んだ歌手は原則として全曲のディスコグラフィーがつき、網羅的なデータベースへの欲求がうかがえる。『REMEMBER』には怪獣倶楽部のようなキープオンの姿勢を見出すことができる。

廃盤だけではなく最新のアイドル歌謡なども同列に扱っているのは、現在のマンガと過去のマンガを区別なく論じた「迷宮」とも共通していて、この点でもキープオン的である。七九年に梶本学（一九五八年生）が創刊したミニコミ誌『よい子の歌謡曲』をはじめ、アイドル評論が成立しつつあったので、それとの連動もあったと思われる。

ミニコミが歴史の空白を埋める

『REMEMBER』巻末にある取扱店舗一覧を見るとほとんどが都内のレコード店で、ミニコミ誌的な存在だったと考えられる。八二年は同時多発的に古い歌謡曲を追究するミニコミュニティが成立した年だった。

「GS研究家」として日本ロック史に関する数々の文章を残した黒沢進（一九五四年生）が、自費出版『資料日本ポピュラー史研究』の刊行を始めたのもこの年である。黒沢は上巻「『ロカビリー～カバー』と『エレキ』篇」、下巻「『GS』と『カレッジ・フォーク』篇」、補巻「日本のティー

解放
なぜワケアリものか?
本来的に歌謡曲とは売るようにというよりも売れるように作られているも
幻の名盤解放同盟

図10：「幻の名盤解放同盟」記事（『東京おとなクラブ』5号、1985）

ンエイジ・ポップス史　ロカビリーからＧＳまで」および「初期フォーク・レーベル編」などを著し、徹底したデータベース整理と取材によって日本のポップスの歴史を対象化した。

同じく八二年には音楽評論家の湯浅学（一九五八年生）や漫画家の根本敬（一九五七年生）らによって、商業的成功にめぐまれず消えていった無名の歌謡曲に光を当てる活動「幻の名盤解放同盟」がスタートしている〈図10〉。より小さなコミュニティも含めて、八二年は廃盤趣味が一気に顕在化した年だった。ミニコミではないが、『ミュージック・マガジン』の別冊として『レコード・コレクターズ』が創刊したのも八二年である。十月にスタートした「廃盤アワー」はこうした流れを受けてのものだ。

レコードコレクターは昔からいるし、中古

レコード店も昔からあるのだが、二十代の若者のあいだでここまでミニコミ的な廃盤趣味が活発化したことはおそらく過去にない。背景には何があったのだろうか。

日本のロックやポップスがそれなりの歴史を持つようになり、その記述がほとんど手つかずだったことから、歴史学的な好奇心やデータベースへの欲求、批評言語への志向などが目覚め、空白を埋めていく作業の快感がおそらく彼らを支えていた。マンガや特撮なども含めて、ポピュラー文化に対するミニコミ活動が全般的に盛り上がっていたこともあいまって、廃盤趣味は大きな流れを生み出したのである。

もちろん、根底にはシンプルなノスタルジーもあったと思うが、それを客観的にとらえようとする欲求がキープオンにはともなっている。これは音楽だけでなく怪獣やマンガでも同様である。ノスタルジーとキープオンの最大の違いは、知的生産活動を内在させるかどうかにあった。

図11：『FOREVER MAGAZINE』第６号（1984）

ただし、ブームになって以降の廃盤趣味は、ニューウェーブ世代を巻き込んでよりポップさやキッチュさを帯びるようになる。八三年十一月に創刊（厳密には八年ぶりの復刊）した『FOREVER MAGAZINE』〈図11〉は、廃盤ランキング、GS特集、オールディーズ特集、中古レコード店の広告（在庫リスト付）

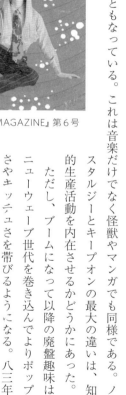

など、中身は『REMEMBER』と変わらない。しかし装丁やイラストが明らかにキッチュを意識していた。

アンダーグラウンドでディープに追求されていたものが、マスに向けてブレイクするときに表層的なポップさを帯びる、というのはよくあることだ。中身が変化するわけではないし、むしろ甘くコーティングされることで若い世代に届きやすくなるので、世代間交流という点では効果的だったと感じられる。こうして昭和三十〜四十年代の歌謡曲は、新人類以降の世代に魅力あるものとして届けられるようになったのである。

ゴジラのニューウェーブ

もうひとつ、この時期の重要なキープオン活動としてゴジラブームをあげたい。これはキープオン単独というよりは、キープオンにアナクロキッチュが混ざり、多くの世代を巻き込みながら展開した総合的なブームだった。

映画「ゴジラ」第一作は一九五四年に公開され、その後ゴジラシリーズは一九七五年までに十五作が制作された。モスラやキングギドラなどの人気怪獣も登場し、一九六〇年代から七〇年代にかけて東宝は多数の怪獣映画・特撮映画を生み出す。大映もガメラや大魔神といった人気シリーズを持ち、テレビでは一九六六年から「ウルトラQ」と「ウルトラマン」が放送された。

ポスト団塊や無共闘世代（とりわけ男性）にとって、怪獣や特撮はマニアでなくとも思い入れの強い対象だった。もちろん、新人類の子ども時代にもこうしたコンテンツは充実していたし、過去の映画のテレビ放送や「ウルトラマン」の再放送などもあったので、思い入れを持つ層は多く存在した。

八三年四月、ニューウェーブを牽引してきたバンド「ヒカシュー」の井上誠が、ゴジラをはじめ怪獣映画の音楽を多数制作した伊福部昭の楽曲をシンセサイザーなどでアレンジしたアルバム『ゴジラ伝説』を発売。ゲルニカの上野耕路と戸川純をはじめ、東京ブラボー、ジューシィ・フルーツ、そしてヒカシューと、ニューウェーブ系のミュージシャンが多数参加して話題になった。

少し前の八三年二月からは、幅広い評論・編集活動をおこなっていた野々村文宏（一九六一年生）が、『宝島』誌上で怪獣趣味をテーマにした「ハンターズ＆コレクターズ」の連載を開始した（同年十一月号から「怪獣紳士録」に変更）。この頃から急速に、怪獣に関する情報がニューウェーブ・キッズたちに広まったと思われる。映像が出回りにくい時代だったが、代わりに怪獣のソフトビニール人形や音楽が彼らの心をとらえたようだ。

野々村の記述によれば、八三年四月二十九日に中野のイベントスペース「plan-B」にて「ゴジラの時代」というトークイベントがあり、盛況だったという。その後も、七月十九日に『angle』主催の「ウルトラQ無料上映会」、八月五日に日比谷公会堂で伊福部昭のコンサート、八月六日から新宿の名画座ミラノで「ゴジラ復活フェスティバル１９８３」と、立て続けにイベントが実施された。

ほぼ同時期に『週刊ポスト』『Hot-Dog PRESS』『週刊プレイボーイ』『週刊少年ジャンプ』にゴジラの記事が載った。また『東京おとなクラブ』第三号（一九八三年八月）は「ウルトラQ」の特集を組み、井上誠、米沢嘉博、特撮研究者の池田憲章（一九五五年生）や竹内義和（一九五五年生）らが参加した。SF雑誌『スターログ』八三年十月号でも怪獣を特集している。『宝島』八三年十月号特集「怪獣グッズが欲しい！」では、原宿・スーパーフリークス、ビリケン商會、大阪・海洋堂ホビー館などのショップが紹介されている。

キープオンとアナクロの交流

上野耕路、米沢嘉博、『東京おとなクラブ』、『angle』、ビリケン商會など、登場する人物・メディア・店のいくつかがこれまでと共通していることに気づかれたと思う。しかもそれぞれの章からまんべんなくつながっている。この後、泉麻人も参入してくる。八三年の怪獣をめぐる動きは、これまでの流れの重要なハブに位置していた。

八四年に入ると、こうした気運に乗って東宝が新作「ゴジラ」の製作を発表。新作の公開時期が明らかになった『宝島』八四年十月号では「ゴジラがくる！」という特集を組み、第一作公開当時の世相、各種のマニアックなネタ、著名人のひとこと集などをまとめている。そして九年ぶりの新作「ゴジラ」は八四年十二月十五日に公開された。

一連のゴジラブームはノスタルジー、キープオン、アナクロのどれかひとつでは理解できない。そのことは八五年一月刊行の『ニューウェイブ世代のゴジラ宣言』を読むとよく分かる。全作品の詳細なデータとともに、「ゴジラレコード完全リスト」「ゴジラコミック全リスト」のように監修した竹内博の方法論が全面的に採用された内容は、典型的なキープオンの姿勢である。また、みうらじゅんや放送作家の景山民夫（一九四七年生）が、過去の思い出ではなく、いまゴジラについて感じることを好き勝手に語り尽くす様子もまた、「いまだに面白い」キープオンそのものだ。

一方で、数々のゴジラグッズの紹介や、昔の少年雑誌風の装丁で作られたページなどもあって、これはアナクロ路線である。本の表紙〈図12〉も『FOREVER MAGAZINE』によく似ている（というか同じ人物のデザインである）。『宝島』編集部が手がけているので、当然ながらアナクロ的なセンスを狙っていた。

図12：『ニューウェイブ世代のゴジラ宣言』（1985）

この本から分かるのは、キープオンとアナクロキッチュの相性のよさである。2章でも述べたように、いまだに面白いキープオンと、いま見ると面白いアナクロは、やや同床異夢的ではあるが方向性が同じなので一体化しやすい。ポピュラー文化を大マジメに対象化するという行為自体がある種のキッチュさを帯びていることもあり、両者の融合はスムーズにおこなわれた。これもまた、後のレトロブームの重要な下地を作っている。

混ざり合う三つの感覚

一九八一～八四年は、ゆるやかな世代交代をともないながら、ノスタルジー、キープオン、キッチュの三つの感覚すべてが八〇年代的なスタイルに育った時期ということになる。簡単に言えば、キッチュはズレを楽しむ創造的活動、キープオンは愛に基づく知的生産活動、ノスタルジーは世代のアイデンティティ構築活動として、それぞれ確立していった。

さらに、キッチュから分化してアナクロ概念が成立したこと、ゴジラをハブにしたキープオンとアナクロキッチュの交流が起こったことも重要なできごとである。

こうした動きは別々に起こっていたわけではなく、ひとつのサブカルチュラルな領域の中でアクターとメディアが重なり合いながら、相互に関連しつつ起こっていた。ひとつの対象について、ノスタルジー目線、キープオン目線、アナクロ（キッチュ）目線が混ざり合う状況がそこにあった。この状況を統括していたのはポスト団塊と無共闘世代のキープオンたちで、彼らがどの世代のセンスにも目配りのきく真ん中の位置にいたおかげで、多様な世代と多様な感覚が自然に結びつくことができた。

結びつくことで現象の輪郭が見えやすくなり、マスメディアの目に留まりやすくなる。八四年から八五年にかけて、この動きはふたつのかたちでマスへと広がっていく。ひとつは若者のトレンドとして全国に紹介されるかたち、もうひとつは上の世代を巻き込んだ復古調ブームのかたちである。その前兆として、八三年には廃盤ブーム、ゴジラブーム、そしてアナクロ広告がすでに一般の目に触れるレベルになっていた。

『アクロス』では、「実体なきものに価値を見出す新世代」(一九八三年八月号)、「トレンドショップ・ニューウェイブ」(同年十月号)のふたつの記事で、渋谷・東京堂や原宿・スーパーフリークスなどの雑貨店が取り上げられ、いちはやくアナクロキッチュの動きを伝えている。ペコちゃん人形、怪獣、ブリキ玩具、お面、中古のトースターなどが売られているという東京堂の解説記事は次のような感じだ。

「今、若い世代の最もホットで最も難解で、街の中では一番目立ち、次に一体何が飛び出してくるやら目が離せない連中が居るとすれば、それはニューウェイブの連中である。そんな彼らが好みそうなガラクタが異様なまでのムードの中に鎮座している店がこれだ」

翌八四年になると、「日経産業新聞」や「日経流通新聞」などトレンドを扱う新聞での紹介が増え、やがて一般紙へと広がっていく。

八三年の関連するできごとをふたつ補足しておきたい。まず、八三年は日本でテレビ放送が始まって三十周年にあたり、いくつかの雑誌特集や特別番組が作られた。なかでもＮＨＫ教育テレビ「テレビジョンその時代」（二月十九日、二十日）では、「月光仮面」「お笑い三人組」「てなもんや三度笠」「夢であいましょう」「鉄腕アトム」「シャボン玉ホリデー」などが一挙に放送された。いまほど懐かし系の番組がなかったので物珍しく、また民放の番組をＮＨＫが放送するインパクトで話題になったようだ。

それから、八三年十一月二日・三日に横浜にっかつ劇場でおこなわれた「日活映画二十四時間フィルムマラソン・嵐を呼ぶ映画たち」も話題になっている。「狂った果実」「野良猫ロック／セックス・ハンター」「幕末太陽傳」「八月の濡れた砂」「嵐を呼ぶ男」など十三本を連続上映したという。なお八四年二月に、日活アクション映画の名シーンをつなぎ合わせたアンソロジー映画「AGAIN アゲイン」が公開されている。

第6章

懐古ブームと揶揄される七〇年代

――「キッチュ」と「愛」の折り合い

懐古ブーム起こる

一九八四年五月八日、朝日新聞東京夕刊に「メディア社会を読む　なぜ、懐古現象なのか」と題する記事が載った。「テレビや映画の世界の、懐かしいヒーローたちが復活している。戦後の復興の時代の文化が見直され、一方では戦前の一九二〇年代や大正ロマンへの関心もブームだ」として、具体例として少年ケニヤ、月光仮面、ゴジラ、ウルトラマン、日活映画リバイバル、廃盤レコードなどをあげている。

山川惣治の絵物語『少年ケニヤ』は一九五〇年代に産業経済新聞（現・産経新聞）に連載されるなどして人気を博したもので、八三年九月から角川文庫で復刻されて累計三百万部以上を売り上げ

図1：「白仁丹」ポスター（1984）

た。翌年にはアニメ映画化されている。山川は八二年に『ビックリハウス』の表紙を描いていて、蔦谷喜一のようなブレイクの仕方である。月光仮面は一九五八〜五九年にテレビで活躍したヒーローで、ニコンカメラ「ピカイチメイト」のテレビCMに登場したものだ。

この記事には五つの広告写真が載っている。月光仮面のニコン、ゴジラのアサヒ黒生、モボ・モガ風の男女が登場するレストランニュートーキョー、少年ケニヤを用いた西友、そしてビートたけしを起用した白仁丹である。

白仁丹は八四年の新発売商品。旧かなづかいの効能書きなど大正・昭和初期を意識したパッケージデザインで、広告のたけしは書生風の着物を着ていた〈図1〉。森下仁丹の担当者の弁では「英語よりも旧仮名の方が、ナウいんですな」（朝日新聞一九八四年六月十四日）とのことで、感性の鋭い若者を狙っていたと分かる。

八四年はアナクロ広告が多かったようだ。朝日新聞の記事が取り上げたもの以外を『広告批評』から拾う

図2：1984年の懐古風CM。（左上）トヨタ自動車「スターレット」、（右上）浅田飴、（左下）資生堂「ビコーズ」、（右下）エーザイ「スカイナー鼻炎用カプセル」

と、昭和十〜二十年代を代表する映画スター、高峰三枝子と上原謙の当時の映像を使用した国鉄「フルムーン」、坂口良子が大正〜昭和初期のモダンな若妻を演じた「浅田飴」、戦前の喜劇俳優バスター・キートンの映像に、藤山一郎の一九三一年のヒット曲「丘を越えて」を合わせたトヨタ自動車「スターレット」。

まだある。チャップリンの映像を使ったエーザイ「スカイナー鼻炎用カプセル」、竹久夢二の絵による広告をリバイバルした「ヘチマコロン」、戦後昭和を代表する映画スター・石原裕次郎の当時の映像を用いた、資生堂のアフターシェーブローション「ビコーズ」など、枚挙にいとまがない。いくつかの図版を図2に示した。

大企業の広告の影響力を考えると、これだけそろえば人々が流行っていると感じたことは想像に難くない。朝日新聞の記事タイトルは「メディア社会を読む」であり、懐古的な風潮は広告を中心としたメディア現象だという認識がまず人々にもたらされた。

一方で、モノのレベルでも懐古調が目立つようになっていたようだ。日本経済新聞一九八四年七月二十日夕刊には、「カフェバー、カクテル、マリンルック、古道具、ゴジラ、ロック、麻服……懐古現象がひとつの基調的な時代風潮をつくりだしている」とある。カフェバーやカクテルが懐古というのは現在の感覚では分かりにくいが、当時の感覚はこうなのだろう。

朝日新聞一九八四年六月十四日には、「昔ながらのブリキのバケツやヘチマ、亀の子だわしなども店頭に再登場し、結構人気」とある。また、日本橋髙島屋が「懐かし倶楽部」と題してブリキのおもちゃ、ビー玉、ベーゴマ、たばこのゴールデンバット、蚊帳などを箱詰めしたものを販売したとの記述もあった。

日経流通新聞一九八四年十二月二十七日によれば、池袋パルコ六階に「ハイカラ屋」というアンティークショップが開店し、ブリキ製品や古着などがＯＬや女子大生に人気だったという。ダッコちゃん、バービー人形、フラフープなど、六〇年代のおもちゃもリバイバルしていたようだ（『宝島』一九八四年八月号）。

ジャンルの成立がもたらす効果

最初に記事を出した朝日新聞が「懐古」という言葉を使って以来、一連の動向は懐古現象や懐古ブームと呼ばれるようになった。ブームの背景についていくつかの新聞が分析している。

「中年世代以上には、いつか来た道への郷愁と安心感、若者には神話化された古き時代の意外なモダニズムの魅力」（日本経済新聞一九八四年七月二十日夕刊）のように、懐かしさと新しさを対比するのが代表的な論調である。取り上げられる事例のほとんどが若者（新人類）が生まれる前のものなので、こうした分け方が当てはめやすかったのだろう。

他にも、管理社会にしばられた若者が無意識に過去へと逃走を始めたとか、現代人は疲れすぎで精神的なよりどころを求めているなどの論調がみられたが、総じて目立つのは若者にウケていることに対する注目度の高さである。なぜ、こんな古臭いものを若者が喜ぶのかという疑問が、懐古ブームの興味ぶかい点だった。その分析が的を射ているのかは分からないが、懐古ブームの主役が若い世代であるという本質は少なくともつかんでいた。

一連の現象が名前をともなったかたちで輪郭を得ると、それは文化生産の現場へとフィードバックされる。サブカルチャーの現場にいた人々にとって、懐古的な趣向がまとまって起こっているという漠然とした実感だけあったのが、マスによるジャンルの定義によって見通しがよくなり、ひとかたまりのムーヴメントとして認識しやすくなる。

すると今度は、そのジャンルありきで情報の送受信がおこなわれるようになり、ますますジャンルの輪郭は太く安定していく。ブームと呼ばれる現象にはよくあることだが、こうした分かりやすさが潜在的な需要を喚起したり、対応する商品の供給を増やしたりして、ブームは拡大のきっかけをつかむ。懐古というジャンルの成立は、古さを楽しむコンテンツの生産と消費を安定させる役割を果たした。

八〇年代のニューノスタルジー

懐古ブームと歩調を合わせるように、団塊世代のニューノスタルジーがここにきて息を吹きかえす。いくつかの書籍や雑誌連載が世に出された。

コラムニストの草野のりかず（一九四六年生）は、雑誌連載コラムをまとめた『ぼくらの三角ベース――ノスタルジック・カタログ』を八四年九月に刊行した。この本は三百五十四項目のノスタルジー事典になっている。駄菓子屋、子どもの遊び、学校や家庭にあったものなどの項目に加えて、「アイスキャンデー売りのおじさん」「煙突掃除のおじさん」などの職業や、「白粉こってり塗って口紅差して日傘持ってふらふら出掛けるおばちゃん」「戦闘帽のおじさん」「髪を引っ張る女先生」など、子どもの目に異様に映った人物描写も細かい。

草野は、失われたものに対する想いと、現在の世の中に対する少しの絶望感とをあとがきで表現している。

「これも科学とか技術とかのシンポのおかげなのでしょうが、ぼくらの生活は便利というか容易になったように思えます。しかしそれにともなって、人間のぬくもりのある手づくりが少なくなって」

本文でも、「朝の包丁の音」という項目では、「朝の包丁がマナイタをトントン叩く音が聞こえなくなったのはいつごろからだろう。目覚し時計に起こされ、ひとりでパンを噛って学校へ行く小学生もいるご時世だ」と嘆くなど、現在と比較しつつ過去を懐かしむ。このスタンスは、高度成長批判というニューノスタルジーの枠組みを八〇年代に持ち込んだものだ。それにしても、三十八歳の人間が書いたとは思えない老成ぶりである。

作家の永倉万治（一九四八年生）は、八四年一月から『ビッグコミックスピリッツ』誌上で「新・昭和30年代通信」の連載を始めた。この連載は草野よりもメディア体験に関する記述が多い。力道山、ロカビリー、月光仮面、皇太子ご成婚、ガガーリン少佐、脱線トリオ、みゆき族、ケネディ、東京オリンピック、ビートルズなどの項目は「ぼくたちの世代」と重なり合う。アメリカへのあこがれもたびたび登場する。

永倉は西岸良平と立教高校の同期生で、ともに立教大学に進学している。ふたりの表現上のアプローチは異なるが、動機の部分では永倉もまた、現在への批判を含んだニューノスタルジー的な心性を持っていた。以下は八六年に「新・昭和30年代通信」が書籍化されたときのあとがきである。

「ズック靴を〝九七〟なんて文数で呼んでいたあの頃から、原っぱにころがって置かれてあったドカンから空をのぞいていたあの頃から、隣近所のあのコやこのコが、夏休みにパリやローマにころっと行ってくるこの頃や、よく晴れた日に、室内にこもり、ガキどもがファミコンに熱中している今日この頃に思いをはせると、なんやら〝人の一生は、なかなかに長い〟という感慨もわいてくる」

漫才ブームを経てトップ漫才師の地位を確立した北野武（ビートたけし、一九四七年生）の著作『たけしくん、ハイ！』は、白仁丹の登場とほぼ同時の八四年五月に発売されると話題になり、翌年にはテレビドラマ化された。短いエッセイと自筆の絵で自身の幼少期を描いたこの本は、グリコのおまけ、校門前の物売り、銭湯、紙芝居、駄菓子屋など、取り上げるものは草野に近いが、「貧乏」というキーワードによってだいぶ違った印象を受ける。

「HOゲージなんていう電気機関車を見に行くわけ。そうすっとねぇ、四、五〇〇〇円もするんだよ、機関車がさ。全部そろえると、一万円ちょっともするわけ。俺はもうはじめから買えないの」（二十八頁）

「それ一個しかないんだよ、俺のベーゴマってさ。金がなくって買えないからさ」（五十頁）

その他、台風の後の赤痢の流行、親のいない子、掘っ立て小屋に住んでいた子、飲んだくれの父親など、ユーモアと温かさを交えながら都市の貧しさが描写されている。

たけしは過去を美化してはいないが、あとがきに現代の子どもの不幸を示唆する文章がある。

「俺たちのガキのころってのはさ、ひとつのものに固執したって思いがあるよね。ものがないからさ。野球なら野球しかやってないからさ。遊びは野球しかなかったわけだから。だから一つの楽しみの印象が強いんだよね。［中略］だからものごとをすごい覚えてるんだ。鮮明に。固執した時間が長いからさ。ところが、今の子って何でもあるじゃない。だから自分が欲しいものを、見つけられない時代じゃないかと思うよ」

草野、永倉、たけしのあとがきは、八〇年代に入って、ニューノスタルジーが高度成長批判の枠組みをそのまま八〇年代（の子ども）批判へとスライドさせたことを示唆している。七〇年代的なアイデンティティを失ったニューノスタルジーは、現在と過去の批判的な対比という図式だけを残して八〇年代を生き続けていた。同時進行の懐古ブームと連動してなじんで見えたかもしれないが、その背後には七〇年代的感性の遺構が垣間見える。

キープオン的なノスタルジー

団塊より下の世代のノスタルジーは、ニューノスタルジーのような素直な追憶のかたちをあまりとらなかった。その最大の理由は、キープオンの姿勢が強かったことにある。

キープオンとは、子ども時代・少年時代に愛した文化をいまだに愛するがゆえに、詳細なデータベースづくりに没頭したり、批評をおこなったりして、いまの視点から能動的に過去と関わってしまう態度のことだった。だからシンプルな「そういえばあったね」的なノスタルジーが成立しにくい。「あったね」だけでは済まないのである。

たとえば『東京おとなクラブ』では、第四号（一九八四年四月）巻頭で一九六七年に世間を騒がせた天才少年キム・ウンヨン君を、第五号（一九八五年六月）巻頭ではロボット博士として子どもに人気だった相澤次郎を取り上げていて、一見ノスタルジー的である。しかしいずれの記事も、現在の状況を大人になった編集者たちが追跡するという趣旨で、こよなくキープオン的だ。

第五号では一九七〇〜八〇年代にＮＨＫが放送した「少年ドラマシリーズ」の特集が組まれている。泉麻人、米沢嘉博、竹内義和による座談会は、いちおう当時の思い出を語り合ってはいるのだが、同時進行でマニアックな知識の応酬がなされる。そして特集の後半には、キープオンのお約束、全ドラマの詳細なデータベースがつけられた。彼らの懐古は万事こんな感じだ。

泉は「ああ、ナミダの懐古物」で、米沢は『２Ｂ弾・銀玉戦争の日々』で、それぞれシンプルなむかし語りも手がけていたので、ノスタルジーとキープオンのどちらにも対応できたというのが正確なところだろう。キープオンを少しおおざっぱにすればノスタルジーに転化するので、懐古ブームに乗ってそのような書籍が登場する気運はあった。

そこに現れたのが、４章で少し取り上げた八五年二月刊行の『ぼくらのヒーロー図鑑』である

〈図3〉。著者は「アダルト・キッズ」名義で、監修者であるライターの田埜哲文（一九五八年生）以外は名前が伏せられている。『2B弾』と同じイラストが使われているので米沢の関与が濃厚だが、あとは分からない。ただ、アダルト・キッズと自ら名乗るセンスは間違いなく子どものまま大人になったキープオン系グループだろう。

この本は七つのセクションから成る。構成は次のとおり。

(1) マンガ……手塚治虫／エイトマン／鉄人28号／スーパージェッター／戦争マンガ／野球マンガ／COMとガロ／etc.

図3：アダルト・キッズ『ぼくらのヒーロー図鑑』(1985)

(2) アイドル歌手……三人娘・御三家／GS／ジュリー（沢田研二）／天地真理／中三トリオ／キャンディーズ／ピンク・レディー／etc.
(3) テレビ……刑事ドラマ／ホームドラマ／青春ドラマ／ウルトラマン／赤いシリーズ／etc.
(4) CM……CMソング／長寿CM／キャンペーン・ガール／etc.
(5) 映画……石原裕次郎／赤木圭一郎／唐獅子牡丹／藤純子／若大将／ゴジラ／ニュー・シネマ／etc.
(6) 駄菓子……メンコとビー玉／紙芝居／お菓子とヒーロー／プラモデル／銀玉鉄砲／少年雑誌／etc.
(7) 僕たちの昭和史

（節タイトルは一部抜粋）

扱われた時代は六〇年代初頭から七〇年代後半まで幅広い。最初の五つのセクションがメディア系で、第六セクションがモノ系である。最後のセクション「僕たちの昭和史」は年表風のページで、上半分に当時の流行や世相がまとめられ、下半分では学校や遊びにまつわる個人的記憶が語られる。誰のものかは分からないが、子ども時代のプライベート写真がイメージ画像のようにいくつも貼られている。個人写真を貼るのは米沢が『2B弾』ですでに試みていたので、彼の意向が反映されているのかもしれない。

個人写真の使用はその後、町田忍や森まゆみなど多くのノスタルジー本で取り入れられている

（詳しくは10章）。また、この本で繰り返し用いられる「僕らの○○」などの当事者性を強調する言葉づかいも、その後の定番になっていく。『ぼくらのヒーロー図鑑』は、昭和ノスタルジーの重要なプロトタイプに位置づけられる。

4章でも述べたように、この本は上の世代と自分たちとの差別化を意識して書かれたものだ。「僕たちの昭和史」でも、全共闘運動もビートルズ来日も子どもだった僕たちには関係なかったとあえて述べている。

子どものまま大人になる（＝アダルト・キッズ）ことを選んだキープオン世代が、現在の「ぼくら」を形成した主成分を再確認し、自らのアイデンティティを示していくことが意図されたこの本は、アダルト・キッズの自己点検マニュアルのようなものだ。懐かしむというよりは確認や復習といった言葉が浮かぶ。じっさい随所に復習用のクイズが盛り込まれているし、とにかく脚注が細かい。『たけしくん、ハイ！』と紙面を比べるとページの情報密度の濃さは一目瞭然だ〈図4〉。

ふたつの本の見た目の違いは、そのままふたつの世代のノスタルジーの性質の違いも表している。団塊世代と比べて、ポスト団塊から無共闘世代へと時代が下るほど、テレビや雑誌などの子ども向け全国メディアが整備され、面白いおもちゃやお菓子など全国共通のモノが充実した。それゆえに、下の世代のほうが具体的でディテールまでが共有されるのである。団塊世代にもそれなりに共有できるものはあるが、下の世代ほど具体的ではなく、最大公約数的な象徴に頼らざるをえない。

記憶の共有が具体的であるという条件がキープオン系のノスタルジーを支えていた。彼らのノスタルジーが持つ独特の緻密さは、彼らが生きた時代の特性によるところが大きい。この時期、キー

図4：(上)『たけしくん、ハイ！』、(下)『ぼくらのヒーロー図鑑』

プオンの人々がノスタルジーを積極的に語りだしたことで、それがはっきりと表れるようになったのである。

おしゃれでポップな近い過去

『ぼくらのヒーロー図鑑』が扱った時代は、六〇年代生まれの新人類にとってもじゅうぶんノスタルジーの対象になりうるものだが、一方でアナクロ的な魅力を有するものでもある。『宝島』に載った同書の広告には「十代の新しい参考書」という言葉があり、新人類でも生まれの遅い人にとっては新鮮だったかもしれない。

新人類たちは、昭和三十〜四十年代や一九六〇〜七〇年代の比較的近い過去をどう受けとめていたのか。おおざっぱに言えば、おしゃれさを感じてあこがれる態度と、ダサさを笑う態度のミックスだった。まずはおしゃれさへのあこがれについて見ていきたい。

八四年の『宝島』には、昭和三十〜四十年代のグッズをおしゃれなアンティークとみなす記事がいくつもある。タイトルだけ拾うと、「ポップでチープ　文化屋雑貨店」「東京23区の西の果てにアンティークの店を発見！　西荻窪」「札幌唯一の中古楽器店『生活舎』で昭和40年代しちゃう⁉」「懐かし嬉しの駄オモチャ喫茶」「昭和30年代気分の雑貨店」など。

取り上げられるグッズは、駄菓子、おもちゃ、古着、家具、楽器、電化製品と幅広く、国産と輸入モノが入り乱れている。こうしたグッズは七〇年代末から安定して人気なのだが、『宝島』を通読すると紹介頻度が八四年に上がっているのがよく分かる。

そしてもうひとつ、八四～八五年に目立って強まるのがサイケデリック（サイケ）への注目である。サイケとは六〇年代後半から欧米で起こったムーヴメントで、ＬＳＤやメスカリンなどの幻覚剤体験をベースにした表現の総称である。アート、ファッション、音楽など多岐にわたり、極彩色や蛍光色、ペイズリー柄、ファズなどを用いたゆがんだサウンド、ストロボやゼラチンライトを用いた照明、東洋思想などさまざまな要素を持つ。同時期の日本のデザイン、ファッション、音楽などにも影響を与えた。

八四～八五年にニューヨークなどでサイケのリバイバルが起こり、日本にも最先端のカルチャーとして入ってきた。ただし日本では、ニューウェーブや廃盤ブームで日本の六〇年代サイケを見直す流れもあったので、欧米発と国内発の二種類のサイケ・リバイバルが混ざり合うかたちで展開していく。

八四年十二月に京都で「GO! GO! TOPLESS」というイベントがおこなわれた。「会場の壁にサイケなシルクスクリーン作品を張りめぐらし、ビートルズはもちろん、［中略］奥村チヨ（！）や黛ジュン（!!）といった60年代サウンドに合わせて、ミニスカートのモデルがモンキーダンスを踊っちゃうという、超時空間最新型60年代ポップアート」だったという（『宝島』一九八五年一月号）。「（！）」の付いている場所から、ジャパニーズサイケにグッとくるポイントがあったとうかがえる。

八五年の『宝島』からサイケ関連のタイトルやキャプションを拾うと、「注目のサイケデリッ

図5：『宝島』1985年3月号

ク・ファッション」〈図5〉「今月の無責任おサイケ投稿（VOW POST）」「大阪でも盛り上がるネオ・サイケの波」「ついに硬派『ガロ』もサイケでハレハレ」「あの大原麗子にサイケの過去」「サイケデリックの基礎知識を学ぼう」など。

こうしてみると、サイケをおしゃれでポップなものとみなす感覚と、ちょっとマヌケで笑いを誘うものとみなす感覚とが混在しているのが分かる。両者は別々というよりは不可分のもので、とりわけ日本のサイケはポップさと笑いを同時に喚起するものだった。

確かに、日本のサイケにはカッコよさとダメさが同居していた。似合わないペイズリー柄のシャツを着てニッコリ微笑み、楽曲の世界観とまるで無関係な極彩色のゆがんだフォントを曲名に使ったレコードジャケットは、マヌケな感じではある。しかしそこにこそ中毒的な魅力を見出すこともあるわけで、そうした悪食はキッチュの定義そのものでもある。笑えるけどおしゃれ、ヘンだけどカッコいいという綱渡りのセンスがそこにあった。

欧米のものはおしゃれだけど日本のものはキッチュ、グッズはおしゃれだけど人が絡むとキッチュなど、一定の法則は認められるが、それだけでは割り切れないアンビヴァレントな魅力が日本のサイケには宿っていたように思える。

揶揄される七〇年代

もっと明示的に笑いだけを追求した記事が同時期の『宝島』にはあった。八四年四月号の特集「60年代生まれの万博エイジに贈る　あの懐かし面白ワールド!」と、同年七月号の特集「万博エイジのワンダーランド　昭和40年代懐かしグラフィティ!」である。

いずれの特集もテレビ、おもちゃ、マンガなどの子ども文化と、ファッションや音楽などの若者文化を組み合わせて構成されているが、子ども文化の描写が純粋なノスタルジーになっているのに対して、若者文化の描写にはおちょくりの視線が含まれていた。

「振り返って見る時代は、なんとなくおかしい。その当時は別におかしくなかったんだけど、今になってみると、どっかおかしい。例えば、あのポックリ・スニーカーとパンタロン。[中略]

あれだって実はその時から、ちょっとヘンだなぁ、と感じていたんだけど、今考えるとトンデモねえな、という所がやたらとおかしいのだ」（四月号）

「〃だけど、これからは違うぜ。アートなんだ、アート。難解なんだぞ。高度だぞ。カウンター・カルチャーだぞ。アドリブだぜ。アレンジだぜ。どーだ、ちょっとやそっとじゃわかんねーだろ。オレもわかんねーけどさ。ビヨ～ン、ビヨ～ン……っと〃過渡期ならではの強引かつ傲慢な勇み足。それがあの時代のアート・ロックなる概念だったのだろうねぇ。おじさんたちのトラウマなのだよおッ！」（四月号）

「サイケデリックという言葉は、サイケと略されたときから、いずれ、笑いを誘う言葉となる運命が決まっていたような気もするのだ。うーん」（七月号）

「レモンちゃんなんて明菜か、聖子か、ひろ子かってな存在だったんだよねー。あーあ」（七月号、作家・アナウンサーの落合恵子について）

「白いギターを用意します。［中略］気の合う仲間と夕暮れの海辺、公園等に出掛けましょう」（七月号、今すぐできる昭和40年代気分）

四月号の中で泉麻人は次のように述べている。「60年代ってのは今やカッコいいでしょ。でも70年代に入っちゃうと、なんか〃衛星都市に出きたカフェ・バー〃っていうかんじで（笑）カッコ悪いよね。［中略］服装も〃香港のナウいヤング〃（笑）なんだよね」

ひとつ前の文化はダサく、ふたつ前の文化は一周回ってカッコいいというのはポピュラー文化の常である。ここでダサいと認定されたのは一九七〇年代や昭和四十年代の日本の若者文化だった。

この時代の当事者ではない新人類にとっては、いまもっとも「ナシ」のセンスをのぞき見る文化エリート的な悪趣味としてこれを理解できるだろう。では、大なり小なり当事者だったポスト団塊や無共闘世代は、どのような思いで自らの青春時代を進んでキッチュ化することを選んだのだろうか。もちろん、甘酸っぱく恥ずかしい思い出に身悶えるマゾヒスティックな遊びで、下の世代といっしょにアナクロごっこを楽しむという意図もあっただろう。しかし、七〇年代や昭和四十年代に対する彼らの気持ちがそれだけであるはずがない。

たとえば、ふたつの揶揄的特集の約一年後、『宝島』八五年五月号の特集「'70年代ワンダーランド」では一転して、揶揄的な表現を抑えた真面目な作りだ。フォーク、ロック、深夜ラジオ、マンガ、アイドル、ファッション、安保などのテーマに対して、写真とコラムだけでなく当事者たちのインタビューを載せている（泉谷しげる、永井豪、菊地武夫、頭脳警察など）。当事者の語りが入ると、おふざけの雰囲気がグッと弱まりドキュメンタリー風になる。

盛り上がる懐古ブームの中で、彼らは七〇年代と昭和四十年代をどう扱うべきかについて複雑な立場に置かれていた。

キッチュと愛の折り合い

この複雑な感情は、八五年十二月に刊行された『１９７０年大百科』に象徴的に表れている〈図6〉。西暦のタイトルとは異なりこの本は昭和四十年代の文化を扱ったもので、構成は次のとおり。

(1) 風俗……新宿プレイマップ／ロック喫茶／ファッション／水着ポスター／ニッポン若者紳士録

(2) 娯楽……ベストセラー／エロ本／ニューシネマ／ロマンポルノ／流行語／深夜放送

(3) 音楽……レコード帯／ロック・シーン系譜図／ひとりＧＳ／暗い歌謡曲／サイケ／フォークギター

図6：『1970 年大百科』（1985）

(4) 学園……青春ドラマ／大学受験／性教育／アルバイトニュース／学生時代の写真／全共闘
(5) 子供……スポ根必殺技／怪獣ビニール人形／ライダースナック／アニメソノシート／お菓子／プロ野球ファン手帳／大阪万博
(6) その他……ときめき玩具40選／ホビー玩具20選／引き出しに眠っていた消しゴム、メダル、バッジ、指人形など／マンガ「大麻団地」／今でも買える70年　ビデオソフト&レコード１００選（洋楽／邦楽）／70年代が買えるお店リスト

（節タイトルは一部抜粋）

オーソドックスな作りだが、それぞれのコラムやキャプションを見ると、冷静なもの、おちょくったもの、思い入れたっぷりのものなどが混在している。キッチュさが出やすいネタを意図的に選び、図版もインパクトのあるものを大きくする工夫をみせながら、ついているキャプションは真面目といった微妙なねじれがところどころにあり、この時代に対する複雑な立ち位置が見え隠れする。『１９７０年大百科』の編集者は次のように説明する。

「'70年代という時代はまだ死にきっていない過去だと思うんです。〔中略〕それが、'60年代というと、もう完全に過去のモノで、額縁の中の世界なんですよ。〔中略〕東京タワーはカッコよく見えるのに、太陽の塔は恥かしい、というように、'70年代は、まだ生きているものだからテーマとして面白い」（『言語生活』一九八七年九月号）

「まだ生きているもの」である七〇年代は、それゆえに現代の物理空間や意味空間に取り残されて珍妙な味わいを醸し出し、若い世代のアナクロキッチュに訴える。同時に、それゆえに実体験世代にとっては哀愁や愛おしさを感じさせるものでもあった。泉麻人とみうらじゅんの共著『無共闘世代』で、泉もそのことに間接的に触れている。

「みうらじゅんが、水原弘のハイアースの看板に執着して、アレはおかしいと言ってるんだけど、それはアスファルトが蔓延している中にたまたま取り残されたヘンなもの、奇形のネ、要領が悪くて取り残されてしまったものというニュアンスだから。それが壊されていくことは非常に悲しいことで、あくまでも古い日本の風景を死守しなくちゃいけないという気持ではないと思う」

「いまの十八とか十九の子というのは、多分それも無いんだろうネきっとネ。分からないというか、その面白さの意味がたぶん、いま流行っているキッチュ文化みたいなとこでおもしろい、というぐらいで。そういう意味で水原弘の看板のようなモノに思い入れが無理矢理できるギリギリの世代みたいなところがあるような感じがしますね、僕なんかは」

ホーロー看板の原体験、アスファルトの街が形成されるプロセスの原体験、そうした体験の厚みのうえでハイアースと向き合ったときに浮かび上がる、そこはかとない哀愁を含んだおかしみのようなもの。泉はそれを「思い入れ」と呼んでいる。若い世代はこの厚みを感じることができず、たんにキッチュとしか受けとめられないという話だ〈図7〉。

メディアとモノとアスファルトに囲まれて育った無共闘世代の記憶は、『三丁目の夕日』ほどメルヘンチックで遠いものではなく、一九八五年の時空間にも残骸が漂っているような生々しいものだ。だから過去をシンプルに追憶するという身振りが成立しにくい。しかし、そのキッチュなたたずまいに愛〈哀〉を感じるという態度なら成立する。キッチュと愛の折り合いをつけながら、彼らは下の世代とともにアナクロと戯れていたのではないか。

図7：水原弘のハイアースのホーロー看板（佐溝力・平松弘孝編『日本ホーロー看板広告大図鑑』より）。路地裏の木塀などにサビ付いた状態で取り残されているのを、当時よく見かけた。

そしてレトロブームへ

一九八四～八五年は、懐古ブームという枠組みの中で、団塊世代はニューノスタルジー的な語りを復活させ、ポスト団塊と無共闘世代はキープオン的なノスタルジーを生み出し、新人類たちは懐古ネタをおしゃれでキッチュなものとして受容した。一九七〇年代や昭和四十年代などの近い過去に対しては揶揄的な視線が強かったが、当時を実体験した世代は若者のキッチュに同調しつつも愛を忘れることはなかった。本章で述べたのはだいたいこういう話だった。

近い過去は西暦でくくるか元号でくくるかで五年の大きなズレが出るので、それをどうとらえるかはケースバイケースになる。とりわけ、おしゃれな一九六〇年代とキッチュな昭和四十年代というふたつのくくりが重なり合う、一九六五〜六九年に対する感覚にはかなりの混乱がみられた。おおざっぱな傾向はあって、洋物はおしゃれ、和物はキッチュのように分けられがちで、たとえば同じ一九六七年でもツイッギーのミニスカートはおしゃれで美空ひばりのミニスカートはキッチュ、のような基準は見て取れる。ただこれも一時的なもので、おしゃれとキッチュの切れ目はつねに流動し、だいたいこのあたり、というていどのラフな線引きしかできない。

この二年間で重要なのは、「ノスタルジー＝失われた過去に対する想い」があまり前面に出ていないことである。失われた過去に想いをはせるよりも、いまもある古いモノを楽しんだり、過去のモノといま出会う新鮮さを面白がったりする態度のほうがはるかに強かった。それゆえにアナクロが重要なキーワードになり、昭和四十年代や一九七〇年代など近い過去も射程に入って、複雑な様相を呈することになった。

その複雑さをまとめあげたのが、文化発信の中心にいたポスト団塊と無共闘世代だった。キープオンとキッチュ愛に満ちた彼らは思い出を世代の中に閉じ込める気がなく、自身の思い出をネタとしてカルチャーの現場に放出し、自由な解釈のもとでみんなで楽しもうとしていた。

受け手であった新人類、あるいはそろそろサブカルチャーの現場に参入してくる団塊ジュニアたちにとって、アナクロな表象にグッとくることや、ムダな知識を増やして友人とディープな語りを楽しむことなどは、流行にのったハイセンスな文化的実践であっただろう。しかしそこには、自身のノスタルジーも関わっていたし、自分たちの距離感で対象をとらえ直す余地も感じていたに違いない。

一連の懐古ブームは、次世代の語り手たちを育成する場でもあった。アナクロを浴びるように受けとめて育った彼らが九〇年代以降に何をするかは、8章以降でたくさん実例が出てくるが、そのルーツは八〇年代にあることをあらかじめ意識しておきたい。

第7章　レトロブームと昭和の終わり
――収容されたすべてのセンス

いま最高潮なりレトロ趣味

一九八四年に全国紙で何度か取り上げられた懐古ブームは、八五年になると紙面から姿を消した。人気が定着して落ちついたので、ニュース性がなくなったのかもしれない。ふたたび全国紙が取り上げるのは八六年の後半で、ここから先がいわゆるレトロブームである。

そのきっかけを作ったのが、雑誌『ＢＲＵＴＵＳ』八六年五月十五日号の特集「いま最高潮なりレトロ趣味」であることはおそらく間違いない。私の調べたかぎり、発行部数の多いメディアで一連のブームに「レトロ」の語を当てた特集タイトルはこれが最初の事例である。特集の冒頭でレトロはフランス語で懐古という意味だとわざわざ説明しているので、この時点ではレトロという言葉があまり一般的でなかったようだ。
この特集では、懐古はいまや〝好古〟であり、ただもう昔を面白がっているのだとし、最先端の好古の実例を五十項目に分けて紹介している。そのすべてを次にまとめた。

PART1……寺内タケシとエレキギター／80年代ネオ・サイケ／80年代フォーク（スザンヌ・ヴェガなど）／白金ダンステリアのオールディーズナイト／チェット・ベイカー（ジャズトランペッター）／ジャックスについて／シュヴァリエ・ブラザーズ（ジャズリバイバル）／B級GS／ビデオ「アメリカン・ドリームス」（60年代風に作っている）／エレキギター・ナショナルレゾグラスボディ／ミッチ・ミラーとその合唱団ギャング／『恋すれど廃盤』『懐かしのポップス大全集』／パピエ・コレ／箱根富士屋ホテルのぬりえ／SFコレクター（聖咲奇）／マンガコレクター（黒沢哲哉）／バンド「パリス」／50〜60年代のファッション／キングストン・トリオ／昔の映画スターの顔写真（洋画のみ）／レトロ体質レトロ行動100の条件／昔ながらの商品（サクマドロップス、カルメ焼き、赤玉ポートワイン、麦こがしなど）

PART2……ミュージカル映画「ビギナーズ」（50年代ロンドンを舞台にした映画）／ジュリアン・テンプル（「ビギナーズ」監督）／クリス・サリヴァン（ジャズブーム）／ロジャー・メイン（60年代イギリスのカメラマン）／ロンドン50's

PART3……文京区本郷界隈／レトロ気分たっぷり選りすぐりスポット／石川啄木／『少年小説大系』／『旧制高等学校全書』／岩波文庫／『地球の歩き方』／文士劇／イーヴリン・

ウォー（イギリスのレトロマニアに人気の小説家）／マクルーハン／最近のレトロＣＭ／アンティークショップ（時計「DIREC T'S」、電気製品「HULLA-BA-LOO」、「スーパーフリークス」、家具「IDÉE」）／ジュークボックスのある喫茶店／8ミリをまだ売っている店／8ミリのアクセサリー／へちまぐれの会（詩人による8ミリサークル）／キックボクシング／ビリヤード／ダンスホール／今も売っているレトロ商品（丸メガネ、電気湯沸かし器、ブリキのバケツなど）／和文タイプ／家庭温泉（パパヤ桃源、麗生源など）／レトロパッケージの生活用品（カネヨクレンザー、カワイ肝油ドロップ、メヌマポマードなど）

『ＢＲＵＴＵＳ』が提案したのは過去を振り返ることではなく、過去を面白がるいまの感性であり、それをレトロと呼んだ。失われた過去を懐かしむ姿勢がほとんど感じられず、これまでの議論でいうとアナクロの系譜に近い。サイケ、ＧＳ、廃盤、ぬりえ、スーパーフリークス、ブリキのバケツなどアナクロキーワードがいくつも含まれている。

ただしそれらは、ニューウェーブ的なトンガッたセンスというよりは、もう少しマイルドなシャレた趣味ていどの意味あいに薄まっている。戦前と戦後、洋物と和物のバランスもよく、ジャズなどの大人志向も入っていて、クセのない懐古趣味を提案している印象がある。サブカルチャー領域で起こっていることをマスに向けて紹介しつつ、それを流行のファッションへと上手に変換しようとする意図が読み取れる。

「いま最高潮なりレトロ趣味」あたりから、メディアは一連の懐古現象をレトロと呼びかえるようになっていく。とはいえ、ただちにというわけではなく、しばらく派手な用例はない。私のざっくりした調査で見つかったのは八六年六月~十一月のあいだに四例である。

日経流通新聞八六年七月三十一日の「売れ筋　サングラス」という記事に、「若者文化はいまレトロ（懐古）趣味に走っている」という記述がある。『宝島』の連載コーナー「ヤングパンチOh!」八六年八月号のタイトルは「レトロ学のすべて」だった。『ELLE JAPON』八六年九月号では、ファッションに絞った「レトロでいこう!」という特集が組まれている。『宝島』八六年十一月号に掲載された大丸東京の広告では、「いまは『レトロ感覚』の時代と、よく言われている」とある。

細かく調べれば他にも用例があるかもしれないが、さしあたりこの四例だけでも、レトロという言葉が認知され始めたことが確認できる。そして八六年十一月、朝日新聞と日経産業新聞がレトロをテーマにした大きな記事を出すのだが、その前に少し、同時期のサブカルチャーの状況を確認しておきたい。

アンティークと新人類ノスタルジー

例によって『宝島』の八六年の記事を拾っていくと、まず目立つのがアンティークショップの紹介記事の充実である。この種の記事は八四年から増え始めたが、八六年に入ってさらに増えている。

アンティークなミシンやポットを扱う渋谷・東京堂（二月号）、大正時代の雰囲気を再現したショップが並ぶ岐阜県・大正村（三月号）、昭和二十〜三十年代の日本製古着を扱う神戸・突撃洋服店とアンティークトランクの福岡・萬金粉（四月号）、一九二〇年代から営業を続ける東京・代官山食堂（五月号）、おなじみのビリケン商會（五月号）、レトロおもちゃの渋谷・ZAAP！、harappa A、東京古民具・骨董会館（六月号）など毎号のように記事がある。

もうひとつ『宝島』の記事で印象的なのはマニア紹介である。八六年四月号では、一九六三年築の古いマンションに住み、家具、テレビ、トースター、冷蔵庫などをすべて五〇年代のアンティークでそろえた人物が紹介されている。彼は八重樫健一といって、のちにコモエスタ八重樫の名でレトロ歌謡の再解釈などで活躍する人物である。八重樫は八六年八月に、五〇年代グッズを扱うアンティークショップ「パノラマ」を代官山にオープンしている。

八六年五月号では零細メーカーの清涼飲料のビンコレクターが登場した。『ＢＲＵＴＵＳ』の特集でも、ＳＦグッズコレクターの聖咲奇（一九五二年生）やマンガコレクターの黒沢哲哉（一九五七年生）が紹介されている。黒沢はおびただしい量のマンガに囲まれた写真付きだ。『ＢＲＵＴＵＳ』と『宝島』は共通の方向性を含んでいた。

一方、新人類たちの遊び場だった「VOW POST」には大きな変化が訪れていた。八二年から休みなく続いていた「アメイジング駄菓子ワールド」は八五年六月から不定期になり、八六年三月で終了した。コンスタントに掲載されていた置き薬の投稿も、八六年二月号の巻頭特集を最後にほとんどなくなる。

代わりに八六年から始まったのが「死語の世界」と「４chさんを捜せ！　大作戦」である。「死語の世界」は文字どおり、現在では使われなくなったフレーズを取り上げるコーナーで、「スットコドッコイ」「何とおっしゃるウサギさん」「バタンキュー」など言語センスの古臭さをアナクロ的に楽しむ趣旨だが、記事には「そういえばあったね」的な雰囲気が漂っていて、新人類ノスタルジーの一種だという印象を受ける。

「４chさんを捜せ！　大作戦」は、自宅の押し入れなどに眠っているアナクロな一品の写真を投稿するコーナーである。タイトルの「４ch」とは４チャンネルステレオのことで、当時のセンスではイイ感じに時代遅れなモノを象徴する存在だったようだ。ぶらさがり健康器、脱水ローラー付洗濯機、ブロック崩し、トランジスタテレビなどが掲載された。

ぶらさがり健康器やブロック崩しが流行したのは七〇年代後半で、十年もたっていない。押し入れにあるものという条件では当然この時代の品が選ばれやすいわけだが、入れ替わりの激しい流行商品は古さを帯びるのが早く、また若い人にとって十年前はじゅうぶんに過去のできごとだろう。これもまた「そういえばあったね」的な雰囲気が強く、新人類ノスタルジーと呼んでよいものだ。

レトロブームの文脈ではほとんど出てこないが、六〇年代生まれが自分にとって懐かしいものを愛でる傾向はこの時期からかたちになっている。九〇年代以降に花開く新人類ノスタルジーの萌芽がみられることも、八六年の重要なできごとだ。

レトロブーム到来

話を全国紙に戻すと、八六年十一月四日から朝日新聞東京夕刊に「レトロと世紀末」と題した四週連続の記事が載った。一回目の冒頭に書かれた現状分析は次のようなものである。

「古着のファッションが流行し、東京・代官山のアンティークなアパートや食堂に若者が群がる。もはや新しいものはファッショナブルではなくなった。だが、ダークな色調の古着を着る若者には、どことなくけん怠と脱現在の色が漂う。これを、レトロ（回顧）感覚という。ファッションだけでなく、六〇年代、三、四〇年代、一九世紀末などを見直すレトロ現象は、いたるところで進行している。建築、出版、音楽、美術、環境映像、文学。なぜ、いまレトロなのか」

一回目の杉浦日向子（漫画家、一九五八年生）は江戸の粋について述べるにとどまったが、立松和平（作家、一九四八年生）は「自然の喪失感を観念で埋め合わせようとする小さな修正のひとつ」、池内紀《おさむ》（ドイツ文学者、一九四〇年生）は「現代文明の持つ〝速度〟に対する生理的な違和感」、坂本龍一（音楽家、一九五二年生）は「文化が洗練された果てに出る、次の新しいものが生めない状態」とそれぞれレトロブームを読み解いている。「レトロと世紀末」と題しただけあって文明批評的な論調が目立つ。

一方、ブームを楽観的にとらえる日経産業新聞は、八六年十一月十一日の大きな記事「いまレトロが新鮮」の中で、典型的なレトロの消費者を次のように描写した。ちなみにこの記事の取材は文化屋雑貨店でおこなわれている。

「大学生のＫ君は自分の部屋も懐古調にまとめている。和室にちゃぶ台、電球にかぶせるホーローの傘、昭和三十年代製の黒電話と置き時計。こんな彼がレトロと感じるものは……。ロックンロール、エディット・ピアフ、日本のグループサウンズ、植木等の映画、浅草、東京タワーのみやげもの屋、懐石料理、温泉、駄菓子屋、明星チャルメラのＣＦ、『広告批評』の宮武外骨特集……。『昔の物には時々すごい前衛的だなっていうのがあるし、昔と今の絶妙の組み合わせがおもしろい』とＫ君」

典型的なレトロ趣味が読み取れる。レトロかぶれの青年の日常を描いたマンガ『大正野郎』（山田芳裕のデビュー作）が『モーニング』に掲載されたのは一九八七年だった〈図1〉。当時、都会にはこうした青年がけっこういたのだろう。

植木等の名前が出ているが、植木が所属したグループ「ハナ肇とクレージーキャッツ」は同年にサントリービールのＣＭに登場したほか、大瀧詠一作曲の「実年行進曲」を発売。ちょっとしたリバイバル状態になっていた。『ＢＲＵＴＵＳ』の特集によると、クレージーキャッツの映画がテレビ東京の映画番組で何度も放送されたという。温泉はレトロブームの一環として複数の新聞で取り上げられている。懐石料理はよく分からないが、どこかのメディアで特集されたのかもしれない。

この時期に新聞で紹介されたレトロ現象を列挙すると、「オールディーズを売り物にしたライブハウスが繁盛」（日経流通新聞一九八六年十一月二十七日）、「ニューきものを着てディスコで踊り、歌舞伎を鑑賞しながらデート」（日本経済新聞夕刊一九八六年十二月十五日）、「五〇年代のゴーゴースナックを模した作りのディスコ」（日経流通新聞一九八六年十二月二十五日）、「江戸ブーム」（朝日新聞東京夕刊一九八七年一月二十四日）など。

伝統文化とディスコばかりで正確に現象をとらえているのか疑問だが、少なくともレトロブームが起こっていることは読者に伝わっただろう。日経流通新聞や日経産業新聞では、レトロ関連商品としてライター、筆記用具、電話型貯金箱、水着、セルロイド小物、サングラス、蚊帳、アクセサリー、着物、メガネフレームなど多くのものが取り上げられた。ほとんどの記事で若者に人気と書かれている。

図1：山田芳裕『大正野郎』単行本第1巻（1988）

八七年になると、若者が中心だったレトロブームがいつのまにか中年を巻き込んで大きく展開を始めた。ここからが本当の意味でのブーム到来である。

朝日新聞東京夕刊八七年六月十三日の記

事「父の日もレトロ調で」によると、日本橋高島屋が父の日向けに六〇年代の商品ばかりを集めた特別セールを実施した。同記事では歌舞伎町の「フィフティーズ・クラブ」に四十代の会社員が集っているという記述もあった。年末の各紙に掲載された電通によるヒット商品のまとめでも「レトロ」があげられている。

雑誌でも、「レトロ生活グッズ46点」(『女性セブン』一九八七年七月九日号)、「レトロブームで復活20パーセント増・浴衣」(『週刊ダイヤモンド』一九八七年八月十五日号)などレトロの語が認められる。レトロは完全にマスレベルの用語として定着した感がある。

すべてを収容したレトロブーム

八七年三月から朝日新聞夕刊で「私のレトロ」という週刊リレーコラムが始まった。八八年十月まで約一年半続き、七十九名の著名人が思い出に残る人物、映画、音楽などを語った。すべての書き手とテーマは表2のとおり。生年が分かった書き手七十六人の内訳は、戦前生まれ二十六名、団塊世代十五名、ポスト団塊十九名、無共闘世代十三名、新人類三名。

レトロと題しているが中身は個人的な思い出語りで、多くの回で「懐かしい」という言葉が使われている。二十代から七十代までの幅広い書き手たちが自由に思い出を語る様子には、だいぶ雑然とした印象を受ける。好きだったテレビ番組や映画、女優、音楽などメディア関係が多いが、師匠

表2:「私のレトロ」(一九八七・三〜一九八八・一〇)テーマ一覧

著者	生年	職業	タイトル
片岡鶴太郎	１９５４	タレント	おもろい夫婦
小倉久寛	１９５４	俳優・劇団SET所属	白馬童子
渡辺えり子	１９５５	劇作家・劇団300主宰	蕗谷虹児の絵
木野花	１９４８	女優・演出家	状況劇場
桜井洋子	１９５１	NHKアナウンサー	百人一首
谷川浩司	１９６２	棋士九段	フォーク歌謡
川村毅	１９５９	劇作家・劇団第三エロチカ主宰	マカロニ・ウエスタン
春風亭小朝	１９５５	落語家	チゴイネルワイゼン
小松政夫	１９４２	コメディアン	大道芸
鴻上尚史	１９５８	劇作家・劇団第三舞台主宰	幻のドラマ
来生たかお	１９５０	シンガーソングライター	ギルバート・オサリバン
神田紅	１９５２	講談師	神田山陽
美里美寿々	１９５２	テレビキャスター	光る海
三遊亭楽太郎	１９５０	落語家	志ん生、金馬
松尾葉子	１９５３	指揮者	ミッシェル・ポルナレフ
伊原直子	１９４５	声楽家・二期会所属	冬の旅
夏木マリ	１９５２	女優	黄色いピアノ
佐藤功太郎	１９４４	指揮者・東京芸大助教授	トスカニーニ
古舘伊知郎	１９５４	司会者	長島のLP
北村想	１９５２	劇作家	山椒大夫
小栗康平	１９４５	映画監督	教育科学映画
上原まり	１９４７	筑前琵琶奏者	大正ロマン
世良公則	１９５５	ロック・シンガー	プレスリー
神山征二郎	１９４１	映画監督	清水次郎長伝
伊奈かっぺい	１９４７	青森放送ディレクター	高石ともや
谷川晃一	１９３８	画家	ナポリの饗宴
如月小春	１９５６	劇作家・劇団NOISE主宰	ブーフーウー
三宅榛名	１９４２	作曲家・ピアニスト	ニューヨーク
大森一樹	１９５２	映画監督	ベルモンド

著者	生年	職業	タイトル
桜井良子	１９４５	ニュースキャスター	マイ・フェア・レディ
仲道郁代	１９６３	ピアニスト	ルビンシュタイン
柳家小三治	１９３９	落語家	山のけむり
佐藤オリエ	１９４３	女優	ウエスト・サイド物語
原一男	１９４５	映画監督	百面童子
河島英五	１９５２	シンガーソングライター	サミー・デイビスJr.
朝岡聡	１９５９	テレビ朝日アナウンサー	サインはV
三遊亭金馬	１９２９	落語家	小田原相撲
山内美郷	１９４８	エッセイスト	グレン・ミラー
林家こん平	１９４３	落語家	ラジオ寄席
高橋美智子	？	打楽器奏者	わが師平岡養一
久和ひとみ	１９６０	ニュースキャスター	スタジオ１０２
三遊亭円窓	１９４０	落語家	たぬさい
池田直樹	１９５０	声楽家	ハンス・ホッター
宮迫千鶴	１９４７	エッセイスト	シャボン玉ホリデー
吉武輝子	１９３１	評論家	淡谷のり子

著者	生年	職業	タイトル
吉川美代子	１９５４	ニュースキャスター	月光仮面
篠崎史子	？	ハープ奏者	ガルジレスの風景
山崎哲	１９４６	劇作家	古本屋
現田茂夫	１９５９	指揮者	エグモント序曲
神津善行	１９３２	作曲家	ミスター人類
山根基世	１９４８	NHKアナウンサー	かもめ
林真理子	１９５４	作家	グループサウンズ
針すなお	１９３３	漫画家	のど自慢ブーム
桂才賀	１９５０	落語家	特別機動捜査隊
篠田三郎	１９４８	俳優	映画「雁」
栗林義信	１９３３	声楽家	ファンタスティックス
みなみらんぼう	１９４４	シンガーソングライター	鈴懸の径
桂三木助	１９５７	落語家	てんぷくトリオ
天中軒雲月	１９１６	浪曲師	五郎正宗孝子伝
原田幸一郎	１９４５	バイオリニスト	アスペン音楽祭
横井久美子	１９４４	シンガーソングライター	エリーゼのために

児玉美佐子	?	ピアニスト	シートン動物記
海野まり子	1950	テレビ朝日・司会者	ビートルズがやって来る
古谷一行	1944	俳優	俳優座養成所
せんだみつお	1947	タレント	大脱走
渡辺みなみ	1957	ニュースキャスター	黒い秘密兵器
春風亭柳昇	1920	落語家	雪路さんの芝居
高橋洋子	1953	女優・作家	お化け映画
神田陽子	1958	女流講談	ルーシーショー
田辺一鶴	1929	講談師	修羅場修行
田畑光永	1935	ニュースキャスター	また逢う日まで
筈見有弘	1938	映画評論家	ボブ・フォッシー
三遊亭歌の介	1959	落語家	「てんびんばかり」
小林明子	1958	シンガーソングライター	サリー・テリー
田川律	1935	音楽評論家	てなもんや三度笠
桂小南	1920	落語家	芸人の一言
杉田次郎	1946	歌手	SLソング
妹尾河童	1930	舞台美術家	藤原義江
永六輔	1933	放送タレント	リリアン・ギッシュ

の名前をあげたり、完全に個人的な体験（留学など）を語る人もいる。思い出なら何でもありという感じだ。

「私のレトロ」の語りの自由さは、レトロという言葉が高い汎用性を帯びていたことを示している。どの世代のどんなノスタルジーでもレトロの名のもとで束ねられる。レトロ概念の普及によって、過去と向き合うあらゆるセンスがこの言葉で表現されるようになった。

たとえば八七年五月に刊行された『196Xレトロ大百科』は、先述した『1970年大百科』や『ぼくらのヒーロー図鑑』と構成やテイストがよく似ていて、キープオン系ノスタルジーの書籍と言えるが、書名には「レトロ」とついている。また、「VOW POST」の書籍化『ＶＯＷ 現代下世話大全』（一九八七年十月刊行）のアナクロネタコーナーには「レトロな人々」というタイトルが付けられた〈図3〉。キープオンもアナクロもレトロ概念へと収容された。

江戸情緒、温泉、民具、麻服などもレトロブームの構成要素だが、これらはアンノン族の流れをくむものだ。けっきょく、古くていい感じのものは何でもかんでもレトロになったのである。

こうした状況について泉麻人は、雑誌『言語生活』八七年九月号の座談会「レトロとノスタルジー」の中で、「七〇年代のちょっと前にはやったものから六〇年代からあるいは戦前のものから全部〝レトロ〟に収容されたという感じ」と印象を述べたうえで、その背景についてふたつのポイントをあげている。

ひとつは、いろいろな時代のお気に入りをパッチワークのように組み合わせて自己表現する若者の横断的なセンスである。若者たちは、「六七年だったらこれがカッコよくて、七二年だったらこれがカッコいいみたいなのを、その時期に応じて選り出」しながら、「いろんな時代の素材というのをごっちゃにしてつなげていくみたいな遊び」をしているのだとする。これはニューウェーブ以来のサブカルの基本的態度であり、レトロブームでもこうした実践が積極的におこなわれて、多様な過去の表象がつながっていたということだ。

一方で泉はもうひとつ、レトロブームのベースにノスタルジーが存在することを指摘している。「それぞれが、自分の同時代というか、幼児体験というのを基本にして、前後に浮気したりしてるんじゃないですか。ぼくは基本的にはノスタルジーだと思う」と述べるように、対象となる時代や、

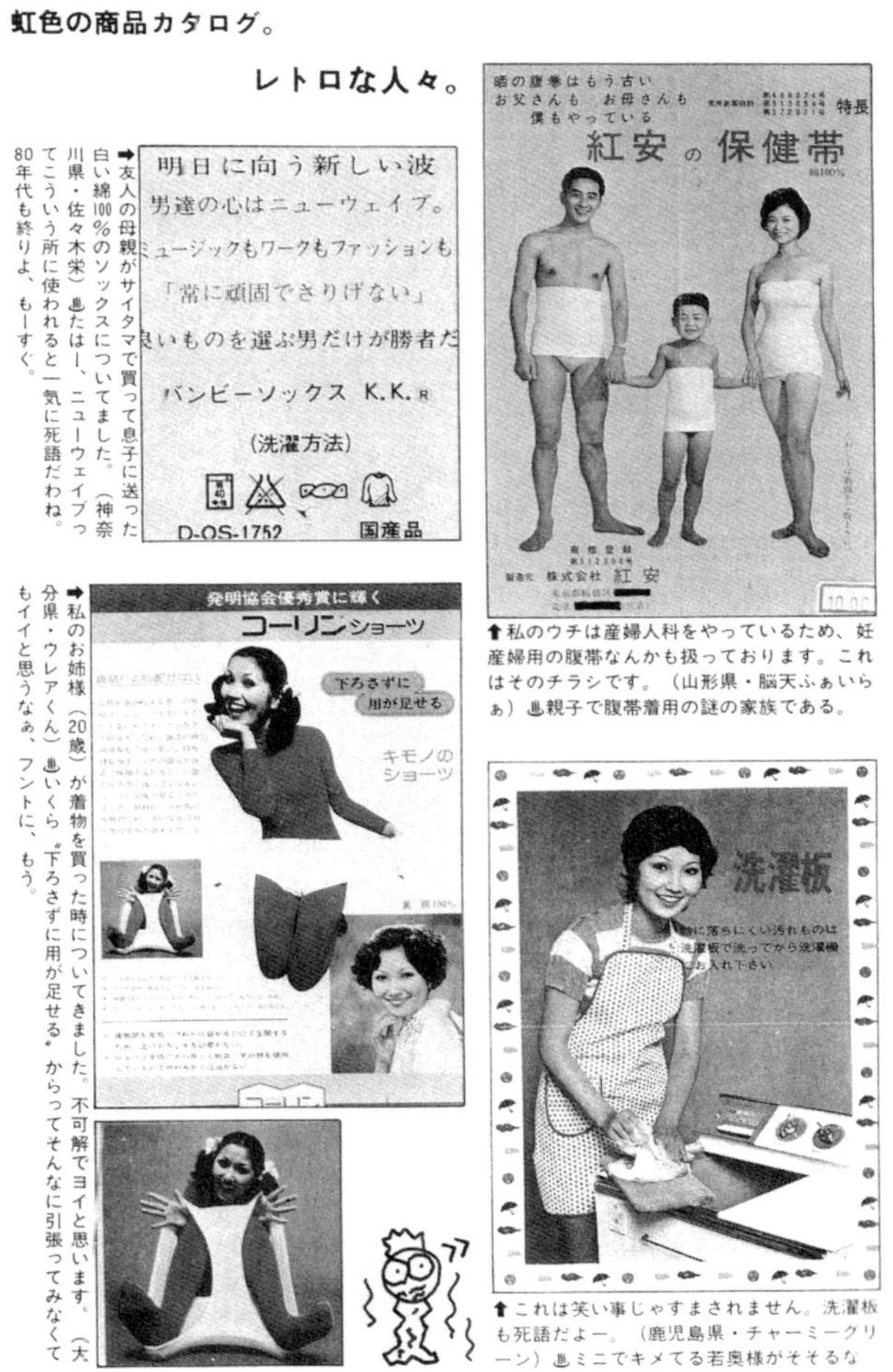

虹色の商品カタログ。

レトロな人々。

明日に向う新しい波
男達の心はニューウェイブ。
ミュージックもワークもファッションも
「常に頑固できりげない」
良いものを選ぶ男だけが勝者だ
バンビーソックス K.K.
(洗濯方法)
D-OS-1752 国産品

➡友人の母親がサイタマで買って息子に送った白い綿100%のソックスについてました。（神奈川県・佐々木栄）⊕たはー、ニューウェイブってこういう所に使われると一気に死語だわね。80年代も終りよ、もーすぐ。

晒の腹巻はもう古い
お父さんも　お母さんも
僕もやっている
特長
紅安の保健帯
製造元　株式会社　紅安
[redacted]
[redacted]

⬆私のウチは産婦人科をやっているため、妊産婦用の腹帯なんかも扱っております。これはそのチラシです。（山形県・脳天ふぁいらぁ）⊕親子で腹帯着用の謎の家族である。

発明協会優秀賞に輝く
コーリンショーツ
下ろさずに用が足せる
キモノのショーツ

➡私のお姉様（20歳）が着物を買った時についてきました。不可解でヨイと思います。（大分県・ウレアくん）⊕いくら〝下ろさずに用が足せる〟からってそんなに引張ってみなくてもイイと思うなぁ、フントに、もう。

洗濯板
特に落ちにくい汚れものは洗濯板で洗ってから洗濯機にお入れ下さい

⬆これは笑い事じゃすまされません。洗濯板も死語だよー。（鹿児島県・チャーミーグリーン）⊕ミニでキメてる若奥様がそそるな

図3：『VOW　現代下世話大全』(1987)

主体となる世代は多様でも、自らの幼少期を懐かしむという基本的なスタンスが共有されているから、ひとつの現象のように見えるわけである。

中年以上には懐かしく、若者世代には新しいという（新聞が分析したような）単純な二分法ではなく、中年も若者もそれぞれのノスタルジーを基点にしているという見方は、若者文化の身近にいた泉ならではの的確な考察である。『宝島』の「４chさんを捜せ」や『ビックリハウス』の「昔なつかしコーナー」でみたように、若い世代にもノスタルジー的な感覚はあった。若者がアナクロだけでなくノスタルジーの側面も持っていたからこそ、レトロブームは安定して存在できたのかもしれない。

こうして、七〇年代以来積み重ねられてきた過去に対するいくつもの感性は、レトロという概念に収容された。「統合」や「融合」ではなく収容なのは、中身はあくまでバラバラのままで、一体のように見えるだけという意味である。ニューノスタルジーとキープオンとアナクロは、たんに一か所に同居していただけの印象が強い。

しかし、同居の秩序が保たれている以上、何らかの結びつきが発生していたと考えるほうが自然だ。結びつきを生み出す役割を果たしていたのは、おそらくキープオンである。

「テレビ探偵団」とレトロの三位一体

キープオンは八〇年代レトロブームの中心的な存在であり続けた。彼らの活動がなければ、これほどのブームが起こったかどうか疑わしい。

マンガ、アニメ、特撮、音楽、ドラマ、おもちゃ、アイドルなどさまざまな分野で、キープオンはミニコミやサブカルチャーメディアを通じて評論、歴史記述、データベースの整理などを精力的におこなった。また、自身のコレクションを開陳したり、中古品を買い回ったりして、アンティーク・グッズの体系を作り上げていった。

この積み重ねがあってこそ、八〇年代のレトロ、とりわけ戦後を対象にしたものは可能になっていた。ほとんどの書籍や雑誌特集は彼らの研究成果や収集物に依存して作られている。キープオンはレトロブームの監修者であり、ノスタルジーもアナクロも、彼らの広範なネットワーク、恐るべき知識と記憶力、そして熱意に支えられてはじめて成り立つものだった。

こうした関係性が分かりやすく表れていたのが、レトロブーム初期の八六年十月からTBS系で始まった「テレビ探偵団」という番組である。コメディアンの三宅裕司（一九五一年生）、新人アイドルの山瀬まみ（一九六九年生）、朝井泉（泉麻人）の三人が司会をつとめ、懐かしのテレビ番組やCMを紹介しつつ、毎週ゲストを招いて思い出を語ってもらうもので、日曜夜のゴールデンタイムの放送だった。

司会の三人は、三宅がノスタルジー、山瀬がアナクロ（キッチュ）、泉がキープオンをそれぞれ象徴していたと考えられる。そして番組を統括していたのは明らかに泉だった。トークの中心はあくまで三宅と山瀬なのだが、その横でご意見番のように黙って控え、ときどき口をはさんでうんち

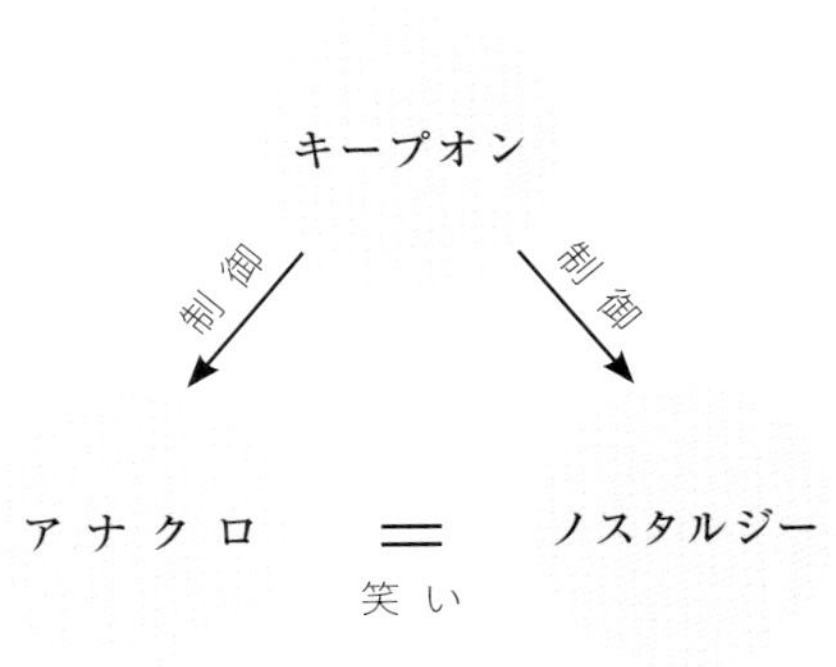

図4：レトロの三位一体

くを述べる泉のたたずまいは、キープオンがノスタルジーとアナクロを制御する要の位置にいることを示していた。この関係を図示すると図4のようになる。私はこれを「レトロの三位一体」と呼んでいる。

この図で大事なのは、ノスタルジーとアナクロが「笑い」によって結ばれていることだ。両者の結びつきによって三要素は完全に三位一体となる。なぜ両者は笑いによって結ばれるのだろうか。

「テレビ探偵団」の基本は、過去のテレビコンテンツを笑いとともに受容する態度だった。青春ドラマの大げさな演技やセリフ、大物俳優の若手時代の恥ずかしい役どころ、ヒーローもののチャチな特撮技術などが映されるたびに、スタジオで爆笑が起こる。笑いの中心にいたのは山瀬で、若い世代が現在とズレたセンスをおかしがるのがこの番組のひとつのウリだった。

番組開始から半年後に刊行された三宅裕司の著書『ぼっ！　ぼっ…ぼくらはテレビ探偵団』にも「笑」という単語をいくつも見つけることができる。「笑わでか！　懐かCM」「大笑いCM古今東西全集」「『昔のドラマ』は笑いの宝庫！　意外な人の信じられな～い姿！」「ムカシのヒーロー、ヒロインたちは『得意ワザ』のほかに『意味のない芸』を必ず持っていた。今、思えばお笑いモン、でも当時は作る側も見る側も真剣そのもの」など。

しかし「テレビ探偵団」の笑いは、山瀬たち若者が現在とのズレを面白がるだけのものではなかった。三宅はまえがきで次のように述べている。「テレビの話をきっかけに次から次へと10年、20年前の自分の姿や、若かった頃のおふくろ、おやじのあおいひげ剃りあとを思い出したりする。これが、笑える」

三宅にとっての笑いとは、昔ばなしに盛り上がったりしみじみしたりするときに、自然とこぼれる笑みに近い。自分の成長とテレビの成長がシンクロした、文字どおりテレビとともに育った世代は、テレビの若さを振り返ることでそれを見ていた自分の若さが呼び起こされ、思い出し笑いをしてしまうのである。

図5：三宅裕司『ぼっ！　ぼっ…ぼくらはテレビ探偵団』（1987）

それはけっして後ろ向きのノスタルジーではない。三宅は著書の中で、いまがいいからこそ昔を笑えるのだとかなり強調している。著書のサブタイトルは「懐かしがってばかりはいられない」であり、巻頭カラーページの最後には、三人の姿とともにこの言葉が大書されていてかなりのインパクトだ〈図5〉。

前向きなノスタルジーであればこそ、

三宅たちの思い出し笑い（smile）は、山瀬たちの世代の新鮮な笑い（laughter）とコラボレートできる。「テレビ探偵団」は、キープオンの広く深いうんちくをベースに、ノスタルジーとアナクロが笑いによって結びついた、理想的なレトロの三位一体を体現した番組だった。

一九八九年、「テレビ探偵団」はキャストの変更がおこなわれ、泉麻人は海老名泰孝（林家こぶ平・当時、一九六二年生）に、山瀬まみは同じくアイドルの西田ひかる（一九七二年生）に交代した。こぶ平は泉のようにレトロの博識を披露することなく、西田は山瀬のようにサブカルノリで爆笑する人種ではなかった。三位一体のバランスはここで失われた。

大映テレビの研究 ――個人の中での三位一体

レトロの三位一体では笑えることが大切なので、懐かしさよりも面白さのほうが重視される。そのため、対象が古いことは絶対条件ではなくなってくる。たとえば数年前の映像でも、いまの常識からズレていさえすればそれは笑いの射程に入る。

「テレビ探偵団」のゲストには、ベテランのタレントだけでなく若いアイドルもよく登場した。そこではかならずゲストのデビュー当時の映像がお宝として流されたが、映像はほんの数年前のものである。しかし、いまと髪型が違うとか、いまよりも初々しいといった点を取り上げて、全員で笑ったり懐かしんだりする。その態度は二～三十年前の映像を見るときと変わりはない。三宅の著書でも、「懐かＣＭ」として五〜六年前のものがいくつか紹介されていた。

いまの常識からズレていさえすれば楽しめるという姿勢は、最終的に対象が過去のものである必要さえ取り払う。現在放送中のテレビ番組や、現在活躍中のタレントに、ある種の時代遅れ感や時代不詳感を見つけて面白がる遊びが、ここでレトロと地続きになる。

分かりやすい例は、「テレビ探偵団」放送開始の八日後に刊行された竹内義和『大映テレビの研究』である。この本は、大手テレビプロダクション・大映テレビが制作するドラマを笑えるものとして再解釈する試みだった。竹内は、大映ドラマは過剰な演出と物語設定に特徴があるとして、第一作の「海底人８８２３」から七〇年代の「赤いシリーズ」にいたるまで、そのトンデモぶりを面白おかしく鑑賞していく。

竹内によれば大映ドラマには五つの特徴がある。①宇津井健の怪演、②常識離れしたセリフ回し、③主人公に与えられた〝とんでもない〟試練、④無理矢理なストーリー展開と御都合主義、⑤一人歩きするナレーション。とりわけ、宇津井健の演技こそが大映ドラマの特徴をすべて凝縮しているとして、これを「ウツイズム」と呼び、他の出演者にも共有された大映テレビの基幹だとしている。「赤いシリーズ」は「テレビ探偵団」でもたびたび取り上げられ、「赤い衝撃」で宇津井健が手術室の廊下で延々とバレエを踊り続けるシーンなどは鉄板の爆笑ネタだった。―テレビ探偵団」と『大映テレビの研究』は基本的な笑いのツボを共有していた。

しかし、『大映テレビの研究』が扱ったのは過去のドラマだけではなかった。八〇年代の「スチュワーデス物語」や「少女に何が起こったか」などにも同じようにウツイズムを見出していくのだが、これらのドラマはほぼリアルタイムで放送されていたものだ。竹内は、過去のコンテンツと現在のコンテンツに区別をつけていない。

竹内にとって古いか古くないかはまったく問題ではなかったかというと、そういうわけでもない。竹内は、八〇年代初頭から怪獣に関する著作や雑誌記事を発表していたキープオン系の人物である。『東京おとなクラブ』にもしばしば登場し、6章で取り上げたNHK「少年ドラマシリーズ」の座談会では泉麻人、米沢嘉博と対談している。古いテレビ番組に対する愛情と造詣の深さはあくまで竹内の基本だった。『大映テレビの研究』のまえがき・あとがきでも少年時代のテレビ体験が執筆動機としてつづられている。

しかし、大事だったのはあくまでズレを楽しむことで、古いものでもよいし、古くないものでもよい。それはキッチュの精神そのものである。八〇年代のレトロは、古いものを懐かしがったり面白がったりする流行が基本ではあったが、とくに古くないけれどもヘンなものを愛でるキッチュ文化と地続きになっていた。

竹内は『大映テレビの研究』を通じて、少年時代のメディア体験を懐かしむノスタルジーと、ズレたセンスを面白がるキッチュとを同時に発揮し、しかも豊富な知識に基づくキープオン精神で両者を笑いによって結びつけていた。いわば、彼ひとりでレトロの三位一体を体現していたのである。チーム競技の「テレビ探偵団」と個人競技の『大映テレビの研究』は、いずれもこの時代のレトロのあり方を象徴する存在であった。

解き放たれたそれぞれのノスタルジー

レトロブームの終盤になると、サブカルチャー領域で展開していた下の世代のノスタルジーが、マス化して週刊誌や一般誌に掲載されるようになった。これまで無共闘世代や新人類のノスタルジーが確認できるのは、ほとんどが『宝島』周辺のいわゆるサブカル領域だった。しかしレトロブーム以降、もう少しメジャーな雑誌にも顔を出すようになったのである。

たとえば『GORO』八八年二月二十五日号「昭和クロニクル大研究　ぼくたちのオンリーイエスタデー」は、一九六〇〜七〇年代のマンガ、レコード、テレビ、スポーツ、ファッション、アイドル、エロなどを振り返るグラフィティ特集で、巻頭にはアベベ、王と長島、アグネス・ラム、太陽の塔などの写真が置かれている。巻末に『1970年大百科』と『196Xレトロ大百科』がオススメされていて、詳しく知りたい人はこれを読めとあるから、サブカル的なキープオン系ノスタルジーの一般向けダイジェストのような特集だと言える。

同様の特集に、『女性セブン』八八年六月三十日号「いま甦る!!　昭和30年代」がある。赤塚不二夫「おそ松くん」のキャラクターを案内役に、レトロな家電、駄菓子、チキンラーメンの復活販売、時計やオルゴールなどを豊富な写真とともに取り上げている。『週刊現代』八九年六月二十四日号「ノスタルジア・グッズ　思い出商品の資産価値」は、怪獣人形、おもちゃ、古いマンガ単行本やレコードなどのビンテージグッズがブームであるとして、お宝度の高いモノの写真と専門店をいくつも紹介している。

こうした特集は、中年に差しかかった無共闘世代と社会人になった新人類に向けて、純粋なノスタルジーとして提供されたものだ。『宝島』周辺で時間をかけて整理・検討され、厳選された六〇～七〇年代のノスタルジーが、ここにきて表舞台に登場してきたのである。数年前までみられた七〇年代に対するおちょくりはなく、懐かしさだけが満ちている。ここにきてようやく、「太陽の塔は恥かしい」を脱する兆候が見えたのである。

さらに、その下の世代である七〇年代生まれ（団塊ジュニア）をターゲットに含みうるような特集も出始めた。『checkmate』八九年六月号「近レトロのページ　そういえばあったね図鑑」は一九七五年以降に絞ったレトロ特集だ。ピンク・レディー、インベーダーゲーム、金八先生、ルービック・キューブ、なめ猫などを取り上げ、巻頭にはアラレちゃんの図が置かれている。

これまで、「古いものは逆に新鮮」のような枠に閉じ込められがちだった若い世代に、ここにきてノスタルジー的消費の機会が増えてきた。単純に考えると、彼らが年をとってノスタルジーの余地が生まれ、かつ重要な消費者層に育ってきたから、そこに対応した供給が現れ始めたということだろう。

より大きな視点でみると、レトロブームのもとでいったん多様な感性がひとつにまとめられ、そこに強い刺激が加わった結果、ふたたび多様な感性が活性化されてそれぞれの動きをとり始めたという流れがある。それは下の世代だけではなく、上の世代にも言えることだ。

村上春樹（一九四九年生）の書きおろし小説『ノルウェイの森』と、村上龍（一九五二年生）の雑誌連載（八四〜八五年）をまとめた『69 Sixty nine』が八七年に、川本三郎（一九四四年生）の雑誌連載（八六〜八七年）をまとめた『マイ・バック・ページ』が八八年にそれぞれ出版されていて、いずれも六〇年代末から七〇年代初頭の日本を描いたものだ。八九年にはウッドストックフェスティバルと東大安田講堂攻防戦の二十周年ということで、いくつかの雑誌特集も出ている。団塊世代とポスト団塊にも、最新の状態に更新された過去との向き合い方があったわけで、若い世代と同様に彼らの自意識もまた、レトロブームの刺激によってあふれだしたのである。

それぞれの世代のノスタルジーがレトロブームをきっかけにマスへと解き放たれた結果、レトロブームは一体感を瓦解させていったように見える。共通語としてのレトロは九〇年代以降も残るが、ひとくくりの大きな現象としてのレトロは一九九〇年ごろに沈静化した。

一九八〇年代のまとめ

最後に一九八〇年代のできごとをまとめておきたい。八〇年代が始まったとき、そこにあったのは団塊世代のニューノスタルジーと、ポスト団塊・無共闘世代のキープオンと、新人類世代のキッチュだけだった。そこからアナクロが生まれ、キープオン系のノスタルジーが生まれた。さらにアナクロは面白いものとおしゃれなものに分化した。

その状況を制御していたのはキープオンだった。キープオンはアナクロとノスタルジーに素材を提供し、全体を監修していた。とりわけ若い世代のアナクロと抜群の相性を示して、八四年から起こった懐古ブームの大きな流れを生み出した。

八六年からはレトロという概念が登場し、レトロブームとしてあらゆる感性がひとつにまとめられていく。背後では新人類のノスタルジーも形を整えつつあった。レトロブームは、これまであまり相性のよくなかったノスタルジーとアナクロを笑いによってつなぎ、高い一体性をもたらした。しかし、個々の世代のノスタルジーが刺激されたことでやがて瓦解した。

この流れから読み取れる特徴が三つある。第一に、世代ごとのノスタルジーが結びつくことは最後までなかったということだ。複数の世代のノスタルジーが統合されたり、どれかの世代のノスタルジーが代表性を帯びたりなど、世代を超えてノスタルジーが共有される動きはみられなかった。各世代のノスタルジーは泉が言ったように「前後に浮気したりしてる」ていどの関係で、一体ではあったが共有されるほどではなかったのである。

一方で、ゼロ年代はノスタルジーの共有が起こった時代である。各世代のノスタルジーには重なり合う部分も多く、たとえば豆腐屋のラッパの音、路地裏での缶ケリ遊び、駄菓子屋の楽しみなどは、無共闘世代でも新人類でも同じように懐かしいし、われわれ団塊ジュニアにとっても懐かしい。そうしたのりしろをうまく使いながら、ひとつの昭和ノスタルジーを共有していくのがゼロ年代だ。八〇年代はそうしたすり合わせがあまりなく、それぞれの世代が思い出を個別に追求していた印象を受ける。

八〇年代のふたつ目の特徴は、レトロ概念が他のさまざまな領域と地続きだったことである。レトロはヘンなものを愛好するキッチュ文化とつながっていた。誤植とレトロは同じように楽しまれたし、海外の変わったもの（エスニック）ともセンスを共有していた。またレトロは、最先端のおしゃれ、ニューウェーブやポップとも密接な関係にあった。

最先端の都市的センスの集合体のようなものがあって、それぞれが網の目のようにセンスを交換・共有しあっていた。レトロもその中にあり、周辺領域とセンスをともにしていたのである。こうした先進性もゼロ年代の昭和ブームとは異なる点だ。

八〇年代の第三の特徴は、繰り返しになるがキープオンの強いイニシアチブである。彼らがデータベースを作成したり、マニアックな批評をしたり、アンティーク・グッズの体系を作りあげたり、人によってはリバイバルを仕掛けたりして過去と能動的に向き合ったおかげで、戦後文化を題材としたレトロは成り立っていた。八〇年代だけでなく、九〇年代以降のレトロやノスタルジーも彼らの活動の影響下にある。ゼロ年代に起こった昭和ノスタルジーブームは、八〇年代に彼らがおこなった入念な準備に基づくものだと言ってもおそらく言いすぎではない。

昭和から平成へ

一九八九年一月、天皇の崩御によって昭和が終わり平成になった。日本人は昭和というくくりの外に出て、客観的に昭和を眺められるようになる。昭和の輪郭が閉じたことで、「昭和ノスタルジー」や「昭和っぽい」など、おおざっぱな言い方が可能になっていく。

平成に入ってすぐ、昭和を振り返るような新聞連載、テレビ番組、雑誌記事などが相次ぎ、政治・経済・国際・文化・生活・芸能などあらゆる面で、昭和○○年といえばこれとこれ、○○年といえばこれ、のようなステレオタイプな歴史が流通していった。『週刊ポスト』の連載「バック・トゥ・ザ・昭和」（一九九〇年三月三十日〜九月十四日）などが典型的だ。

こうしたステレオタイプは昔から多少はあったもので、このタイミングで何かが一新されたというほどではないが、昭和が終わったという強烈な感覚とともに大量の情報が流通したことで、「昭和」というくくりに対する私たちの認識に何らかの固定化をもたらしただろう。

一九九〇年代

第8章　レトログレッシヴの時代——渋谷系の音楽とデザイン

引用と編集——渋谷系の過去との向き合い方

九〇年代に入ってレトロブームが終息し、各世代のノスタルジーが解き放たれたあと、過去を懐かしむ風潮は八〇年代よりは勢いを失ったものの、継続してメディアで取り上げられている。雑誌記事をいくつか列挙すると、「レトロ・リバイバルブーム」（『週刊読売』一九九〇年十月二十一日号）、「ああ、失われゆく『日本』！」（『女性自身』一九九〇年十二月十八日号）、「'60年代がいま新しい」（『FRIDAY』一九九一年七月十九日号）、「人気急上昇中！　60年代『懐かし』グッズ」（『週刊宝石』一九九一年十月三日号）など。

一般誌に載るこうした記事は、「そういえばあったね」的なオーソドックスなノスタルジーの色が強い。昭和三十〜四十年代に対する各世代のノスタルジーは、九〇年代を通じて地味に続いていく。

一方で、九〇年代に派手な展開をみせたのがおしゃれ系のアナクロだった。八〇年代後半からファッション、音楽、雑貨などの分野でリバイバルをおしゃれとみなす傾向はあったが、九〇年代からは音楽を中心にそれが大きな文化的潮流を起こす。なかでも重要な役割を果たしたのが「渋谷系」と呼ばれる一連のムーヴメントだった。

渋谷系という言葉が指す対象は広くあいまいだが、当時の雑誌やのちの回想などを参考にすると、おおむね三種類の動向を含む概念だったことが分かる。

第一に渋谷系は、過去の音楽や図像からの引用・編集によって作品を生み出すことを自覚的に追求したアーティストたちの総称である。彼らは一九五〇〜七〇年代のソフトロック、フレンチポップ、映画音楽、イージーリスニング、ソウル、ジャズ、日本の歌謡ポップスなどから音を引用し、欧米のレコードジャケット、映画、写真集、雑誌などから図像を引用した。代表的なアーティストとしてピチカート・ファイヴ、フリッパーズ・ギター、オリジナル・ラヴ、フリッパーズ解散後の小沢健二、小山田圭吾（コーネリアス）、ブリッジ、ラヴ・タンバリンズ、カヒミ・カリィ、コーザ・ノストラ、トラットリア・レーベル所属のアーティストなどがあげられる。

音楽性は少し異なるが、同じシーンから出てきたスチャダラパーや東京No・1ソウル・セットなどのヒップホップ系、東京スカパラダイスオーケストラ、ジャズリミックスのUnited Future Organization、サイケ、モッズ、ガレージロック系のバンド（ザ・コレクターズやスパイラル・ライフ）、和モノ（日本の歌謡ポップスや大衆映画）の影響が強い渚ようこなどを含めてもよいだろう。

一連の傾向は八〇年代末から目立ち始め、九三年に「渋谷系」の名称がメディアに登場した。シーンの中心にあったクラブやレコード店が渋谷界隈に集中していたからである。世間の認知は九四年から高まり、小沢健二が紅白歌合戦に出場した九五、九六年がピークだろう。その後、はっぴいえんどの影響が強いサニーデイ・サービスやかせきさいだぁ、ソフトロックテイストのカジヒデキや原田知世らが出たのを最後に、くくりとしての渋谷系は九八年ごろ発展的に解消した。こうしたアーティストたちを指すのが渋谷系の第一の意味である。

第二の意味は、渋谷系アーティストの引用元になったような過去の音楽レコードを収集・発掘し、クラブでDJプレイしたり、リイシュー（再発）CDやコンピレーションCDを企画したりする活動である。レア盤や珍盤を紹介するフリーペーパーや雑誌の発行（ソウルミュージックを中心に紹介した『サバービア・スイート』など）も含む。

彼らはこれまであまり注目されなかった音楽を積極的に取り上げ、フリー・ソウル、レア・グルーヴ、モンドミュージック、ラウンジミュージックなどのカテゴリーで一九五〇〜七〇年代の音楽の幅広い発掘と紹介をおこなった。映画音楽と関連して、六〇〜七〇年代のマイナーなヨーロッパ映画やカルト映画の再上映もおこなわれ、同じ流れに位置づけられる。

第三に渋谷系は、さまざまな音楽をジャンルを横断して自由に聴くリスナーの文化全体も指している。ここで重要なのはレコード店とCDショップで、とりわけHMV渋谷店は渋谷系的なセンスを体現した品ぞろえで強い支持を得た。他の外資系CDショップや、マンションの一室にあるようなマニアックなレコード店も多かれ少なかれこの流れに同調しており、バイヤーとリスナーとのあいだに文化交流が花開いた。

また、フリッパーズ・ギター風のボーダーシャツやベレー帽、カジヒデキ風のおかっぱ頭、レトロな柄やラインのワンピース、モッズファッションなどのスタイルも渋谷系のステレオタイプなイメージとして取り上げられがちだが、必須というほどではない。

九〇年代前半は世界的に過去のレア盤発掘や過去の音楽の再解釈がさかんだった時期で、日本はアメリカ、イギリス、スウェーデンなどと同時的にシーンを形成していた。編集者の川勝正幸（一九五六年生）はこれを「世界同時渋谷化」と呼んだ。渋谷系は日本のサブカル史にとどまらず、世界の音楽史の一局面として位置づけることが可能な現象だった。

本章では、渋谷系のムーヴメントの中で過去の図像・映像・音がどのように引用されたのか、そこにアーティストのどのような想いが込められていたのか、それは八〇年代からの流れとどのように接続し、世代による違いがどのていど関わり、どのように終息してゼロ年代へと接続していったのか、といった点に注目しながら議論をしたい。

渋谷系を論じた書籍・雑誌は多く、若杉実『渋谷系』（二〇一四年）や雑誌『ミュージック・マガジン』の特集が詳しい。渋谷系の音楽史的な意義は先行文献にゆずり、私は本書の問題設定に沿いながら、古いコンテンツと向き合うひとつのスタイルとして渋谷系をとらえ、九〇年代にそれが成立したことの意味に絞って考えていく。

ピチカート・ファイヴ

まずは、渋谷系を象徴するアーティストとしてピチカート・ファイヴとフリッパーズ・ギターについて具体的に考えてみたい。

ピチカート・ファイヴは小西康陽《やすはる》（一九五九年生）と高浪慶太郎（敬太郎、一九六〇年生）を中心とした音楽ユニットで、一九八五年にＹＭＯの細野晴臣プロデュースによりデビューした。八七年発表のファーストアルバム『カップルズ』ですでに、のちの渋谷系シーンで高い支持を得るロジャー・ニコルスからの影響を確認できる。

その後の三枚のアルバムや、レコード会社を移籍してボーカルに野宮真貴（一九六〇年生）を迎えたあとの作品にも、多数の引用（似たようなフレーズを作る）やサンプリング（引用元の音そのものを部品として使う）があると言われる。一九九三年にシングル曲のヒットで知名度が高まり、彼らの音楽とビジュアルは渋谷系の典型的なイメージとして受容されていく。図１に示したように、そのスタイルは一貫して一九六〇年代を思わせるレトロテイストなポップさとキュートさを帯びたものだった。

小西康陽は無共闘世代に属する。ピチカートの音楽性は、多様なジャンルを脈絡なく混合していくというよりは、ルーツを大切にし、歴史的背景を踏まえたうえで意図をもってエッセンスを投入していくものだ。そこに、キープオン特有のデータベース欲求と歴史記述欲求を感じることができる。少年・青年時代の音楽体験や映像体験に愛着を持ち、その断片をつなぎ合わせて九〇年代的な音楽を作り出そうとしていた。

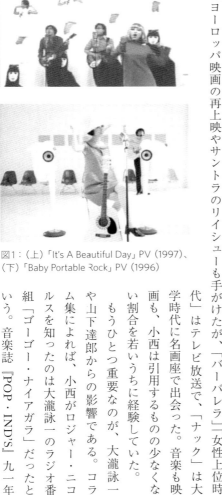

小西の音楽的ルーツは彼のコラム集にいろいろと書かれている（『これは恋ではない』一九九六年）。小西が洋楽に目覚めたのは小学校三年生のときで、以来、洋楽好きだった両親のレコードを聴いたり、洋楽系番組「ビートポップス」（フジテレビ）を観たりしていた。中学にあがると歌謡曲中毒になり、学校帰りに中古盤屋をめぐっていたという。なお小西は小学校は東京、中学・高校は札幌、大学は東京の青山学院とのことである。

図1：（上）「It's A Beautiful Day」PV（1997）、（下）「Baby Portable Rock」PV（1996）

彼はヨーロッパ映画の再上映やサントラのリイシューも手がけたが、「バーバレラ」「女性上位時代」はテレビ放送で、「ナック」は大学時代に名画座で出会った。音楽も映画も、小西は引用するものの少なくない割合を若いうちに経験していた。

もうひとつ重要なのが、大瀧詠一や山下達郎からの影響である。コラム集によれば、小西がロジャー・ニコルスを知ったのは大瀧詠一のラジオ番組「ゴーゴー・ナイアガラ」だったという。音楽誌『POP・IND'S』九一年九・十月号で高浪とおこなった名盤200選の紹介企画では、「達郎さんに熱をあげてた高校時代に札幌の中古盤セールで買った」（ヤング・ラスカルズ）、「達郎さんのオールナイトニッポンで聴いて思わず次の日に買った」（アル・クーパー）、「高校の時に雑誌で大瀧さんが推薦してた」（アソシエイション）など何度も名前が出る。

山下達郎（一九五三年生）、大瀧詠一（一九四八年生）、ピチカートのデビュー盤をプロデュースした細野晴臣（一九四七年生）など、過去の洋楽に関する言及が多かったアーティストの影響を受けた事実は重要だ。彼らにとって過去の音楽の引用とは、ひとりのコアなリスナーとしての自分史、体験の積み重ねを表現した側面がある。

もちろん、プロデビュー後にも加速度的に音楽知識は増えていっただろうから、過去の体験がすべてではない。しかし、時間軸に沿って音楽体験がタテの層を形成していて、新たな音楽知識も自らのルーツを再発見していくようなタテの志向性をいくぶんかは含んでいたはずで、そこに彼らの特徴を見出すことが可能だ。

これは、小西よりも十歳近く年下の小山田圭吾と小沢健二（フリッパーズ・ギター）と比較すると鮮明になる。小山田と小沢にももちろんリスナーとしての歴史があるわけだが、彼らはそれをタテに追っていくよりも、むしろいま出会うものとしてヨコに並べていき、歴史を現在に還元していった側面が強い。後述するように同時代の英米ポップスから影響を受けていたのも、ヨコの意識の表れと言えるだろう。

小西は『ミュージック・マガジン』のインタビューで、「小沢くん、小山田くんに初めて会った時は距離をすこし感じましたね」「僕にとっては細野さんや大瀧さんや山下さんや近田（春夫）さんは絶対的だった。でも、彼らにはそういうのがなかったと思うんだよね」と述べている（二〇〇七年九月号）。ピチカートとフリッパーズの音楽の引用元はしばしば重なり合うが、そのアプローチには質的な違いが横たわっていたように思われる。

フリッパーズ・ギター

フリッパーズ・ギターは小山田圭吾（一九六九年生）と小沢健二（一九六八年生）を中心とした音楽ユニットで、一九八九年にアルバム『three cheers for our side～海へ行くつもりじゃなかった～』でメジャー・デビュー。当初は五人編成だったがすぐに小山田と小沢のふたりになり、九〇年六月に『カメラ・トーク』、九一年七月に『ヘッド博士の世界塔』の二枚のアルバムを発表。そして九一年秋に突然解散した。小沢は九三年七月に、小山田（コーネリアス名義）は同年九月にそれぞれソロ・デビューする。

渋谷系という言葉が定着するのは九四年からなので、フリッパーズは（少なくともメディア上では）リアルタイムでそう呼ばれていない。その後の渋谷系を代表する小山田と小沢が組んでいたユニットということで、遡及的に渋谷系の元祖として位置づけられたものである。

フリッパーズもまた、ピチカートと同様に過去の音楽を無数に引用・サンプリングしたが、彼らの場合はほぼ同時代の洋楽シーンとの関係が大きく、その文脈からとらえるべき作風である。活動前期はイギリス八〇年代ポスト・パンクシーンのアズテック・カメラ、ペイル・ファウンテンズなどのギター・ポップ（日本ではネオ・アコースティックと呼ばれた）から強い影響を受けていた。ネオアコは、六〇年代のロックやフォークロックをはじめさまざまな過去の音楽を要素として取り込んでいたため、フリッパーズも結果的に同じ色を帯びた。

しかし、ネオアコを通じてそこに溶け込んだレトロ風味が入ってくるだけでなく、彼ら自身による引用も加味されていた。たとえば『カメラ・トーク』収録の「恋とマシンガン」のダバダバスキャットは、一九六五年のイタリア映画「黄金の七人」のテーマ曲からの引用である。ネオアコをベースに置きつつも、映画音楽、ソフト・ロック、フレンチポップなどを独自に引用した『カメラ・トーク』は、まさしく「おびただしい引用で成り立っている音楽」（『ミュージック・マガジン』二〇〇六年九月号）だった。

最後のアルバム『ヘッド博士の世界塔』は、ネオアコ後のイギリス音楽シーンとの同調が認められる。ザ・ストーン・ローゼス、プライマル・スクリーム、アシッド・ハウス系の音楽など、当時の最先端だったサイケデリックでダンサブルなサウンドと、サンプリングやループを多用して曲を編み上げる方法を彼らもとっている。新旧のあらゆる音楽がサンプリングされた本作について、プロデューサーの牧村憲一は「壮大なコラージュ・アルバム、デザインされたもの」と評している（前掲誌）。

フリッパーズ解散後、小沢はストレートな歌モノ路線になり、七〇年代のソウルを中心に引用するようになる（たとえば「ラブリー」はベティ・ライト「Clean Up Woman」、「ドアをノックするのは誰だ？」はジャクソン5「I Will Find A Way」など）。小山田（コーネリアス）は、ファーストアルバムではロジャー・ニコルスやバート・バカラックなどソフト・ロックからの引用が目立ったが、以後は時代を問わず多様なサンプリングや引用をおこなうようになる。

フリッパーズはメディア上でトリック・スター的な発言に終始しており、楽曲の意図について本人たちから真剣な説明は最後までなかった。しかし古い知り合いや関係者による回想を拾っていくと、彼らが豊かなレコードマニア的環境にいて、その環境から強い影響を受けていたことがうかがえる。

親がミュージシャンの小山田は家にたくさんレコードがあった。高校時代にふたりでお茶の水の貸レコード屋「ジャニス」に通い詰めていた。洋楽マニアのインディーズ雑誌『英国音楽』に早くから関わっていた。下北沢「ZOO」で定期的におこなわれたクラブイベント「ラヴ・パレード」に出入りし、人的交流があった。プロデューサーの牧村が海外で大量に買ってきたレコードを借りていた、など。

『ロッキング・オン・ジャパン』のインタビューでは、『ヘッド博士の世界塔』制作時に録音部屋がレコードで埋め尽くされていたと語り、「レコード屋さん行くのもレコーディングの一環だからね」と述べている（一九九一年七月号）。彼らはまず強力なリスナーであり、膨大なリスニング体験を自らの作品へと落とし込むことが音楽表現の前提だった。

サンプリングとCDリイシューの時代

ピチカートとフリッパーズは、過去の音楽の膨大な引用・サンプリングによって新たな音楽を作り出した点では共通している。しかし、小西が趣味人的な感覚で個々のレコード盤の歴史的な厚みを大切にしたのに対して、フリッパーズのふたりは歴史性を捨象し、いま目の前にある一枚のレコード盤としてそれと向き合っていたように思われる。

その違いは、古い音楽に対する単純な距離感の違い、すなわち世代の違いによるものとしか言いようがない。ただし渋谷系という現象全体からみると、彼らのあいだに違いがあることよりも、違いがあるのにひとつのムーヴメントとして成立しえたことのほうが重要だ。世代による立ち位置の複数性を乗り越えるほどに、過去の音楽を愛する文化の求心力が強かったのである。

そこにはふたつの重要な背景がある。ひとつは、過去の音楽への愛をベースに自らを表現するのが、当時の世界的な動向だったことである。ハウスミュージックやヒップホップはもちろん、後期フリッパーズが影響を受けたイギリスのロックシーンもそうだ。当時の音楽誌『REMIX』を読んでいくと、「60年代にとりつかれていることは自覚している」（オーシャン・カラー・シーン、一九九一年七月号）、「60年代は僕らにとって重要なんだ」（ミルタウンブラザーズ、一九九一年十月号）などいくつも証言が見つかる。

『POP・IND'S』一九九〇年七・八月号ではこうした動向について、「伝統としてのロック／ポップ・ミュージックをしっかりと継承していること〔中略〕60年代後期のビートルズを中心とするポップなメロディをモチーフに、ニューウェイヴ以後のアコースティック・サウンドで味つけした音楽」と表現したうえで、六〇年代にこだわる理由を「それが音楽的に素晴らしい時代だったからだ」と論じている。九〇年代初頭の世界的な傾向として過去の音楽を愛する創作活動があり、ピチカートもフリッパーズもその中にいたということだ。

もうひとつの背景は、第一の背景と深く関係することだが、過去のレア盤やレア曲のリイシューやコンピレーションがたくさん生み出されたことである。もちろんそのメディアはCDだった。八〇年代後半から普及の進んだCDは、名盤のCD再発というドル箱が一段落したのち、九〇年代からはレア盤や知られざる名盤を再発する方向に進んでいった。

プレミアのついたアナログ盤に大枚をはたくなど、若い音楽ファンにはできないことだ。しかしCD化されれば安定した値段で入手できる。日本ではこの時期、HMV、ヴァージン・メガストア、WAVEなど大型CDショップが充実していて、世界中の再発CDが分かりやすく分類・陳列されていた。若者が過去の音楽を探検しやすい環境が整っていたのである。

これは渋谷系的なジャンルに限った話ではない。ハード・ロックやプログレシブ・ロックなど、渋谷系があまり引用しない音楽ジャンルでもレア盤の再発はさかんだった。私はこちら側の音楽も大好きだったので記憶が確かだが、何万円もするブリティッシュ・ロックのレア盤が、オランダのレーベル「Repertoire」などから定期的にCD再発されてよく買っていた。

発掘熱が再発を生み、再発が発掘熱を生む相互作用の中で、国内の売れ線ポップスになじめない音楽好きは、知れば知るほど世界が広がる過去の音楽の奥深さにハマっていった。渋谷系はその大きな潮流の表れとみることもできる。

デザイナー・信藤三雄の方法論

話題をビジュアル面に移したい。ピチカートとフリッパーズのCDパッケージは同じ人物が手掛けていた。デザイン事務所「コンテムポラリー・プロダクション」を主宰していた信藤三雄（一九四八年生）である。

信藤は、ピチカートとフリッパーズの他にもオリジナル・ラヴ、カヒミ・カリィ、コーネリアスといった渋谷系ミュージシャンから、松任谷由実、Mr. Children、SMAPまで、多様なアーティストのCDデザインを担当した。いくつかの例を図2にあげる。

信藤についてよく指摘されることがふたつある。ひとつはCDを立体的なデザインとしてとらえ、その方法論を世界にさきがけて確立したことである。当時のサブカル用語事典では、「レコードジャケットという2次元的なデザインの概念ではなく、CDをパッケージデザインという概念で捉え、透明ケースを使ったり、特殊印刷を使ったりといった、新しいCDジャケットスタイルを次々とつくりだし」たと評価している（『オルタカルチャー日本版』一九九七年）。

もうひとつの特徴は、渋谷系の音楽と同じように過去の図像から大量の引用をおこなったことだ。

図2：信藤三雄の CD デザイン。（左上）コーネリアス『69/96』（1995）、（右上）クレモンティーヌ『東京の休暇』（1992）、（左下）Mr.Children『Everything』（1992）、（右下）松任谷由実『アラーム・アラモード』（1986）

作品集『シーティーピーピーのデザイン』巻末のインタビューで本人が語った元ネタをランダムにあげると、画家ピエト・モンドリアンの作品、『ＶＯＧＵＥ』の写真、イギリス六〇年代の芸能誌、ヘレン・メリルのアルバムのロゴ、『Salut Les Copains』（フランスのアイドル雑誌）、ザ・ローリング・ストーンズの本『Not Fade Away』、ジミ・ヘンドリクス『Electric Ladyland』ジャケット、オーネット・コールマン『Versatile Impressions』ジャケット、セロニアス・モンクのアルバムジャケット、雑誌『ＮＯＶＡ』の写真、『ＬＩＦＥ』表紙ロゴ、彫刻家クラエス・オルデンバーグのカタログ、ノーマン・パーキンソンの写真など。

過去のセンスを切り貼りするこうした作風に対して信藤のオリジナリティを問う批判もあったようだが、関係者の言葉はおおむね肯定的である。

「マニアックなポップ・カルチャーのネタを引用しながら、ある種歪んだ価値観の世界に入り込まず、本当に素直にデザインを楽しんでいて、しかも、それがデザインとして表現されている」（川勝正幸『ポップ中毒者の手記（約十年分）』百二十頁）

「今回のユーミンだってネタは例のジャミのシルエット・ロゴだし、その中のレインボウはたぶん古いデザイン誌に載っていた靉嘔《あいおう》だし。でもそれがトーキョー式。九〇年代最初の流行」（小西康陽『これは恋ではない』二百八十二頁）

当時大学生だった私も、雑誌の広告や街の看板に増え始めた六〇年代風のフォントや写真の色味などを純粋におしゃれだと感じたし、いまいちばんグッとくるセンスだと信じていた。そこに過去を振り返るノスタルジックな要素はなかったが、しかし「古さ」は不可欠な要素として存在感を放っていた。レトロでありながらまぎれもない九〇年代のセンスだったのである。

川勝正幸はこの感覚を説明するのに、イギリスのミュージシャン、ポール・ウェラーを評する「レトログレッシヴ」という言葉を使った。

「CTPPが作るデザインが若い人々を中心に支持されるのは、単なるレトロでなく、現在の視点で過去のポップ・カルチャーの面白さを――ミキサーが低音を強調するように――増幅する『レトログレッシヴ』な行為があるからだと思う。〔中略〕世界に散らばっているセンスのいい人々と信藤三雄の、過去のポップ・カルチャーの寝かせ頃を図る体内時計が、同じ時を刻んでいる」（川勝正幸、前掲書、百二十四頁）

渋谷系に共通していたのは、流行のサイクルに定期的に生起する「寝かせ頃」を察知し、それをタイミングよく抽出・増幅して同時代のセンスのツボを刺激しようとする行為だった。ポップ・カルチャーのこの種の体内時計は世界的に刻まれるので、欧米の絵や音を用いることが可能だし、日本人に距離感のあるローコンテクストな欧米ネタのほうが、より純粋なレトログレッシヴを表現できたのではないか。

レトログレッシヴが創造的な行為であるという認識のうえでは、パクリというネガティブな評価は的を射ない。信藤は作品集巻末のインタビューの中で、「ほとんどの人は直接または間接的にネタがあってやってるわけじゃないですか。それをいかに完成度を高く、高いレベルまで持ってけるかってのはデザイナーの力なんだな。元があるから云々っていうのはちょっと違うと思う」と述べている。

団塊世代（信藤）、無共闘世代（小西）、新人類（小山田・小沢）が同じセンスのもとでひとつの潮流を生み出せたのは、世代による立ち位置の複数性を超えて、いまいちばん面白いものは何かというテーマを共有していたからである。渋谷系は過去を素材としながらも、「いま」を軸に有機的に連帯していたところに強い特徴があった。

八〇年代との連続性

渋谷系の背景には、過去の音楽を再評価する世界的なムーヴメントとＣＤ化時代があったと述べた。これに加えて、もうひとつ渋谷系を理解する枠組みとして、八〇年代のレトロブームやサブカルからの流れを忘れてはならない。これまでの章で取り上げてきたことと渋谷系には、いくつかのつながりを認めることができる。

まず重要なのは、八〇年代前半に信藤三雄がバンド活動をしていたという事実だ。信藤がリーダーをつとめた「スクーターズ」は八二年にレコードデビューし、シングル一枚とアルバム一枚を残して二年で活動を休止した。女性コーラス隊の髪型やドレス、サウンドの方向性は六〇年代のモータウンを強く意識したもので、信藤は当時から六〇年代カルチャーを愛していたことが分かる。図3は一九九一年に小西康陽らの企画で発売されたリイシュー盤のジャケット。

ゲルニカが戦前を選んだように、スクーターズがモータウンを選んだのはまぎれもないニューウェーブの実践だった。「from 60's on」で六〇年代カルチャーが団塊世代から解放されて以降、一部の団塊は新しい六〇年代解釈の現場に降りて若い世代と活動をともにした。信藤もそのひとりだったのである。

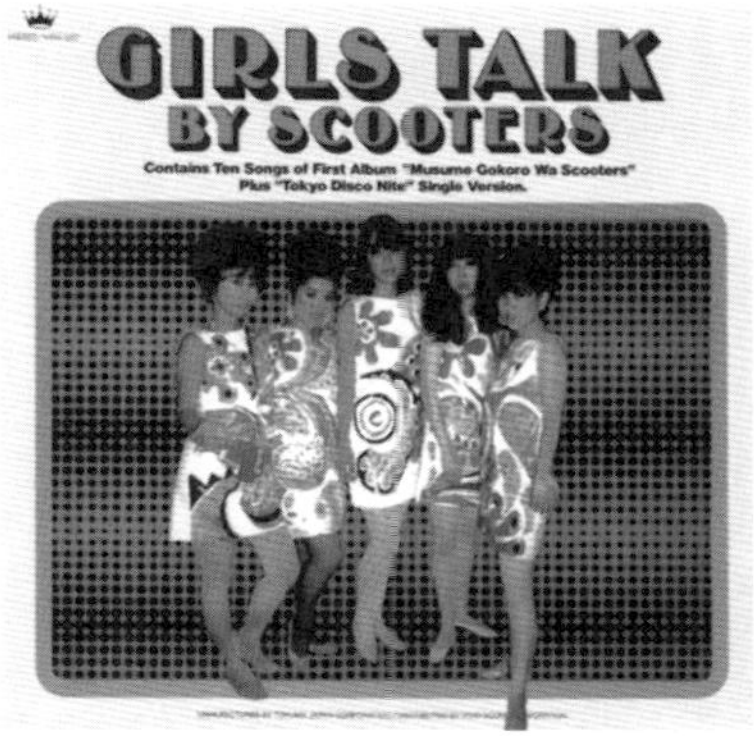

図3：スクーターズ『GIRLS TALK』(1991)

スクーターズは5章で取り上げた『REMEMBER』誌の編集人・高護と親交があったようで、廃盤ブームともつながりをもつ信藤自身が、八〇年代と渋谷系とをつなぐ重要な媒体であり、八〇年代とのセンスの連続性を保証する存在だった。

八〇年代と渋谷系をつなぐ第二の糸は、東京・青山にあったレコード店「パイドパイパー・ハウス」(以下PPH)である。七五年十一月にオープンした同店は、立教大学卒業後に出版活動などをしていた岩永正敏(一九四八年生)を中心に運営されていた。品ぞろえのよさと店の雰囲気が評判を呼んだ同店には、山下達郎、細野晴臣、鈴木茂、大貫妙子、鈴木慶一、矢野顕子、坂本龍一らミュージシャンをはじめ音楽関係者が頻繁に訪れ、初期の頃はサロン的な役割を果たしていたという（岩永正敏『輸入レコード商売往来』一九八二年）。

フリッパーズ・ギターのプロデューサーだった牧村憲一（一九四六年生）は、九〇年代初頭の日本のポップスの現状について「ＰＰＨに面だしされていたようなレコードについては、継承すべきだという声が細々と唱えられていた」と、九〇年に閉店したＰＰＨを引き合いに出しつつ述べている（『ミュージック・マガジン』二〇〇六年九月号）。彼が小山田と小沢にすすめていたというレコードはＰＰＨのセンスと共鳴していた可能性があるし、小西が影響を受けた山下や大瀧のラジオ番組での選曲センスもＰＰＨと方向性をともにしていたと思われる。

また、小山田が主宰していたトラットリア・レーベルのリイシュー盤担当だった皆川勝は元ＰＰＨの店員であり、「そのクソ狭い店で小西康陽やフリッパーズの二人と出会っている」との記述がある（『ミュージック・マガジン』二〇〇六年十一月号）。ＰＰＨのセンスは、深い部分で渋谷系の基盤を支えていた。

ＰＰＨが団塊世代の岩永によって一九七五年に青山に開店した事実は、文化屋雑貨店が団塊世代の長谷川義太郎によって七四年に渋谷に開店したことを連想させる。実は、3章で引用した長谷川の自伝（一九八三年）と岩永の自伝（一九八二年）は、いずれも晶文社の「就職しないで生きるには」シリーズとして刊行された同じ趣旨の書籍だった。こんなところにも、すべてのできごとの有機的な結びつきを見出すことができる。

八〇年代と渋谷系を結ぶ第三の糸はネオＧＳである。八〇年代中盤にサイケやゴーゴーなど六〇年代後半の若者文化がリバイバルしたとき、グループサウンズ（GS）的なガレージ・ロックのバンドがいくつかデビューした。たとえばザ・ファントムギフト、ザ・ストライクス、ザ・ヒッピーヒッピーシェイクスなどがそうで、ヒッピーヒッピーシェイクスは小西康陽のお気に入りで信藤三雄がジャケットデザインを手掛けている。

このネオGS周辺が渋谷系の和モノ志向の直接的な源流だと思われる。渋谷系には、六〇年代の日本のGSや歌謡ポップスを偏愛する一派があった。彼らが新宿や渋谷のクラブでおこなったイベントの様子や、サブカル誌『bar-f-out!』編集者の北沢夏音《なつお》（一九六二年生）が同誌に連載していた記事などを見ると、八四年に京都で開催された「GO! GO! TOPLESS」（6章参照）とよく似た傾向を持っていたことが分かる。

ただし、十年のへだたりがあるネオGSと渋谷系ではGSに対する寝かせ頃が違うので、両者がまったく同じセンスのもとにあったわけではない。図4は六〇年代後半、八〇年代後半、九〇年代中盤の三つの時期のサイケ風ロゴを並べたものだが、八〇年代の書体がいくぶん大げさにデフォルメされているのに対して、九〇年代はマイルドになっているように見え、ある種の進化がうかがえる。

GS的なポップセンスを通じて、渋谷系は八〇年代のサブカルを発展的に継承するようなかたちでつながっていたと言えるだろう。

図4：サイケ風ロゴの変遷。（左上）ヒデとロザンナ（1968）、（右上）ザ・ゴールデン・カップス（1968）、（左中）ザ・ヒッピーヒッピーシェイクス、（右中）ザ・ファントムギフト、（左下）渚ようこ（雑誌広告）、（右下）デキシード・ザ・エモンズ

モンドミュージックとノスタルジー

世界のポップカルチャーとヨコでつながり、日本の八〇年代サブカルチャーとタテにつながった渋谷系は、「渋谷系」という名称が普及した九四年から知名度を高めていく。とくに注目されたのが小沢健二で、シングルが次々とチャート上位に入り、紅白歌合戦にも出場した。オリジナル・ラヴやスウェーデンのカーディガンズなども好調なセールスを記録した。

とはいえこの時期はミリオンヒットが毎年二十曲近く出るようなJ-POPの黄金期で、それに比べたら渋谷系アーティストはチャートインしたとはいえ、たいした規模ではない。あくまでサブカル傾向の若者たちの中で盛り上がりがピークだったという話で、全国的な話題にも少しなった、というていどに理解しておきたい。

渋谷系の盛り上がりと並行して、過去のレア盤・珍盤の発掘趣味もピークを迎えた。その中心にあったのがモンドミュージックと名付けられた一群の音楽である。ムード音楽やイージーリスニングと呼ばれるジャンル、とりわけ一九五〇～六〇年代のアメリカで流行したエキゾチカや、電子楽器を使ったスペイシーな雰囲気の音楽が好まれた。

エキゾチカとは、一九五九年のハワイ州誕生前後にブームとなった南国ムードあふれる音楽のことで、民族音楽そのものではなく、そのエッセンスを取り入れたオーケストラによるアレンジを指す。代表的な作曲家にマーティン・デニー、レス・バクスター、エスキヴェルなどがいる。街中の

図5：CD化された『Incredibly Strange Music』（1993）

施設やパーティなどで雰囲気づくりに重宝された。また、同時期のアメリカは宇宙開発もさかんで、宇宙気分を楽しむようなエレクトロニックサウンドも流行した。

　これらの音楽はアメリカにいながら南国や宇宙をイメージして作られたもので、ある意味勝手に想像されたステレオタイプには何ともいえないキッチュさが漂っていた。また、イージーリスニングはつねに音楽シーンの周辺に置かれ、どこかで聴いたようなサウンドでありながらマイナーでチープな存在感を帯びているのも魅力だった。ものによっては粗製濫造ぎみで、中身と無関係なセクシー美女をアルバムジャケットにすえるなどの適当さが、さらなるキッチュを醸し出してもいた。こうした特性がカウンターカルチャーにうってつけだったのだ。

　このブームは世界的なもので、きっかけは一九九三年、アメリカの雑誌『Re/Search』による特集「Incredibly Strange Music」であると言われる〈図5〉。日本の同好の士による活動もさかんになり、イタリアのカルト映画「Mondo Cane」にちなんでモンドミュージックと名付けられた。世界的には、ホテルのラウンジでかかっているようなあたりさわりのないBGM的な音楽という意味で、ラウンジミュージックと呼ばれることが多い。

　日本では近接する珍盤趣味をひっくるめてモンドブームが進行した。九五年刊行の書籍『モンド・ミュージック』で取り上げられたジャンルで言うと、テルミン、口笛、オーディオチェック用レコード、CM音楽、テレビ音楽(主題歌や効果音など)、ハウツーレコード(ゴルフ上達のコツなど)、ドキュメンタリー、エロ、社歌、啓発用レコードなど。

音楽マニアの間には昔から、レア盤に対して「クズ盤」という概念があり、誰も知らないマイナーな歌手や、何のために作られたのか分からない企画モノなどを収集する一派がいた。八〇年代の『宝島』には「企画もんレコードを愛す会」というクズ盤紹介コーナーがあったし、「VOW POST」の常連投稿者にはクズレコード収集家を名乗るものもいた。日本のモンド熱には八〇年代からの連続性が認められるが、八〇年代ほどマニアックではなく、渋谷系を経由してほどよくおしゃれに転換されたものである。

モンドミュージックが好まれた理由として、音楽的に面白い、キッチュで奥深い、おしゃれなどの感想に混じってノスタルジーをうかがわせる言葉が散見される。たとえば前出の『オルタカルチャー日本版』の項目「モンド/ラウンジ」では、基本的な定義を説明したあと、唐突に「ノスタルジーに近いものでもある」という一節が出てくる。

『モンド・ミュージック』の中でライター・編集者の小柳帝《みかど》(一九六三年生)は、エロ系のレコードを紹介しながら次のように述べる。

「エッチな映像に対する興味って、僕らの年代だったら幼少時の影響が大きいですよね。〔中略〕例えばエッチな番組のテーマ曲に使われていた楽器の音色であるとか、悩ましげなスキャット、

普段何気なく聴いているポップスの中にもそんな要素を見つけると、何だか気になってしまうんです」（百五十九頁）

私がモンドミュージックに興味を持ったのも懐かしさからだった。子どもの頃、デパートやレストランでかかっていた音楽に雰囲気が近く、それらの体験は子どもにとって思い出ぶかい非日常だから、よりノスタルジーに訴えた。九〇年代中盤は街中で伝統的なラウンジ音楽がかからなくなっていた時期で、よけい懐かしさに訴えたのかもしれない。モンドブームには、自分自身のサウンドスケープの原点を探る意味合いもあったと個人的には考えている。

子ども時代に慣れ親しんだものでありながら、歴史の整理や記述が手つかずの分野に切り込むのはキープオンそのものである。これまでポスト団塊と無共闘世代の専売特許だったキープオンは、九〇年代に入って新人類へとその領域を広げていった。モンドの対象は一九五〇～六〇年代モノが多かったが、それらの音楽が街中やテレビを通じて耳に入ってくるのは七〇年代や八〇年代前半でもあり、幼少時のそうした体験にキープオンが拡張する経路があったのではないか。

渋谷系の終息

渋谷系はやがて終息のときを迎える。その兆候を代表的なサブカル誌『MORE BETTER』からうかがうことができる。九四年に創刊した同誌（不定期刊）は、第一号で六〇年代の音楽、第二号でフランス映画とカルト映画、映画音楽におけるジャズ、第三号でアーティストが選ぶ日本の名盤、第四号で日本映画の音楽など、順調に渋谷系の趣旨に沿った過去の音楽の特集を組んでいた。しかし九六年から温故知新的な特集は影をひそめ、新しいアーティストの紹介に精力をかたむけるようになる。

ある時期から過去の音楽や映像がじゅうぶんに消化されて、九〇年代の音とは何かをあらためて問い直すことに比重が移っていったように思われる。

渋谷系のエッセンスは個々の要素に分解されて、九〇年代カルチャーの中に溶け込んでいた。ストリングスの使い方、スネアの音づくりやアクセントのつけ方、テンションコードの入れ方、ギターのゆがませ方、目の粗い映像や写真、カラーの色味、フォントなど、おしゃれ感覚へと埋め込まれたものがやがてレトロポップの定番となり、街の風景やファッションから、ちょっとしたパンフレットの装丁にいたるまで、日常的なデザインや音の中へと遍在化していった。

渋谷系ファンの多くはたんにレトロでおしゃれな雰囲気が好きで聴いていただけで、元ネタやルーツに対する執着はそれほど強くはなかった。私を含めて、小沢健二のアルバム『ＬＩＦＥ』を愛聴しながら、そのほとんどの曲に元ネタがあることをだいぶ後になって知った人は少なくないのではないだろうか。もともと表面的なポップさがウケていた渋谷系なので、それが要素分解されて日常的なおしゃれに溶け込んでいったのは自然な流れだった。

渋谷系末期のアーティストの言葉を拾っていくと、元ネタの議論に対して嫌悪感や開き直りを表明することがあり、環境の変化を感じさせる。

「結構オヤジ連中が反応しちゃったっていう。『はっぴいえんどじゃん』って。すごいそれがイヤなんだけど〔中略〕単なる焼き直しっていうんじゃなくて、90年代の音楽っていうものになってるかどうかってこと〔中略〕『次はティンパン（アレー）で来ましたか』って……ああいうのウザったいよね」（サニーデイ・サービス曽我部恵一、『bar-f-out!』一九九五年八・九月号）

「まあ、確かにわかりやすいくらいパクってますから、そういうふうに聴きたくなるのもわかるんですけど〔中略〕『これは細野の曲で、音は鈴木茂をサンプリングしてて、歌詞は松本隆をパクってるね』って言われたって、そりゃそうだよ、そうやって作ってるんだから（笑）」（かせきさいだぁ加藤丈文、『bar-f-out!』一九九六年二・三月号）

かつての渋谷系アーティストならそこまで神経質にならなかったはずの元ネタへの言及に対して、曽我部も加藤も批判的な態度をとり、自分たちが「いま」作っている音楽へのこだわりを訴えている。

ブリッジのメンバーとして渋谷系の中心部にいたカジヒデキは、九七年に元ネタ満載のアルバム『ミニ・スカート』をリリースした際、次のように述べた。サウンド的には従来の渋谷系と変わらないが、それを歌う自分はあくまで九七年の自分なのだという表明である。

「でもう時代は変わったし、僕も年を取ったりするわけで、だから僕は今、この状況の中の自分の日常を歌っていきたいと思うんだ〔中略〕だから僕は『ミニ・スカート』は、『カメラ・トーク』のあの感動を忘れないまま成長した大人のアルバムだと思うんです」(『BARFOUT!』一九九七年三月号)

ＨＭＶの渋谷系コーナーを統括していた店員・太田浩が異動したり、小沢健二が三年続けた『Olive』の連載を終了したりなど、九六年から九七年にかけて渋谷系終息の雰囲気は強まっていった。一方で九七年にはポスト渋谷系と呼ばれるシンバルズやカプセルが結成されたという(ウェブ上の情報による)。ポスト渋谷系とは、要素分解された渋谷系の部品を非文脈的に再構成したもので、文字どおり次世代の動きである。同時期には椎名林檎、スーパーカー、くるり、ナンバーガールなど、ゼロ年代のロキノン系を形づくるアーティストが次々とデビューした。

こうして渋谷系は、過去の音楽・図像・映像をポップな部品として使いこなす方法論を残して、発展的に解消したのである。

「なんとなくレトロ的なもの」の起源

九〇年代前半、過去に対するこだわりを持っていた音楽ジャンルは渋谷系だけではない。たとえ

図6：(左) 筋肉少女帯『断罪！　断罪！　また断罪！』広告
(右) Newest Model『もっともそうな２人の沸点』広告

ば図6は『ロッキング・オン・ジャパン』一九九一年七月号に載った新譜の広告だが、筋肉少女帯は昭和三十年代の映画ポスター風、ニューウェスト・モデルはビートルズのアルバム『リボルバー』のジャケットの完全なパロディである。ちなみにこの号は先に引用したフリッパーズ・ギター『ヘッド博士の世界塔』のインタビューが載った月だった。

六〇年代に対する世界的な再評価、ＣＤ再発ブーム、八〇年代からの連続性。本章で指摘したいくつかの背景は、渋谷系以外の音楽ジャンルにも同時に作用するものだった。簡単に言えば、全体的に流行っていたということである。

しかし、その中でジャンルとして成立したのは渋谷系だけだった。音楽にとどまらず、映画、ファッション、グラフィックなど多面的な展開が可能だったこと、そして渋谷という場所性が密度の濃い情報の送受信を可能にしたことが大きな要因だろう。

また、欧米ネタが強かったことでローコンテクストで表層的なポップが成立し、それが世代を超えたひとつの潮流を生み出したのも大きい。もちろん、小西がルーツを大切にしたように歴史的な厚みが無視されていたわけではないが、歴史さえもポップに消費しようとする意思が渋谷系にはあったように感じられる。

たとえば代表的なサブカル誌『STUDIO VOICE』では、「キューティたちの60年代」（一九九四年九月号）、「モッズたちの宇宙」（一九九五年十一月号）などしばしば歴史に注目した特集を組んだが、誌面はファッショナブルな写真やクールなページレイアウトに支配され、その磁場に置かれたキープオン的な年表やデータは、小さな文字が敷き詰められたモノマニアックな外見がデザインの一種のようなたたずまいを見せていたのである。

こうして、渋谷系が鍛えたレトロポップの部品たちは、あるていど歴史性が失効した汎用的なアイコンとして、つまり、何年代のものかは分からないけれどなんとなくレトロなものとして、ゼロ年代以降も生き残っていく。それは「ＡＬＷＡＹＳ」的な昭和ノスタルジーと直接的にはつながっていない。どちらかというと昭和ノスタルジーの周辺にあり、微妙な距離感をもった領域とつながっている。レトロかわいい服や帽子、北欧や東欧のレトロな雑貨などがそうだ。

渋谷系にノスタルジーはあるか

私がノスタルジーの問題に最初に関心を持ったのは一九九七年ごろで、直接のきっかけはリアルタイムで追っていた渋谷系だった。一九六〇〜七〇年代の音楽や映像に感じる、おしゃれさとノスタルジーが入り混じったような複雑な心象を、なんとか説明したいと思ったのである。それから十年以上たってようやく本格的なノスタルジー研究にいたった私は、あの頃の疑問を解決しようとして、まず渋谷系アーティストたちの言葉に「ノスタルジー」という単語が出てこないかを探した。

しかしいっこうに見つからない。ようやく探し当てたのは先述したモンドミュージックに関する証言だけだった。渋谷系にノスタルジーをみるのは私だけの特殊な感覚だったのかと意気消沈しつつも、この本を書きながらつねにそのことが頭に残っていた。

たとえば、渋谷系アーティストのMVを多く手がけたタケイグッドマンは、ハレーション気味で糸くずが飛び、手ブレのあるようなローファイな画面づくりを得意としたが、私には幼少期を記録した家庭用８ミリを想起させるものだった。「カタカタカタ……」というフィルムが回る音が入っていれば確定だろうと思って探したが、そうした音は入っておらず、また本人の証言も見つからなくて、この種の映像がノスタルジー含みなのかは判明しなかった。

また、小山田圭吾は『69/96』という自分の生年とリリースの翌年の下二ケタを並べたタイトルをアルバムにつけ、『bar-f-out!』九五年十二月号では詳細な自分史年表を発表し、その後、自らの文化的ルーツを追っていくような連載「コーネリアスの惑星探検」をおこなうなど（『月刊カドカワ』）、自分自身の歴史的な厚みに強い関心を持っていることがうかがえる。何かノスタルジー的な言及があるのではと探ってみたが、こちらも見つからなかった。

渋谷系の中で、メディア上で意識的に言語化されるレベルではノスタルジーは作用していなかったようだ。いまポップであることを世代を超えて共有する渋谷系にとって、懐かしさを持ち出すと共有が崩れて面白くなかったのかもしれない。タケイグッドマンに8ミリの記憶を感じるのは家に8ミリがあった人だけであるように、それは個人差のあることだからだ。

たとえ個々の動機の中にノスタルジーがあったとしても、それを押し出さないのがマナーであったかのように、ノスタルジーは渋谷系の主題にならなかった。ゼロ年代以降、レトロポップの部品に「どことなく懐かしさが漂う……」といったキャプションがつきがちであることからしても、ノスタルジックな感情は渋谷系に潜在していたと私は考えている。しかしそれを表に出さないことこそが、もうひとつの渋谷系の定義なのかもしれない。それでこそレトログレッシヴなのだろう。

第9章　「スリーオー」の一九九〇年代　——おしゃれ、おたく、おとな

おしゃれ、おたく、おとな

この章では、渋谷系だけを扱った前章よりも視野を拡げて、一九九〇年代に起こったことを全体的に整理していきたい。

7章で述べたように、レトロブーム終息後、昭和文化や子ども時代の文化を懐かしむ営みはふたたび世代ごとに分かれた状態になっていた。戦前生まれから団塊ジュニアまでの幅広い世代がレトロブームから刺激を受けて、九〇年代にそれぞれの領域でレトロやノスタルジーを展開していく。

それぞれの領域とは、おおざっぱに言えば、十代〜二十代は「おしゃれ」、二十代〜四十代は「おたく」、四十代〜六十代以上は「おとな（の趣味）」である。「お」で始まる三つの領域に居場所

を定め、九〇年代のレトロとノスタルジーは安定的に生産されていく。七〇～八〇年代の流れを引き継ぎながらも、時代に応じた新しいかたちに進化したこの十年を私は「スリーオー（Three O）の時代」と呼んでいる。

第一のオー「おしゃれ」は、一九五〇～七〇年代（風）のファッションや音楽を愛好する文化のことで、渋谷系を中心に、十代から二十代の若者に支持されたものだ。八〇年代のアナクロ趣味やサイケブームを引き継ぎ、発展したものである。

第二のオー「おたく」はキープオンの流れをくむものだが、中心層が無共闘世代から新人類へと移行した。おたくという言葉が一般に広まったのは九〇年代で、少年時代に親しんだ文化に対するキープオン的な欲求が、おたくという新しい傾向の中に位置づけられていった。

第三のオー「おとな」は、上質、こだわり、ナチュラル、教養などの要素から成る「おとなの趣味」の一環として、レトロ散歩、ビンテージ趣味、失われゆく風景や風物への追慕が位置づけられたものだ。

おしゃれ、おたく、おとなの三つのキーワードは、九〇年代の雑誌記事を検索すると比較的容易に浮かび上がる。「大宅壮一文庫雑誌記事検索」を用いて、一九九〇～九九年の雑誌記事を「懐かし」「ノスタルジー」「レトロ」「六〇／七〇年代」「昭和三十／四十年代」など関連語で検索すると約四百五十件がヒットする。それらの記事のテーマを分類していくと、スリーオーが見えてくるのである。表1に代表的な記事をいくつかあげた。

「おしゃれ」はほぼ若者を扱った記事で、若者向け雑誌だけでなく中年向け雑誌でも流行として紹介されている。「おとな」はほとんどが中高年をターゲットにした雑誌に掲載されたものである。例にあげた雑誌以外には『東京人』『散歩の達人』『家庭画報』など。

「おたく」は広範囲のテーマを含むが、おおざっぱに言えばコンテンツ（テレビ、マンガ、音楽、ヒーロー、スポーツなど）とモノ（ゲーム、おもちゃ、お菓子、クルマ、食べ物、レコードなど）に分かれる。過去に流行ったコンテンツやモノを回想するというよりは、今でも手に入るグッズを紹介したり、復刻商品の発売に合わせた記事だったりすることが多い。

三つのオーは完全にすみ分けているわけではなく、かなりの相互交流がみられる。若者もおとな的なレトロ散歩に興味があっただろうし、中高年はおたくの活動成果を参考にしている様子があり、スリーオーの境界線はあいまいである。しかし、そのあいまいさこそが九〇年代の大きな特徴であることを最初に指摘しておきたい。

九〇年代は、世代ごとに発展してきたレトロとノスタルジーに世代を超えたのりしろの余地が広がり、なんとなく世代がつながっていく十年である。同時に、昭和三十年代と四十年代、一九六〇年代と七〇年代の違いがうやむやになっていく、つまり時代がつながっていく十年でもあった。平成に入って昭和が遠ざかるなか、世代や時代ですみ分けることのない、漠然とした「昭和」というひとつの過去のかたまりが形成されていった。その舞台になったのが、おしゃれ・おたく・おとなだったのである。

表1：一九九〇年代のレトロ・ノスタルジー系雑誌記事

〈おしゃれ〉の記事例	ベルボトムに絞りのTシャツ、「'70年代ルック」が帰ってきた	CREA	1991.9
	ヒッピー、サイケ、ベルボトム…70年代ブーム再来の仕掛け人	週刊読売	1993.10.3
	「レトロな感じ」が新しい。秋冬の一流ブランド、靴とバッグ	Hanako	1995.7.27
	70年代調プリントのシャツ おしゃれ好きならゼッタイはずせない、大流行中のリバイバル・アイテム	JUNON	1996.11
〈おたく〉の記事例	アナログの逆襲！懐かしLPレコードのプレミアム値上がり度	DIME	1993.1.1
	懐かしの［野球漫画］オールスター列伝	週刊宝石	1993.8.5
	ブリキ製鉄人28号は33万円！昭和30年代オモチャが高騰中	FLASH	1993.9.7
	「懐かしグッズ」が甦る〝ヒットの法則〟	週刊ポスト	1997.3.7
	ウルトラマン生誕30周年で再びブーム到来	週刊ポスト	1997.3.14
	アキバで『懐ゲー』急騰中！	TOKYO 1週間	1998.4.7
〈おとな〉の記事例	懐かしい〝街角の職人芸〟ちんどんの音が聞こえる	サライ	1993.6.3
	男の買い物は百貨店がいい　懐かしい！「大食堂」と「屋上」	自由時間	1994.6.16
	レトロを売る街・門司	週刊朝日	1996.2.2
	懐かしの風景　チンチン電車の走る街　西日本編	週刊文春	1997.10.9
	京の裏道　レトロ小路モダン通り上ル。京都レトロ喫茶店	太陽	1999.10

第一のオー　――団塊ジュニアのおしゃれなレトロ

まずは「おしゃれ」としてのレトロである。代表的存在である渋谷系は8章ですでに説明したので、ここでは全体的な記述をしたい。

この本では一九七〇年代生まれを漠然と団塊ジュニアと呼んでいるが、彼らが高校生・大学生・社会人になり、消費の場面に姿を現してくるのが九〇年代である。九〇年代のレトロ志向が雑誌などで取り上げられるとき、かなりの頻度で「若者に人気」つまり団塊ジュニアに支持されているという描写がつく。

この話の前提として、九〇年から九七年くらいまで一貫してレトロが人気と言われ続けた事実がある。雑誌記事の出だしを拾ってみると、「見渡せばレトロ、懐古ブームである」(九〇年)、「'60年代がいまハイティーンに大ウケ」(九一年)、「70年代がいま何故もてはやされるのか」(九三年)、「'70年代風が若者に大ブームらしい」(九四年)、「'70年代がブームである」(九五年)、「最近、60~70年代に一世を風靡した懐かしの芸能人やアニメのキャラクターが、次々と〝復活〟している」(九七年)といった具合である。

長期的なブームの中で、団塊ジュニアの若者は古いものに新たな価値を見出し、それを楽しむ人々として紹介された。

「'60年代がいま『ハイティーン』に大ウケ。東京・芝浦のディスコ『ゴールド』などでは、'60年代風ファッションの若者たちが夜な夜な踊り狂い、街には25年前にタイムトリップしたような『'60年代ファッション』のお店も登場しているのだ。［中略］渋谷の映画館が『ブリジット・バルドー特集』を組んだら、全回『お立ち見』の超満員、しかも観客のブリジット・バルドーを知らない10代の女の子が、しっかり'60年代風ファッションで列を作ったというからオドロキだ」（「大流行！　'60年代がいま新しい」『FRIDAY』一九九一年七月十九日号）

「街頭取材のために原宿や渋谷の街に出てみると、いるいる。頭の上にはサングラス、ヘソを出した小さめのピタピタTシャツ、そして、ベルボトムのジーンズやパンタロン。取材もまさに入れ食い状態で進んだ」（「若者がもてはやす'70年代ファッションの不可解」『SPA！』一九九四年九月七日号）

「'70年代がブームである。よく言われるファッションのみならず、女子高生がカラオケで'70年代歌謡曲を歌い、ホンダのダックスが当時のフォルムそのままで新発売され、スーパーファミコンソフトでインベーダーゲームが登場した。あらゆる分野に'70年代ものが復活し始めている。［中略］このブームを支えているのは、リアルな'70年代を生きてはいないが、'70年代感覚を志向するネオ'70・sとも呼べる若い世代なのだ」（「'70年代ブームから見えてくる'90年代の実像」『SPA！』一九九五年四月二十六日号）

「『鉄人28号』『鉄腕アトム』のブリキ人形の復刻版が売れていたり、『もんちっち』『怪獣ブースカ』『ウルトラマン』『天才サザエボン』など『あのころ』を知らないはずの子供たちの間で、『あ

のころ商品』が大人気」（「あのころビジネスの時代(3)」『週刊ポスト』一九九七年三月七日号）

図2：『CUTiE』1993年11月号（『CUTiE Chronicle 1989-1999』より）

こうした現象に対して「若い人には新鮮で、古い人には懐かしい」といったお決まりの解説がつくのは八〇年代と同じだが、新しい傾向としてやはり、七〇年代文化が対象になってきたことが大きな変化である。

6章で述べたように、八〇年代後半までは「東京タワーはカッコよく見えるのに、太陽の塔は恥かしい」という感性が基本であり、七〇年代文化は揶揄や笑いの対象だった。しかし九〇年代に入って距離感が変わり、川勝正幸のいう「寝かせ頃」がハマって七〇年代のファッション、モノ、音楽などが次々と最先端のおしゃれに生まれ変わった〈図2〉。

純粋にレトロが好きな若者たち

とはいえ、彼らの七〇年代志向は、純粋なおしゃれさやクールさとは少しおもむきが異なっていた印象も受ける（以下、傍点筆者）。

「'70年代でも変なパワーのあるものばっかり取り上げてるでしょう、（山本）リンダとか（西城）秀樹とか」（『NUMBER』一九九一年十月五日号、マンガ家・柴門《さいもん》ふみの発言、括弧内は筆者註）「六〇年代末から七〇年代の、熱い時代への憧れとかがあるんです」（『週刊読売』一九九三年十月三日号、カルチャー誌『CUT』の二十代編集者の発言）「'70年代が一番インパクトあるし面白そう」「当時の洋服の独特のダサさって、今やると結構ハマる」（『SPA!』一九九五年四月二十六日号、十代の若者の発言）「70年代の曲は［中略］絶対に有り得ない奇妙な歌詞だったが、わけのわからないパワーがあった」（『週刊ポスト』一九九七年二月二十八日号、『広告批評』編集部・白滝明央の発言）

七〇年代に対して熱い、ダサい、パワフルといったスタイリッシュさの反対にある形容が目立つ。そこには、あえてズラす、あえて外すといったキッチュ感覚が顔をのぞかせつつも、一方ではそうした八〇年代的な差異化ゲームとはまた違った、素直にカッコいいとみなすような若者の感性も垣間見える。九〇年代の若者は、八〇年代の若者とは何かが違うようだ。

三菱総研（当時）の三浦展《あつし》（一九五八年生）は、一九九一年にアニメ「ちびまる子ちゃん」の影響などで山本リンダのリバイバルブームがあったとき、九〇年代の流行が八〇年代の反動やアンチとして成立しうることを次のように指摘した。

「かつては山本リンダのようなちょっとドギツイ、アングラ的なスターがたくさんいましたが、田中康夫が書いたようなクリスタルをよしとする八〇年代にブラウン管から消えていた。そこにやたら高度化した社会で育った若者が、本来あるべきパワーをぶつけている」（『週刊読売』一九九一年六月三十日号）

三浦に限らず、若者のレトロ趣味を語るときに八〇年代を批判的に絡める論調が散見される。「バブル経済と呼ばれた拝金豪華主義、ブランド志向、ヤンエグ志向や兜町なんかが、まさに崩壊寸前の状態［中略］もういい加減楽になっちゃいたいなあと、どこかタガを外してしまったような雰囲気」「'80年代ってちょっとお洒落過ぎちゃって、いまいちパワーを外された感じ」「'80年代の理想だったヤッピーが作った価値観を壊したいという思い」「'80年代というのは、経済でも何でも発達しきって、最後に残ったのはコンピュータ的な部分だけ」など。

ひとつ前の時代を批判するこうした論調は、ニューノスタルジーが高度成長への批判と反省を含んでいたことを思い出させる。ただし、ニューノスタルジーが帰るべき場所としての昭和三十年代を持っていたのに対して、団塊ジュニアの若者たちは六〇年代、七〇年代にそこまでの思い入れはない。彼らはひとつ前の八〇年代的なセンスを嫌悪したかもしれないが、あくまで流行のサイクル感覚として、そこから少し遠いものにグッとくる「寝かせ頃」を六〇年代や七〇年代に感じただけである。

当時の雑誌記事にもそれを察知した分析がいくつも載っている。「いまのコはあのサイケも、いくつかあるスタイルのうちの選択肢の一つでしかない」「思想抜き、コダワリ抜きの『シャレ』で楽しむのが、今風の『'60年代』」「恰好だけはサイケ」「その当時の一番代表的だったものをもってきて、それをファッションにしている」「雰囲気的な着方をしてるよう」など、多様な選択肢の中から自分のアンテナが反応するものを選んでいるだけだとする論調が多い。

そうした行動を可能にするのが、「情報量が圧倒的に多いんでしょうね」「生まれながらにして身の回りにモノと情報が溢れて」と指摘されるような情報の多様性と大量性である。これは渋谷系の音楽が、大量の引用とサンプリングによってパッチワークされたのと同じ構図だ。八〇年代は嫌いだけど本気で打倒したいわけでもなく、六〇年代や七〇年代を丸ごとリスペクトしているわけでもない。自分たちの感性を表現するパズルのピースとして、好みの部分だけを取り入れていたということだ。

それは、泉麻人が「六七年だったらこれがカッコよくて、七二年だったらこれがカッコいいみたいなのを、その時期に応じて選り出」しながら、「いろんな時代の素材というのをごっちゃにしてつなげていくみたいな遊び」をしていると評したように（7章参照）、八〇年代の若者にも通じる態度である。しかし、九〇年代の若者はそこに「独特の熱さ、ダサさ、パワフルさ」を真剣に見出したのであり、キッチュな消費による差異化ゲームに徹していた八〇年代の若者とは、感性を異にしていたと考えるべきだろう。

「いま何がいちばんキテるか」を競い合う差異化ゲームでは、ピッタリ針の合う対象はピンポイントで、短期間でツボは移ろっていくから一瞬のセンスである。しかし九〇年代の若者のレトロ趣味は九〇年から九七年ごろまで安定的に存在し続けた。団塊ジュニアのスタンダードなセンスとしてレトロがあったことを、ブームの長期性が証明している。ファッションとして身にまとうことは、そのセンスを本気で受け入れるということだ。

団塊ジュニアのレトロ趣味は、団塊世代や無共闘世代のように上の世代へのアンチを動機にしていない。また新人類のようにキッチュ志向、差異化志向でもない。強いて言えば「たんに憧れた」のであり、それが団塊ジュニア独特のレトロだったのである。

第二のオー ――「キープオン」から「おたく」へ

ふたつ目のオーは「おたく」である。九〇年代はおたく概念が一般に普及・定着した時期だった。七〇〜八〇年代を通じて育まれてきた、子ども時代の文化に対するキープオン的な愛情は、この十年でおたく文化の中に位置づけられていく。

「おたく」の呼称は八三年に評論家の中森明夫（一九五九年生）がマンガ雑誌の連載で彼らをそう命名したことが由来とされるが、この言葉が一般に知れわたったのは八九年に犯人が逮捕された東京・埼玉連続幼女誘拐殺人事件がきっかけである。アニメや特撮が好きだった犯人の自室に大量のビデオテープが並ぶ様子がテレビで報道され、その異常性や理解不可能な嗜好への好奇心とともに、彼らのような人々はおたく（またはおたく族）と呼ばれることが繰り返し報道された。

ネガティブな意味で人口に膾炙したおたくだったが、事件をきっかけにおたく側によるじゅうぶんな説明の機会が生まれたことも功を奏して、新しい生き方としてポジティブにおたくをとらえる言葉も増えるようになった。たとえば新人類のライフスタイルに寄り添っていた雑誌『ＳＰＡ！』は、九〇年三月七日号の記事「おたくが世紀末日本を動かす」で、「新時代のヒーロー」「来るべき情報消費社会の理想」といった前向きな言葉を並べた。九二年ごろまでの雑誌記事では「おたくをきわめる」「おたくは未来のパイオニア」「日本のおたくは世界の未来です」など、新しい創造的文化と刺激的なマーケットを評価する社会の反応を確認できる。

当時のおたくは一部の特殊な人々を指す言葉というよりは、新しい価値観を持つイマドキの若者全体をくくる命名だった。そうした言葉には「新人類」がすでにあったが、まさに新人類が共通して持つひとつの傾向として、おたくは定義されたのである。

おたくは豊富な予算でレアなおもちゃを買いあさる趣味人というイメージが比較的強かったが、マンガ、アニメ、怪獣などに限らず、幅広い意味でおたくの語を用いる傾向もこのとき生まれている。一九九〇〜九四年の雑誌記事で確認できるさまざまなおたくは次のようなものだ。


プロレスおたく／クルマおたく／映画おたく／ユーミンおたく／昆虫おたく／軍事おたく／デパートおたく／モーツアルトおたく／テクノおたく／地図おたく／コスメおたく／ロックおたく／アイドルおたく／ワインおたく／サッカーおたく／ジャニーズおたく

凝り性の人間は昔から存在し、「マニア」「通」「コレクター」などれっきとした呼称があったが、それらの呼称ではうまくハマらない何かを人々が感じていたからこそ、おたくは定着した。その背景にあったのはおそらく、八〇年代から続く趣味の多様化・個人化である。

広告代理店の博報堂は八五年、基本的な製品の世帯保有数が1を超えた状態、つまり「一家に一台」から「ひとり一台」へと移行した状態を「分衆」と定義した。分衆の時代では、所属する集団に同調してモノを買うことがなくなり、消費において個人の意思が重要になってくる。基本的なモノはすべて持っているので、その先の消費にアイデンティティがかかってくるということだ。こうした社会では価値観が多様化し、消費の志向性は細分化する。

ここに生まれたのが、誰よりも最新・最先端のモノを追求して差別化をはかろうとする「トレンディ」な若者と、差別化よりもひたすら自分の趣味に没頭する「おたく」の若者だった。大衆消費社会から分衆の時代になって、マニアや通の人口が増え、その対象が多様化し、軽いマニアとディープなマニアがなだらかに分布するような状態になった。この状態をうまく表現する名称を社会が求めていたからこそ、おたくの語がハマったのだと考えられる。

前置きが長くなったが、こうして成立したおたくの時代を背景に、少年時代に親しんだテレビ、マンガ、アニメ、音楽などをディープに語ったり、ビンテージグッズを買いそろえたりするキープオン的な活動が位置づけられていく。コレクション欲の強い人々は、おたく的な価値観を象徴する人間としてしばしばメディアで取り上げられた。当時の雑誌の特集には、大量のアイドル雑誌や写真集に囲まれたキヤノン社員、ヒーローグッズに埋もれた電通マン、ぬいぐるみおたくのＳＦ作家、研究室のテーブルにリカちゃん人形をズラリと並べた大学教授など、分かりやすく濃い人々が紹介されている。

メディアで紹介されるおたくの多数は新人類であり、一部が無共闘世代だった。この配分は世代交代を分かりやすく示している。無共闘世代を中心に形成されてきたキープオン的なライフスタイルは、九〇年代に新人類へと主役の座をバトンタッチしていく。

歴史記述とデータベース構築　――串間努の方法論

キープオンから新人類へと引き継がれたのはグッズの収集だけではない。歴史記述とデータベースの整理もキープオンの重要な活動だったが、この方面も新人類に引き継がれていた。もっとも重要な人物は「日曜研究家」を名乗った編集者の串間努（一九六三年生）だろう。

串間は医療誌の編集のかたわら、昭和Ｂ級文化や児童文化に関する多くの著作を発表した。アニメや怪獣などのサブカル分野をほとんど扱わなかったので、おたくという文脈で取り上げられることのない串間だが、キープオン的活動の後継者という点ではおたくと同じ流れの中に位置づけられる人物である。

彼の活動のスタートとなったのは九三年創刊の雑誌『日曜研究家』である。第三号まではミニコミ、第四〜七号は自営出版社の刊行物として流通し、第八号（一九九七年）から大手の扶桑社発売となった。

多様な執筆陣が参加した『日曜研究家』はすべてが児童文化史で構成されているわけではないが、記事の中心はそこにあった。第二号（九四年十二月）から第五号（九六年五月）までは飲食物の記事が充実しており、「日本○○史」のような歴史学風のタイトルがつけられた。そのほとんどは串間の手によるものである。おもな記事は以下のとおり。

日本みそ汁史／日本即席スープ史／日本即席カレールー史／日本お茶漬け海苔史／日本ふりかけ史／魚肉ソーセージの昭和史／日本ホットケーキ史／粉末ジュースの戦後史〈図3〉／即席デザートの戦後史／日本インスタントラーメン大年表／日本チョコレート史／日本キャラメル史／日本ドロップ史／日本キャンデー史／日本錠菓史（ラムネ・タブレット）／ポテトチップ史／ビスケット史／シリアル史／スナック史／煎餅あられ史／クラッカー史／ポップコーン史／炭酸飲料史／果実飲料史／缶詰ジュース史／ネクター史／シロップ史／ガラナ史／コーラ史

他にも昭和B級文化、児童文化に関する記事は多く、サンスタースパイ手帳、スピログラフ、粘土消しゴム、点取り占い、マイキット&電子ブロック、替え歌、絵描き歌、ビニール風船、遠足のおやつ、ガチャガチャ、レモン石鹸、大阪万博、トランシーバー、チューインガムなどについて、発売元への取材や読者アンケートなどを基に記事を執筆している。

図3：『日曜研究家』第2号より「粉末ジュースの戦後史」（途中まで）

こうした記事をベースにした著作も多い。『ザ・おかし』（一九九六年）、『まぼろし小学校――昭和B級文化の記録』（一九九六年）、『子供の大科学――「あの頃」遊んだふしぎ玩具、教材』（一九九七年）、『ザ・ジュース大図鑑』（町田忍との共著、一九九七年）、『ザ・ガム大事典』（一九九八年）、『ザ・飲みモノ大百科』（久須美雅士との共著、一九九八年）、『まぼろし万国博覧会』（一九九八年）、『少年探偵手帳』（一九九九年）、『昭和40年代思い出鑑定団』（一九九九年）など。ゼロ年代にもいくつか著作がある。

書名を見て分かるように、串間の関心は特撮や音楽といった特定のサブカルチャーよりは、子ども時代に親しんだモノやコト全般に向いていた。本人は何かの熱心なコレクターというわけではなく、特定分野に驚異的な知識を誇っているわけでもなかった。ただし、少年時代の体験をきわめて詳細に記憶しており、そうした思い出を取材や調査によって客観化することに長けていたのである。

その方法は、特撮史の竹内博やポピュラー音楽史の黒沢進らと同じく、徹底した資料主義と取材・調査に基づいていた。串間の方法は次の三種類に大別できる。

(1) 業界史や社史などの資料を駆使して、詳細な歴史年表を作成する。

(2) 業界史や社史の存在しないマイナーな商品ジャンル（教具や駄菓子など）は、関係者を探し出して聞き取りをする。

(3) 読者にアンケート調査をおこなったり情報提供を求めたりして、大勢の記憶の共通性や多様性を浮かび上がらせる。

特徴的なのが(3)で、『まぼろし小学校』と『まぼろし万国博覧会』で調査の成果を確認できる。『まぼろし小学校』で読者から情報提供を受けた項目は次のようなものだ。

通学路……買い食い／ようかいけむり／カード引き／駄菓子屋／プラ粘土／ねんど消しゴム／校門前の行商品／ランドセル＆ズックかばん

教室……学校前のよろずや／算数セット／ロック式筆入れ／電子ロック／アーム筆入れ／多面式筆箱／学習帳＆自由帳／鉛筆／ユニ坊主／ロケット鉛筆／カラーペンシル／シャーペン／ヒノデワシ／下敷き／習字セット／学校で売っていたもの

特別教室……理科室／理科教材／カエルの解剖／図工室／油ねんど／折り紙＆パクパク占い／ボンナイフ＆ミッキーナイフ／色鉛筆（ビリジアン色＆ぐんじょう色）／絵の具つき画板／ハーモニカ／メロディオン／縦笛／テレビの道徳番組＆教育テレビの番組

給食室……配膳（平等な盛り付け）／給食中の会話／ミルメーク／チーかま／マーガリン（袋の一行豆知識）／脱脂粉乳／テトラパック／鼻から牛乳／牛乳のフタで遊ぶ／なぜパン食なのか／揚げパン／やきそばパン／米飯給食／ソフトめん／献立の歴史／ヘンな名前の献立（くじらのアングレースなど）／郷土料理と給食／まずいメニュー／お楽しみメニュー／食器／先割れスプーン

校庭……組体操／応援歌／賞品／紅白帽子／はだしたび／プール／プールカバン／ジャージ、

ブルマ、ショーパン／ジャージの呼称
保健室……爪・チリ紙・ハンカチ／レモン石鹼／石鹼の歌／肝油ドロップ／BCG痕／検便&ぎょう虫検査／検査容器／ポキール（ぎょう虫検査用シール）／検尿と紙コップ／寄生虫／赤チン
教室……休み時間の遊び／「愛のひとしずく」鉛筆／友情の絵はがき／「よくできました」スタンプ／上履き&上履き入れ／教室机（木製&スチール製）／ホウトクの学校家具／白墨／謄写版印刷／ワックス
図書室……伝記／学級文庫／読書競争／印象に残る本は？／読書感想文コンクール／課題図書
放課後……ガキ大将／捨ててあるテレビから磁石を盗む／学校帰りの植物遊び／ザリガニ釣り／怪談&コックリさん／ラブ様・エンゼル様・キューピッド様／オリジナルの遊び／コカ・コーラヨーヨー／自転車／学研の科学と学習／リコーマイティーチャー／デコレーション学習机
学校歳時記……入学写真（白黒&天然色）／遠足の朝／おやつの予算／旅行のしおり／ゲロ袋&トラベルミン／夏休みの禁止事項／夏休みの工作の宿題／肝だめし／ラジオ体操／避難訓練／紙の花（薄い色紙の根本を輪ゴムで止めて作る造花）／お楽しみ会／卒業式&紅白まんじゅう／サイン帳／卒業式の「別れのことば」（呼びかけ）
情報提供者は十代から五十代まで幅広く、ノスタルジー色の強いテーマ設定ながら、新人類だけに向けた内輪的なものではなかった。串間はこうした活動を「学校民俗学」や「コドモ民俗学」と呼んでいた。

新人類の動機　――上の世代への抵抗ではなく

串間は高校時代『ビックリハウス』の熱心な読者で、短編小説が入選したこともある。彼のアプローチは3章で取り上げた「出どころ白書」によく似ており、『ビックリハウス』的なサブカルノリを正統に継承する人物だった。資料と調査で秘史をディテールまで解き明かしていく姿勢は、八〇年代的なキープオンの面白がり方そのものだと言えるだろう。

串間と同時期に消しゴム版画とテレビ批評で活躍したナンシー関（一九六二年生）も、著書の中でたびたびビックリハウサーだった過去に触れている。八〇年代のサブカルを浴びて育った新人類は、サブカルの送り手である上の世代と感性を共有していた。それはアプローチの方法にとどまらず、動機の部分でもそうである。『まぼろし小学校』のあとがきには次のような記述がある。

「私たちには学生運動も戦争もありませんでした。代わりに生まれながらにモノが豊富にありました。家が建って自然はなくなりつつあったという『土管世代』ですから、木を削って何かを作るとかはあまりしません。玩具でも、既製品を買ってくると。そういう子どもモノ文化が共通体験にあるわけです。〔中略〕私は東京オリンピックの頃に生を受け、入学時が大阪万博で石油ショックの頃に小学校を卒業しました。ウルトラマンも仮面ライダーも超合金もケンちゃんシリーズもすべて間にあった世代です。もっとも子ども文化が充実していた時代を享受していたというのは自分勝手なもの言いでしょうか。それだからこそ、この本を書くことができた」

この動機は、4章で引用した無共闘世代の動機とよく似ている。最初の「私たちには学生運動も戦争もありませんでした」は、「『俺たちの若い頃は……』という『大人』の常套句は、これまでは戦争体験であり、高度成長下での艱難辛苦であった」（田埜哲文）、「私たちの弱みは、戦争が無かった上に、全共闘運動すら間に合わなかったという点です」（泉麻人）とほぼ同じである。楽しいモノに囲まれて育ったアイデンティティも、「僕らだって、振りかえる過去くらいはある〔中略〕、テレビや映画、そしてコマーシャルやマンガが僕らの共通の原体験」（田埜）などに近い。

一見すると、無共闘世代と新人類の動機には大きな違いは存在しないように思える。しかし串間の動機は、文面こそ似てはいるが上の世代に対する対抗心や嫌みのようなものがまったく感じられない。世代のアイデンティティに悩んでいる様子もうかがえない。

串間の他の著作のまえがき・あとがきも同様で、「あの楽しかった高度成長時代のコト・モノを中心にした『思い出』……という抽象的なもの」に対して、「『ああ、そういえばあのころは、そんなことがあったよね』と共感の拍手」（『昭和40年代思い出鑑定団』）を生み出すことが目的だと言う。そして「みんなが大好きな『おやつ』1つ1つにドラマがあって、決して社会の動きと無関係じゃないことが伝わったらうれしいな」（『ザ・おかし』）「缶飲料ひとつひとつに、開発動機があり、アイデアが凝らされ、歴史が積み重なってできている。そんな背景が本書を通じて少しでも伝わったらいいなと思っている」（『ザ・飲みモノ大百科』）のように、「伝わる」ことが喜びだと強調する。

串間が目指したのはあくまで思い出の語り合いと共有であり、世代のアイデンティティを浮かび上がらせようというほどの強い意図は希薄だったと感じられる。それは、上の世代に対する反発や差別化を意識していた団塊世代や無共闘世代とは異なるものだ。

一九九〇年代はおたくの時代だった。興味のあることにただ没頭する、それ自体がひとつの文化的実践として成り立ちえた。そして、大人になってもマンガを読み続け、アニメを見続けることが当たり前になり、大人が子ども文化に向き合いやすくなった時代でもある。こうした時代のノスタルジーに反発も差別化も必要ない。何かのためのノスタルジーではなく、ノスタルジー自体が動機になりえたということだ。

普及型ノスタルジーの形成

串間以外の文化生産者にも目配りしておきたい。串間と同時期、懐かしのテレビ番組をテーマに数々の批評や思い出語りを発表していた岩佐陽一（一九六七年生）は、九七年に刊行した著書『なつかしのＴＶ青春アルバム！　慟哭編』のあとがきで、「幼い時に受けた感動は自分の原点」「そなにに心を打たれたか」などの言葉で執筆の動機を説明している。

ここには、キープオンの特徴であった「今のノリで過去を楽しむ」という姿勢がみられない。あくまで過去の自分を見つめ直すために関係者に取材し、映像を集め、文章を書いていて、重心が今の自分ではなく過去の自分にある。『AERA』一九九七年七月七日号のインタビューでも岩佐は、「どんなに技術が発達しても、邦画がいまだに黒澤映画を超えられないように、テレビももう七〇年代を超えることはできないかもしれない」と、現在のテレビへの希望をあえて言わない。

このような態度もまた、上の世代と異なっている。ポスト団塊の米沢嘉博は著書『2B弾・銀玉戦争の日々』のあとがきで、少年時代を回想することを「明日に向かうためのガラクタの整理」「問題は過去ではなく未来」と表現した。同世代の三宅裕司も著書のまえがきで、「昔は良かっただけじゃない。いまがいいから笑える」と書いた。過去を振り返るとき、神経質なほど「今」や「明日」を強調してきた上の世代に対して、串間や岩佐にはそうした立ち位置の確認作業はなく、ただ過去への好奇心を追究するだけだ。

一見、後ろ向きの閉じたノスタルジーに感じられるかもしれないが、彼らはけっして世代内の内輪ウケに終始していたわけではない。彼らのノスタルジーは共有できる規模が大きく、ある種の汎用性をそなえていた。たとえば、『まぼろし小学校』に情報を提供していた読者は十代から五十代まで幅広かった。これは学校文化が比較的変化の少ないものだからだ。レモン石鹼も、ぎょう虫検査も、何十年にもわたって小学校の風物詩であり続けた。串間の著作は幅広い世代間の「のりしろ」を備えていたのである。
岩佐本も同じく、七〇年代のドラマは岩佐の世代だけが観ていたわけではない。当然ながら上の世代と共有できるし、そればかりか、リアルタイムで観ていない下の世代とも共有できる回路があった。それはテレビ放送のあちこちに点在した再放送であり、あるいは歴代の人気ヒーローや怪獣を網羅したケイブンシャ（勁文社）発行の各種図鑑などであった〈図4〉。こうしたコンテンツに日常的に触れていた団塊ジュニアもまた、彼らなりのノスタルジー感覚で岩佐本の面白さを受容できたと考えられる。

むしろ、メディア文化が短期間で激しく変動した米沢や三宅の子ども時代のほうが、共有できる範囲は狭く限定されていたかもしれない。新人類が生み出したノスタルジーは世代を超えて作用し、しかも彼らには世代に固有の動機や、アイデンティティをめぐる語りがともなっていないため、普及力のあるコンテンツ、普及型ノスタルジーとして広く共有されていくことが可能だった。

図4：ケイブンシャの図鑑
(『全怪獣怪人大百科　52年度版』)

こうした活動を支えていたのは、サブカルチャーのメインカルチャー化ともいうべき文化の潮流だった。串間は『日曜研究家』第八号の書評コーナーで、この傾向を「軽文化」と名づけてこんなことを述べている。

「書店も〔中略〕サブカルやライトエッセイなどのコーナーを常設するなど、軽文化の世界が成熟しつつある。雑誌のコラムに過ぎなかった傍流の記事が力を持ってきていて、その企画の面白さ、調査蒐集の面白真面目加減をキャッチする読者が存在する時代なのだ」

同時代には、「日本三大急流は本当に急なのか」「チョコボールを何個買えば金のエンゼルが当たるのか」など、どうでもいいことを大真面目に調査する堀井憲一郎（一九五八年生）の「ホリイのずんずん調査」（『週刊文春』連載、一九九五年〜）、テレビ批評を作品論や演技論ではなく、芸能人たちが生きる場の観察としてとらえ直したナンシー関のコラム「小耳にはさもう」（『週刊朝日』連載、一九九三年〜）「テレビ消灯時間」（『週刊文春』連載、一九九三年〜）などが人気を博していた。

特撮・SF作品の一場面やヒーローの必殺技を、じっさいの物理法則に当てはめて計算するとどんな結果が出るかを検証した、柳田理科雄（一九六一年生）の『空想科学読本』シリーズの書籍化は九六年に始まった。歴史年表を駆使した串間が文科系のノスタルジーだとすれば、柳田は理科系のノスタルジーと言えるかもしれない。

こうした「軽文化」の象徴と言えるのが、みうらじゅんによる造語「マイブーム」である。自分だけが好きなことを他人に広めようとする行為を指すこの言葉は、九〇年代の半ばから認知され

（「他人に広める」という部分が抜け落ちてはいたが）、九七年の新語・流行語大賞トップテンに選ばれた（同年の大賞は「失楽園」）。

おたくの時代を背景に、キープオン的なノスタルジーは新人類に受け継がれ、世代間闘争という動機が消え、「いま」を強調することもなくなり、それぞれのマイブームがやさしく共鳴しあう普及型の軽文化へと進化した。広いのりしろを持った彼らのノスタルジーは、世代と時代を超えてなんとなく固まった、ゼロ年代以降の昭和イメージへとつながっていく。

第三のオー　――おとなの趣味とノスタルジー

最後のオーは「おとな」である。中高年も雑誌や書籍などでノスタルジーやレトロのコンテンツを楽しんでいた。なかでも強い存在感を放っていたのは八九年に小学館が創刊した雑誌『サライ』だろう〈図5〉。

『サライ』は中高年向けの生活情報誌（ライフスタイル誌）である。このジャンルの雑誌は二〇〇〇年前後にいくつも創刊されたが（たとえば一九九八年『pen』、二〇〇〇年『一個人』、二〇〇一年『自遊人』『おとなの週末』『日経おとなのＯＦＦ』など）、そのさきがけと言えるのが『サライ』で、中高年ライフスタイル誌のひとつのフォーマットを作り上げた。この雑誌で定期的に、ノスタルジー的、レトロ的な記事が特集されている。

図５：『サライ』1992年11月19日号

中高年というと漠然としているが、たとえば創刊直後の九〇年一～三月に発行された六号分（隔週刊）の投書欄に載った三十二名の年齢は、四十五歳以上（おおむね一九四五年以前生まれ）が二十人（六十三パーセント）、三十～四十四歳（おおむね団塊・ポスト団塊・無共闘世代）が五人（十五パーセント）、二十九歳以下（おおむね新人類・団塊ジュニア）が七人（二十二パーセント）である。若い世代にも読まれてはいるが、基本的には四十代～六十代以上の幅広い世代の中高年を読者に持っていたと思われる。

日本のライフスタイル誌の草分け『ＰＯＰＥＹＥ』『ＢＲＵＴＵＳ』同様、『サライ』もダンディなおとなの趣味を志向していた。ただし『サライ』は芸術や歴史といった教養へのこだわりが強かった。創刊から三～四年の特集タイトルを例にとると、「永井荷風の暮らし」「シェイクスピアが愛した大英帝国」「内田百閒いわく美食は外道なり」「谷崎潤一郎とうるし椀」「井伏鱒二と日本の自然」「泉鏡花流生活術」など。一方でクオリティ・オブ・ライフやスローライフも目を引く。「四季と遊ぶ、歳時記にあわせる暮らし」「温泉の効は湯治にあり」「やっぱり、畳の生活」「こだわりの豆腐を探す」など。

こうした特集に混ざり込むように、古き良きモノ、文化、街並みを愛でる特集や小特集が点在する。「唱歌」「甦るサーカス」「漫画『サザエさん』に見る戦後庶民生活史」「江戸川乱歩と少年探偵団」「名画座が学校だった」「駄菓子屋が学校だった」「ちんどんの音が聞こえる」「昔ながらの縁日の定番」「ライスカレー」「名門老舗喫茶店」など。

「モノ語り」というコーナーでは、今もある身近なモノの歴史を詳しく掘り下げている。路面電車、バイタリスとＭＧ５（男性用整髪料）、即席ラーメン、模型、ジーンズ、大食堂、科学玩具、クレヨン＆クレパスなどが取り上げられた。

これらの記事の多くには決まった要素が出てくる。「特集・ブリキの玩具」（一九九〇年六月二十一日号）を例にとると、⑴歴史（ブリキ玩具の発祥など）、⑵うんちく（ビンテージの見分け方）、⑶アクセシビリティ（首都圏ブリキショップガイド）、⑷カタログ（多種多様な写真）の四つがバランスよく配置され、その最初や最後に次のような⑸ノスタルジーが語られる。

「遠い少年時代のある日に、おもちゃ箱ごとどこかにしまいこんだまま、それっきり行方知れずになったゼンマイ仕掛けの飛行機や鉄人28号……」

「ありし我が少年時代への大いなる感慨を胸に、懐かしきブリキ玩具のゼンマイを、もういちど巻き直してみる」

この構成は多くの特集に共通するものだ。駄菓子の特集なら、レシピ（うんちく）と現存する駄菓子屋の取材（アクセシビリティ）、サーカスの特集なら日本のサーカス団のおこり（歴史）や現存するサーカス団の取材（アクセシビリティ）など。そして俳優の小沢昭一（一九二九年生）や西岸良平などが思い出を語る（ノスタルジー）。すべての特集において、写真や表がすき間を埋め尽くす（カタログ）。

少年の心を失わないダンディな中年たちが、おとなの趣味としてビンテージなモノを愛でるのは、『ＢＲＵＴＵＳ』の特集「いま最高潮なりレトロ趣味」から続く基本的な路線である。しかし『サライ』ではそれが明確にノスタルジーでコーティングされ、さらに教養や暮らしのセンスといった、他のおとなの趣味と地続きになったのが新しい傾向だった。

昭和愛好は、若者文化ではおしゃれさやポップさといった都会的センスに組み込まれたが、中高年の文化では上質な趣味に組み込まれた。「中高年の文化」というもの自体がこの時期のメディアやマーケットによって顕在化したもので、昭和を愛でる態度はある種のデフォルト（初期設定）としてそこに名を連ねたのである。

レトロ散歩——発見される昭和

『サライ』で重要な役割を果たしていたのが「アクセシビリティ」である。現存するレトロを記事をたよりにじっさいに訪問する楽しみは、バブル崩壊後の観光開発や地域振興とも結びつきつつ、中高年をおとなの散歩へと誘い出した。

『サライ』に限らず、当時の雑誌記事ではそれ以前と比べて現存レトロに関する記事が多くみられる。大宅文庫の検索に基づけば、現存レトロは「具体的地名」「建築・店舗」「乗り物」に大別される。

具体的地名とはレトロ風情のある街の紹介記事で、上野、神田、浅草、高円寺、横浜などの都会の街と、会津、庄内、小樽、宇和島、門司港などの地方の町がそれぞれ人気だった。「建築・店舗」で取り上げられる対象は多岐にわたり、銭湯、木造小学校、喫茶店、洋食店、百貨店、古い遊園地、キャバレーなどがある。「乗り物」はＳＬ、都電荒川線、ボンネットバスなど。それぞれについて代表的な記事タイトルを表6にいくつかあげた。

表6：現存レトロに関する雑誌記事例

	記事タイトル	掲載誌	掲載号
具体的地名	大阪に残る「昭和ノスタルジー」の街「ジャンジャン横丁」人間スクランブル！	アサヒ芸能	1991.3.28
	なつかしい旅がしたい　四国の休日　宇和島　町中がレトロの玉手箱	旅の手帖	1991.10
	東京　この街に住め！　28回　本郷　東大、文豪2大権威付きレトロ学生街	宝　島	1993.8.9
	ようこそ「小樽」運河の街でタイムスリップ	オレンジページ	1995.2.17
	祝　門司港レトロ街グランドオープン&スペースワールド5周年	旅の手帖	1995.6
	下町情緒の麻布十番を南北に貫く雑式通りは懐かしくてハイテク	Hanako	1995.6.29
	仙台・庄内・南部・会津を訪ねて　みちのく懐かしの駄菓子紀行	家庭画報	1995.7

	記事タイトル	掲載誌	掲載号
具体的地名	私の大阪散歩　田辺聖子　福島〜梅田新道〜京橋　ハイカラとレトロ	文藝春秋	1996.1
	レトロを売る街・門司	週刊朝日	1996.2.2
	ようこそ「信州・松本」北アルプスふもとの城下町で、ぶらりレトロ散歩	オレンジページ	1997.9.2
	再訪　アンノン族の旅　思い出散歩　萩・津和野	アミューズ	1997.10.22
	蕨　機織りで栄えた歴史ある街並みとレトロな商店街	Hanako	1998.3.18
	神田神保町の歩き方。シブい建築散策ガイド。	東京人	1998.6
	横浜レトロモダン	Voice	1998.11
	古いのに新しい、新しいけど懐かしい！　小樽　Old & New	旅の手帖	1999.4
	箱根　レトロ気分漂う宮ノ下と小涌谷で老舗を味わう	Hanako	1999.5.12
	谷中　文豪や画家が住んだ寺町。まだ〝懐かしい〟東京がある	クロワッサン	1999.8.10
建築・店舗	懐かしの〝駄菓子屋〟で、童心に帰ってお酒を飲もう。※池袋「駄菓子屋パブ・おはじき」	毎日グラフ	1991.2.24
	《懐かし〜い日本を見つける》銭湯　裸でふれあう心のふる里	女性セブン	1992.6.11
	消えゆく木造小学校写真に、われらが少年時代を重ねあわせる。	自由時間	1992.7.2
	減少するレトロな喫茶店を大切にしたい。	自由時間	1993.2.4
	東京の洋食屋さん　懐かしい味が自慢です	週刊読売	1993.3.28
	ビールと料理のおいし〜い店　レトロな気分と伝統も味わえる銀座の老舗のビアホール	Hanako	1994.5.26
	男の買い物は百貨店がいい　懐かしい！「大食堂」と「屋上」	自由時間	1994.6.16
	有名人が通う！　懐かしのライスカレー10店　30年前、昭和の味覚が今も生きていた	週刊宝石	1996.3.21
	昭和30年代、どの街にも貸本屋と銭湯があった。レンタルビデオの時代、それがまだ高円寺には生き残る	諸君！	1996.8

建築・店舗	タイムスリップ体験デート　レトロ感がノスタルジーを誘う、時の止まった百貨店　ダイシン百貨店	SPA!	1996.12.18
	浅草・上野　ああ懐かしのレトロ地下街	週刊大衆	1996.12.23
	レジャーも70年代風に大げさに。ディスコ＋ボウリングの「コズミック・ボウル」	流行観測 across	1997.2
	時間を止めた懐かしの遊園地探訪	散歩の達人	1997.2
	浅草下町の味案内　懐かしくも新しい〝浅草洋食〟の世界	dancyu	1997.6
	東京エレベーターめぐり	東京人	1997.10
	大人の遊園地「キャバレー」がいま熱い！　懐かしの「レトロ風俗」復活最前線	週刊大衆	1998.6.1
	安くて懐かしい味　駄菓子マーケット	ザテレビジョン	1999.7.30
	京の裏道　レトロ小路モダン通り上ル。京都レトロ喫茶店	太陽	1999.10
乗り物	ボンネットバス健在　懐かしき田舎のバスを訪ねて列島行脚	アサヒグラフ	1992.2.7
	旅をしようか　懐かしのSLに乗って…！	週刊宝石	1992.6.25
	都電荒川線、平成4年残暑の旅　ひと駅ごとに残る〝東京レトロ風情〟	毎日グラフ	1992.9.20
	懐かしの風景　チンチン電車の走る街　西日本編	週刊文春	1997.10.9
	路線バスぶらぶら紀行の旅　ボンネットバスで往くレトロチック小旅行	散歩の達人	1998.4

なかでも取り上げられる回数が多かったのは福岡県の門司港である。『週刊朝日』の記事「レトロを売る街・門司」（一九九六年二月二日号）によると、北九州市は、門司地区に残る歴史的な建物を整備して観光客を誘致する事業「レトロの町づくり」を九〇年からスタートしたという。総額約二百八十億円をかけて港周辺にある「門司税関」「大阪商船」「三井倶楽部」といった門司を代表

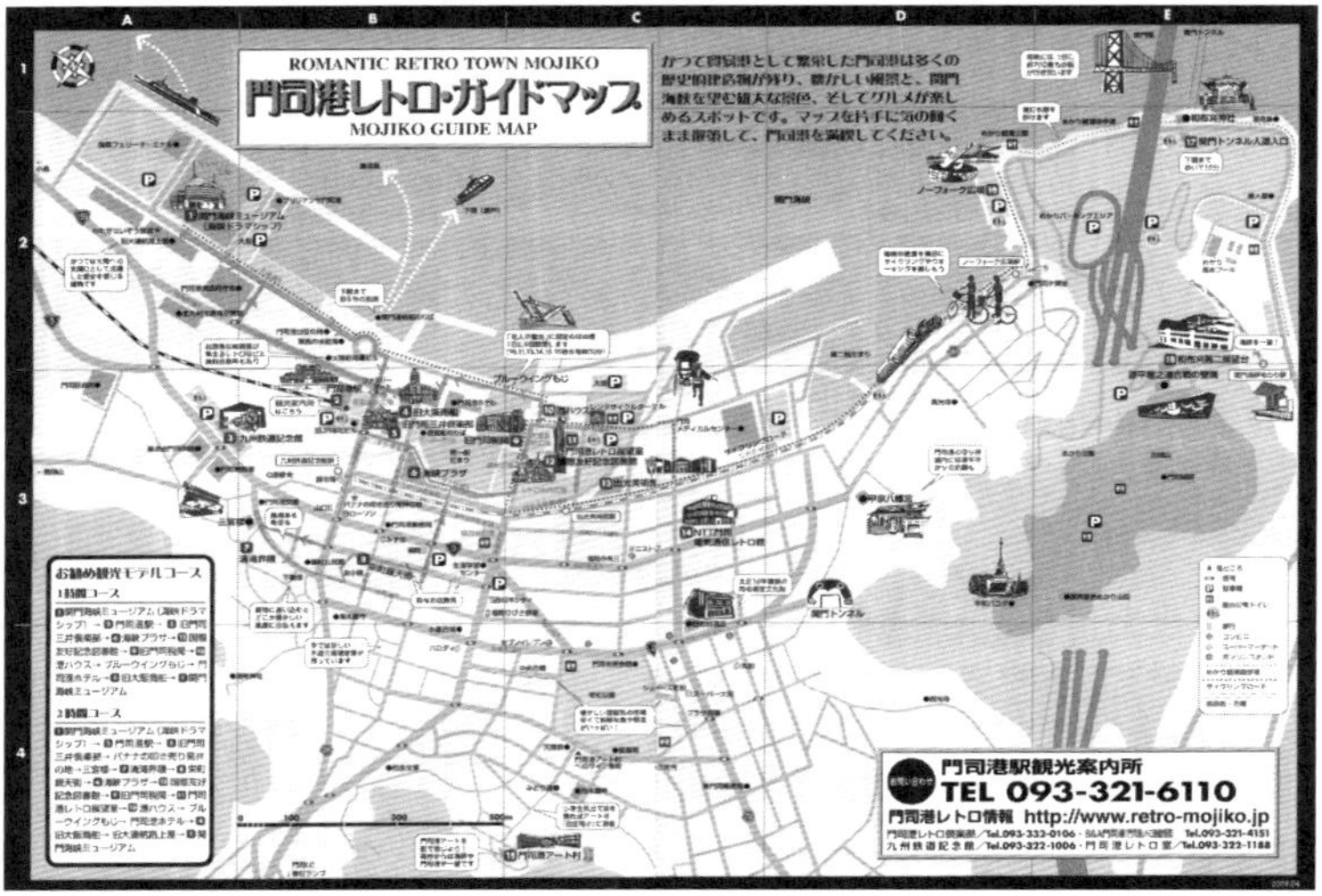

図7：門司港レトロマップ（2009年ごろ、筆者所蔵）

する建物を改修・復元し、九五年三月にレジャースポット「門司港レトロ」として正式にオープンした〈図7〉。

門司港はありのままの街並みではなく、ある種のテーマパークとして再整備が施されたもので、観光資源化の意図が明確である。このような事例は他に、懐かしい映画の看板があちこちに掲げられたＪＲ青梅駅前の商店街がある。『週刊読売』の記事「街を彩るレトロ」（一九九九年十一月二十八日号）によれば、映画看板は九三年から専門の絵師に依頼して掲示を始め、少しずつ増やしていったという。九九年には串間努が館長をつとめる「昭和レトロ商品博物館」もオープンし、いくつかのレトロ系イベントが開催された。

このように街づくりとして企画された事例がある一方、ありのままの姿でタイムスリップ感を醸しだす場所や建物も多く注目されていて（たとえば東京・京島や同潤会アパートなど）、大人の散歩を楽しむ中高年に親しまれた。もちろん若い世代にとってもレトロはおしゃれスポットであり、『Hanako』などの雑誌で多くはないが取り上げられている。

復元の思想　――マーケットによるスリーオーの統合

一九九〇年代は、若者はレトロをおしゃれに楽しみ、新人類はおたく的な軽文化としてノスタルジーを楽しみ、中高年はおとなの趣味として失われつつある昭和を味わう、おおざっぱに言えばそんな時代だった。最初に述べたように、おしゃれ・おたく・おとなは互いに無関係ではなく、重なり合いながら展開していた。

だから、スリーオーすべてを狙うような商品やサービスが可能だった。それは、ファミリー向けの店舗や施設での昭和の空間の「復元」であり、懐かしい商品やパッケージの「復刻」である。スリーオーはマーケットの力によって統合された需要へと向かっていく。

失われた風景を復元する動きは九〇年代の早い段階からかたちになっている。千葉県の松戸市立博物館は、市内にある公団住宅「常盤平団地」の昭和三十年代当時の部屋を館内に完全再現した展示を九三年に始めた〈図8〉。同じ年、愛知県師勝町（現・北名古屋市）の歴史民俗資料館も「昭和日常博物館」をテーマに掲げ、こちらも昭和三十年代の生活文化展示を始めている。

図８：松戸市立博物館の団地復元（筆者撮影）

商業施設にも同様の展開があって、昭和初期の大阪の街並みを復元した「滝見小路」が設けられた大阪・梅田スカイビルの開業も同じく九三年である。翌九四年三月には神奈川・新横浜に昭和三十年代の夕方の街並みをベースにした「新横浜ラーメン博物館」がオープン、九六年には同じく昭和三十年代の街並みを復元したスペース「福袋七丁目商店街」が入った「ナムコ・ナンジャタウン」が、東京・池袋のサンシャインシティ内で開業した。

昭和空間の復元ブームはゼロ年代前半まで続く（ゼロ年代以降に開業した施設は次章にて）。九〇年代前半に復元が本格化したのは、門司港レトロの計画が九〇年に始まっているように、直接的には八〇年代末のレトロブームの延長線上に位置づけられるものだ。松戸市立博物館や新横浜ラーメン博物館も、おそらく企画自体は九〇年ごろから始まっているだろう。

加えて、レトロやノスタルジーが一時的なブームではなく、安定した文化のジャンルになりつつあるという認識が生まれてきたことも大きい。中長期的な展望がなければ常設的な復元に踏み切るのは難しい。おしゃれ、おたく、おとなのそれぞれの分野で安定的に需要があり、ターゲットも明確に浮かび上がっていたからこそ、それを統合するようなかたちでコンテンツを生み出すことができたのである。

新横浜ラーメン博物館のデザイナーをつとめた相羽高徳（一九五三年生）は、開館十年の回想で「ラーメン、チャルメラ、夕焼けというフレーズからは、ある種の胸に響く情景が浮かびますよね。それがまさに昭和30年代であり、日本人の魂の原風景」と述べる（「高度成長昭和ビジネス活況に平成不況脱出の芽あり」『ＤＩＭＥ』二〇〇三年九月十八日号）。

「ナンジャタウン」をプロデュースした「ナムコ・チームナンジャ」の担当者はこのように語る。「たとえばディズニーランドのモチーフは、アメリカ人がもっともノスタルジーを抱く西部開拓時代。では日本人にとっては〝昭和三十年代〟だろうと。それは実体験のない世代にとっても、テレビや映画で触れたことのある、どこか懐かしい風景」（「いま『60年代』がもてはやされる理由」『ＴＨＥ21』二〇〇二年十二月号）。

ゼロ年代以降の記事なので開館当時の考え方と同じかは分からないが、ふたりとも、昭和三十年代を実体験している中高年に対象を限定しておらず、かといって物珍しさを好む若者向けでもなく、「日本人」という広く漠然としたターゲットを想定している点は重要である。とりわけチームナンジャは若い世代にも「どこか懐かしい風景」だと述べていて、若い人には新しいという、長年繰り返されてきた紋切り型の考えと一線を画していることは注目すべきだ。

多種多様な感性を無理やり「レトロ」という箱の中に詰め込んだ八〇年代のブームと異なり、九〇年代はもっと自然に、複数の感性がゆるやかに統合していく兆しが見えたからこそ、このような発想が可能になりえた。昭和から平成になり、昭和が誰にとっても遠い、ひとかたまりの過去になってきたことが大きな背景としてある。そこに長引く平成不況という物語が合わさり、癒やしをともなったコンテンツとして「昭和ノスタルジー」がいよいよ姿を現す。その芽生えは「ＡＬＷＡＹＳ」が公開されるおよそ十年前のことだった。

復刻商品の魅力　――「懐かしさ」「新しさ」から「良さ」へ

一方、さまざまな商品やパッケージの復刻は九〇年代後半から目立って雑誌で取り上げられるようになる。目についたものをいくつか列挙してみた。

アシックスが昭和のブランド・オニツカタイガーを復刻／初期のゲームを復刻した家庭用

ゲームソフト「ナムコミュージアム」発売／山崎製パンが菓子パン「ポニーメリー」を復刻／エディーバウアーがダウンジャケットを復刻／ヤマハが加山雄三が映画で使用していたエレキギターを復刻（『ＤＩＭＥ』一九九六年一月十八日・二月一日合併号）

懐かしのマンガの文庫版での復刊が相次ぐ（『週刊宝石』一九九六年八月八日号）

九五年、人気ドラマ『未成年』の主題歌・挿入歌に「トップ・オブ・ザ・ワールド」「青春の輝き」が流れてカーペンターズの人気がブレーク、同年十一月にリリースされたベストアルバムは二百万枚以上を売るヒット（『週刊ポスト』一九九七年二月二十八日号）

森永ミルクキャラメルが大正時代のパッケージを復刻／江崎グリコが大正時代のグリコパッケージを復刻／明治ミルクチョコレートが一九二六年の発売以来六代のパッケージを復刻（『週刊ポスト』一九九七年三月七日号）

商品自体は復刻ではないが、広告で懐かしのヒーローを用いる例も多かったようだ。6章で取り上げたように八四年にも同種のブームがあったが、九〇年代の場合はほとんどが昭和三十〜四十年代のヒーローを起用している。『女性セブン』一九九五年一月二十六日号「ＣＭにシュワッチ！懐かしの名キャラクターが続々カムバック」で取り上げられたものを列挙してみた。

ツムラバスクリン（ウルトラマン）／バンタンデザイン研究所（バルタン星人）／ＧＣカード（エイトマン、まぼろし探偵）／日本酸素シャトルシェフ（魔法使いサリー）／ケンミン焼きビーフン（妖怪人間ベム）／ＤＤＩなかよしネット（ムーミン）／栗山製菓ばかうけ（アタックＮｏ．1）／エプソン販売アップグレードマルチ（ガメラ）／ソフト99タイネット（ヤッターマン）／サークルＫ（おそ松くん）／ピップ内服液（Ｇメン'75）

九七年にも同様の記事があり（「テレビＣＭ界に今〝復刻版ブーム〟が巻き起こっている理由」『スコラ』一九九七年一月二十三日号など）、懐かしキャラの起用は定番の手法として長期間好まれていたことが分かる。

各社が復刻商品に力を入れたり、懐かしのキャラクターをＣＭに起用したりしたのはなぜだろうか。『週刊ポスト』が一九九七年二月・三月に掲載した連載記事「あのころビジネスの時代」（全三回）から、送り手の意図やヒットの背景について触れた箇所を抜き書きしてみた。

「今の時代の音楽をつまらないと思っている人はかなりいると感じています。70年代前後の音楽は、刺激があり、それでいてすごく楽しくて、記憶に残った。みんな昔の曲に、そんな刺激を求めているのではないでしょうか」

「インターネットなどの情報革命を前に、見えてきた未来型生活への足がためを始めた消費者は、『ためす』『みなおす』というふたつの消費行動に出ている」

「昨年来、あのころ商品としてヒットしたものは、いずれもその時代をリアルタイムで生きた年代より、ティーンエージャーなどの若い世代に受け入れられたのが特徴です。その理由は、その世代は生まれながらにして身の回りにモノと情報が溢れており、それらを追いかけ流行を形成することに疲弊していることがある。〔中略〕あのころ商品は、ある時代に一世を風靡したという実績、安定感があるために、消費することに迷いを生じない。これがメリットと感じられた」

「今のこのブームは、社会が貧しい時代の流行と異なり、成熟して豊かな時代に起こった流行だからこそ、消費者が本当に欲しい商品を反映していると思う」

八〇年代のレトロブームは、古い人には懐かしく、若い人には新しいことが理由とされていた。しかし九〇年代は古い商品が「良い」という理由が目立つ。消費社会が行き詰まり、身のまわりに情報があふれる現代、本当に良いものは何かをみんなが模索した結果、時代を超えて評価されてきた商品に目が向いたという理屈だ。

おしゃれな若者、おたくの新人類、おとなの中高年がそれぞれ「良いもの」を追求して進んでいったら、全員が同じ出口に行き着いた。それが昭和三十年代や四十年代の文化だったというストーリーが、ここにできあがっている。何年代のものだから良いということではなく、良いものがその時代のものだったということである。

そして昭和は集合的記憶になる

九〇年代のレトロとノスタルジーは、バブル崩壊後の社会状況と絡めて分析されることが当時から多かったし、現在でもそれがもっとも分かりやすい理解の仕方だろう。閉塞した時代が過去への憧憬を生み出すという理屈は筋が通っている。

バブル期にも錆びついたホーロー看板や時間が止まったような古いビルはあったが、創造と破壊の激しい躁状態の中で、足を止めてそれらのたたずまいに目を向けたのは一部の人々にすぎなかった。誰もがそこに目を向けるようになったのはバブル崩壊後の社会状況ゆえであるという主張は、私も間違っているとは思わない。

しかし、それだけで説明できる現象ではない。七〇年代から連綿と続くレトロカルチャーが九〇年代に入って成熟し、安定的な需要と供給を生み出し、文化としての輪郭を整えたという流れが一方で存在する。七〇年代と八〇年代は数年ごとに章を分けて記述しなければならないほど動きが細かかったが、九〇年代をひとつの章だけで記述できるのは、それだけ事態がゆっくりと、安定的に推移したからだ。安定した流れの中で、時代や世代のディテールを超えて、ざっくりとした「古き良き昭和」という記憶のかたまりが形成されていった。

昭和が遠ざかっていき、誰にとってもひとしく過去になっていく状況の中で、思い出の個別性・多様性は少しずつ失われ、ステレオタイプな昭和イメージがだんだん支配的になっていく。そのプロセスは、文字メディア、映像メディア、商品、店舗、展示施設、街づくりなど、多様な経路を通じて実行された。

とりわけ、旺盛に消費する若者世代は、一九六〇年代と一九七〇年代、昭和三十年代と昭和四十年代の違いについて上の世代ほど敏感ではなく（分別はつくが）、積極的に時代を超える感性を発揮していた。彼らはまた、古いものに新しさを感じるだけでなく、懐かしさや良さを見出すことで、世代の境界線も溶かしていったように感じられる。

こうして、本来「昭和」というくくりは戦前から戦争、闇市焼け跡までを含む言葉であるにもかかわらず、そこからネガティブな要素を消去して、なんとなく古き良き感じのものだけを指す概念としての、ざっくりとしたかたまりの昭和が生み出されていったのである。この流れはゼロ年代前半にさらに強まり、二〇〇五年に「ＡＬＷＡＹＳ」を生み出して、スタンダードな歴史観へと昇華していく。

二〇〇〇年代以降

第10章　集合的記憶化する昭和
――昭和レトロブーム

スリーオーから昭和ノスタルジーへ

この章では、二〇〇〇年から二〇〇五年の前半まで、つまり映画「ＡＬＷＡＹＳ　三丁目の夕日」の公開（二〇〇五年十一月五日）までのできごとを考える。この時期は、一九八六年以来ふたたびレトロブームが起こったとされている。確かに雑誌記事を調べると、週刊誌や経済誌などターゲットの広い雑誌を中心に、九〇年代よりも多くの関連施設・関連商品が取り上げられていることが分かる。

この時期のブームの呼称は一定しないが、ブーム終盤の二〇〇四年、漫才師の爆笑問題が『週刊プレイボーイ』誌上で五回にわたって「昭和レトロブームを考える」という記事を書いたことに合わせて、本書でも「昭和レトロブーム」と呼ぶことにする。八六年のレトロブームは大正時代のモダンや江戸情緒などを含んでいたが、今回は昭和三十年代と四十年代を中心にしたブームだったので「昭和」の語が頭につくということだ。

昭和レトロブームはもちろん九〇年代からの流れで起こったものだ。前章の最後では、「おしゃれ」「おたく」「おとな」のスリーオーが融合しながら、復元と復刻の流行を生み出したところで話が終わった。ゼロ年代前半はこの流れを引き継ぎ、それをより大きく育てていくかたちで展開する。二〇〇五年に近づくにつれて「懐かしの昭和」という巨大な集合的記憶が姿を現し、最終的に「ＡＬＷＡＹＳ」の制作と公開に到達する。

なぜ、どのようにそこに向かっていったのか。現在の昭和イメージを決定づける重要なゼロ年代前半のできごとを整理していきたい。

近くて懐かしい昭和展

二〇〇〇年七月二十九日から九月十七日まで、江戸東京博物館で特別展覧会「近くて懐かしい昭和展」が開催された。戦後昭和の街並みやさまざまなモノをテーマにした展覧会で、その後、約十年にわたり全国各地の博物館や百貨店の催事場で巡回展示されたものである。

社会学者・浅岡隆裕の聞き取り調査によると、この展覧会は映画会社・東映のプロデュース室に所属するＨ氏［註―筆者の調査では畑田公生氏］の企画によるもので、江戸博の前にもいくつかの百貨店で実施されていたという（浅岡隆裕「昭和30年代へのまなざし――ある展示会の表象と受容の社会学的考察」『応用社会学研究』四十六号、二〇〇四年）。

江戸博で図録として販売された冊子『近くて懐かしい昭和あのころ』〈図1〉は、展覧会の一年以上前の一九九九年四月に刊行されていて、関連する複数の展覧会で汎用されたと思われる。図録は次のようなパートに分かれていて、それぞれに懐かしい写真と簡単な解説がついている。

映画館／銭湯／たばこ屋／大衆食堂／ポップドール（ケロヨン、ペコちゃんなど）／写真館／オート三輪／路面電車／学校／給食のパン／遊び（フラフープ、メンコなど）／ブリキのおもちゃ／三種の神器／文化的なくらし（はえたたき、あんかなど）／自転車／薬／即席食品／お菓子

まえがきを書いている町田忍（一九五〇年生）は「庶民文化研究家」を名乗り、九〇年代前半から銭湯や食品ラベルに関する著作を発表していた。レトロ界隈で頻繁に名を見かけるようになるのは九七年ごろからで、ゼロ年代前半の昭和レトロブームのキーパーソンとなる人物である。彼のまえがきには次のように記されている。

「戦後、特に昭和四十年ごろからの急激な効率主義の結果、経済大国となったものの、それは

名ばかりのハリボテだったことに、バブル崩壊後、多くの人が気づいたのではなかろうか。すなわち、一見無駄のように思えた多くの事柄の中に、実は必要なものがあったのだったと。二十一世紀に向けて、何が最も必要かということに関してのヒントが、昭和三十年代にあるのかもしれない。さあ、そんな元気だった時代へ、タイム・スリップしてみよう」

この物言いは、古いものをシンプルに「良い」とみなす九〇年代の流れをくんだものだが、1章でみたような経済成長批判も垣間見える。バブル景気の終焉が高度成長の終焉と共鳴して、『三丁目の夕日』の世界観が呼び戻されたかのようだ。

図1：『近くて懐かしい昭和あのころ』(1999)

　こうした呼び戻しは、バブル崩壊後まもない九〇年代中盤から姿を現している。前章で取り上げたように、昭和三十年代をテーマにした新横浜ラーメン博物館（九四年開館）とナンジャタウン（九六年開館）では、バブル後の社会状況と直接結びつけてはいなかったものの、昭和三十年代を日本人の原風景としてとらえ、立ち戻るべき古き良き場所として位置づける姿勢がすでに見られていた。

「近くて懐かしい昭和展」のスタッフも同じ時期に活動を始めている。九五年には、同展プロデューサーの畑田公生が、昭和の都市や農村を復元したジオラマに人形作家・石井美千子（一九五三年生）の作品を配置した展覧会「昭和のこどもたち」を手掛けているし、町田忍は少年時代を詳細に回想した著書『昭和浪漫図鑑――私が原っぱの少年だったころ』を九八年に刊行している。昭和三十年代を古き良き日本人の原風景とみなす視点は、九〇年代中盤から後半に起源を持っている。

この展覧会はその後も巡回を重ねた。インターネットで見つけたものだけを列挙しても、米沢市上杉博物館（二〇〇二年）、東京新宿・小田急グランドギャラリー（二〇〇三年）、宮崎県総合博物館（二〇〇五年）、新潟三越、山口県立山口博物館（二〇〇七年）、北九州市立美術館分館（二〇〇八年）、香川県立ミュージアム（二〇〇九年）、酒田市美術館、山梨県立博物館、一関市芦東山記念館、川口総合文化センター・リリア（二〇一〇年）など数多い。ゼロ年代を通じて「近くて懐かしい昭和展」は基本フォーマットとして機能し続けたことが分かる。

台場一丁目商店街　――昭和的空間の流行

「近くて懐かしい昭和展」だけでなく、ゼロ年代前半には昭和をテーマにした店舗、アミューズメント施設、ミュージアムなどがいくつもオープンしている。オープンは九〇年代だがこの時期に脚

図2：台場一丁目商店街

光を浴びたものもある。

なかでも大々的に取り上げられたのは、二〇〇二年十月二十六日に東京・お台場の複合商業施設「デックス東京ビーチ」の四階にオープンしたミニテーマパーク「台場一丁目商店街」だった〈図2〉。その様子は次のように紹介されている。

「電信柱に掛けられた商店の看板や丸いポスト、街角には懐かしのスバル360［中略］古びた映画館には往年のスターのポスターが貼られ、民家の軒先から白黒テレビ［中略］オムライスやライスカレーなどが味わえるハイカラ食堂、駄菓子や江戸雑貨を扱う下町の老舗、中古カメラ店、ブリキのおもちゃ屋といったレトロな店から、有名ブランドを特売価格で売る洋装店まで、古今東西の品揃え」（「いま『60年代』がもてはやされる理由」『THE21』二〇〇二年十二月号）

その他の雑誌記事を拾うと、「昭和の駅を再現したエレベーター」「街頭テレビ」「無造作におかれたラビット（当時のスクーター）」「ピンボールなどが楽しめる遊技場」「昭和の香り漂う文房具」「美空ひばりの歌うジャズが流れ、ひばりのブロマイドやCDが売られているカフェ」など。開店間もない頃の週末の入場者は一日三万人とあり、かなり流行ったようだ。

商店街を企画した住商アーバンの担当者は「いま、日本は厳しい経済状況におかれ、誰しも疲れています。じゃあ、元気だったころはいつか」「自分の夢だったモノが現実に買えるようになった古きよき時代」「いま失われつつある家族の絆を取り戻せるような空間」といった言葉で意図を説明している（『THE21』前掲記事）。先行してオープンした新横浜ラーメン博物館やナンジャタウンの担当者と同じような言い方で、このような言い方がレトロ施設の企画の定型となっていたことがうかがえる。

台場一丁目商店街と似たコンセプトを持つ場所に、「横浜ワールドポーターズ」内に二〇〇一年春オープンした「ハイカラ横丁」がある。大阪市のウォーターフロントエリアにある「天保山マーケットプレース」内のフードテーマパーク「なにわ食いしんぼ横丁」は、昭和四十年ごろの大阪の街並みを再現したフロアに関西の名物店が軒を連ねるが、これも台場一丁目商店街とほぼ同時の二〇〇二年七月にオープンした。

なにわ食いしんぼ横丁はナンジャタウンと同じナムコ・チームナンジャが手がけた。このチームは二〇〇一年にも「横濱カレーミュージアム」と「ラーメンスタジアム」（博多）を企画している。二〇〇二年にはナンジャタウンの「福袋七丁目商店街」をリニューアルして「池袋餃子スタジア

図3：日之出食堂の店内（上）と入口（下）（画像提供：はすぴー倶楽部　http://www.hasupy.com）

ム」をオープンさせた。チームナンジャは昭和レトロブームの重要な仕掛け人になっていた。

こうした大型商業施設の他に、個別の店舗にも雑誌などでよく取り上げられるおなじみの存在があった。店内に昭和のポスターが張りめぐらされ、店の外は戦後昭和の下町の路地裏が再現された洋食店「日之出食堂」（東京・北青山、図3）、昭和三十〜四十年代の温泉街をイメージした飲食店が入ったスーパー銭湯「湯けむり横丁」（千葉市）、昔なつかしい学校給食を食べられる「ブラッスリー給食当番」（東京・新御徒町）、昭和三十年代の路面電車をモチーフにした内装の「ハイカラカフェー」（東京・白金高輪）など。

その他、テーマパーク、博物館、公園などさまざまな施設がメディアに取り上げられている。『週刊大衆』二〇〇三年九月一日号の特集「懐かしの昭和を愉しむ全国ユニークスポット40」で紹介されたすべての施設を表4にまとめた。

この中で最も注目されていたのは、大分・豊後高田市の「昭和の町」だろう〈図5〉。豊後高田市はシャッター商店街になりかかっていた街の再生事業を二〇〇一年に立ち上げ、昭和三十年代をコンセプトに選んだ。担当者は全国百か所を訪ね歩き、大資本が昭和三十年代を明確なコンセプトで採用していることに注目し、この流れがいずれ日本を覆い尽くすと確信、自らの企画に取り入れたという（「昭和三十年代　日本人の原風景」『ＡＥＲＡ』二〇〇三年四月十四日）。

二〇〇一年から毎年十店ずつリニューアルし、二〇〇二年には商店街の中に「駄菓子屋の夢博物館」がオープンした。懐かしい看板、当時のままの薬局、雑貨屋、おもちゃ屋などが点在する商店街は、年間二十万人が訪れる人気スポットになった（前掲『ＴＨＥ21』記事による）。昭和の町に

小樽運河食堂	
小樽交通記念館	北海道小樽市
田中酒造店	
北島三郎記念館	北海道函館市
戦中・戦後のくらし博物館	岩手県久慈市
昭和ミニ資料館	山形県高畠町
会津駄菓子資料館	福島県会津若松市
川越菓子屋横丁	埼玉県川越市
松戸市立博物館	千葉県松戸市
スーパー銭湯湯けむり横丁	千葉県千葉市
スタンドバー東京ブギ	東京都千代田区
レストランバーじゃぽね	東京都中央区
船の科学館青函ワールド	東京都品川区
台場一丁目商店街	
ラッキー酒場	東京都港区
ハイカラカフェー	
日之出食堂	
ナムコ・ナンジャタウン	東京都豊島区
荒川区立荒川ふるさと文化館	東京都荒川区
葛飾区郷土と天文の博物館	東京都葛飾区
葛飾柴又寅さん記念館	
珈琲屋らびっと	東京都板橋区
昭和レトロ商品博物館	東京都青梅市
日暮里駄菓子問屋街	東京都荒川区
江戸東京たてもの園	東京都小金井市
横浜ワールドポーターズ　ハイカラ横丁	
横浜ワールドポーターズ　ＨＡＴＯＢＡ横丁	神奈川県横浜市
新横浜ラーメン博物館	
20世紀懐かし博物館	神奈川県清川村
こどもの時代館	新潟県柏崎市
日本昭和村	岐阜県美濃加茂市
清水おもちゃ博物館	静岡県清水市
師勝町歴史民俗資料館	愛知県師勝町
ばんから横丁	滋賀県草津市
なにわ食いしんぼ横丁	
大阪くらしの今昔館	大阪府大阪市
滝見小路	
みろくの里	広島県福山市
昭和の町	
昭和ロマン蔵	大分県豊後高田市
駄菓子屋の夢博物館	

表4：懐かしの昭和を愉しむ全国ユニークスポット40（『週刊大衆』2003年9月1日号）　※所在地は当時の行政区分

図5：豊後高田・昭和の町

関する詳細は山口泰久「『昭和の町』による観光・商業の一体的振興」（『観光文化』二〇〇七年五月、日本交通公社）を参照。

このようにさまざまな施設・店舗がメディアで紹介されているが、すべてがこの時期にオープンしたわけではないので（たとえば「ブラッスリー給食当番」は九一年の開店）、ゼロ年代の空気だけで説明することはできない。ただし少なくとも、「いま昭和レトロが人気」というキャッチコピーのもとで多くの紹介記事が書かれたことは事実で、昭和レトロブームが到来しているという実感が、多数の事例とともに日本人に共有されつつあったことは確かだ。

商業施設の多くは、ステレオタイプな「昭和の路地裏」を雰囲気として帯びていたように写真から推測できる。図録『近くて懐かしい昭和あのころ』で列挙されたような、「レトロ要素」とも呼ぶべきアイコンがちりばめられている。木のゴミ箱と電柱、ホーロー看板、タバコ屋や駄菓子屋、豆腐屋のラッパの音、路地裏で遊ぶ子どもたちといった、都市郊外や地方都市のよくある風景をセレクトして詰め込んだ空間が、汚れやサビ、そして夕焼けといった演出でコーティングされていた。

こうした最大公約数的な志向は、ディテールをじっくり観察する博物館的な空間ではなく、一瞬で理解可能なざっくりした雰囲気づくりを重視する商業施設が主導していたからこそ好まれたと考えられる。分かりやすい空間に必須のベタなアイコンは、八〇年代のサブカル領域や九〇年代のスリーオー領域で山ほど検討され、優先順位がついた状態ですでに体系化されていた。いわば模範解答が存在する状態で、多数の商業施設がそれを引用しながら、戦後昭和のイメージの輪郭はどんどん太く、定番化していったのである。

復刻商品とレトロなおまけ

施設・店舗と並んで、懐かしい商品の復刻もさかんにおこなわれた。前章で述べたように九〇年代後半から続く流行だが、ゼロ年代に入っても勢いは衰えなかった。雑誌記事を整理すると、さまざまなジャンルの中でも食品と玩具の復刻が目立っていたようだ。

食品では、日清食品「チキンラーメン」が発売四十五周年記念に当時のパッケージを限定販売、大塚食品「ボンカレー」が昭和四十三年の発売当時を彷彿とさせるパッケージの新商品を発売、丸

図6：（左）学研電子ブロック EX-150復刻版（現在は販売終了）
（右）超合金「マジンガー Z」復刻版（© ダイナミック企画）

美屋「のりたま」が発売四十周年を記念して復刻版を発売、その他、新発売当時のパッケージを復刻した商品としてポッキー、プリッツ、グリコワンタッチカレーなどがある。日本酒やサイダーなどの飲料では味の再現もあったが、多くはパッケージの復刻だった。

玩具では、トミーが「トミカ」復刻版六種類を発売、学研が「電子ブロックＥＸ-１５０」を復刻販売、バンダイが「超合金シリーズ」を発売（第一弾はマジンガーＺ）、同じくバンダイが「バービー人形」復刻版を発売など。

「電子ブロックＥＸシリーズ」は学研が一九七六年から八六年まで販売していた子ども向けの電気実験キットで、トランジスタやコンデンサなどの電子部品が組み込まれた小さなブロックをさまざまに並べ替えることで、ラジオ、警報機、楽器などが作れるものである。

「超合金」とは、バンダイグループのポピーが製造販売していたアニメや特撮ヒーローものに登場するロボットのミニチュア玩具である。いずれも当時の少年に人気があったものだ〈図6〉。

電子ブロックの復刻版は学研「大人の科学」シリーズとして発売された。このシリーズは二〇〇一年七月から定期的に販売された科学実験キットで、「エジソン式コップ蓄音機」「磁界探知式鉱石ラジオ」などが話題になった。電子ブロックは二〇〇二年の発売である。「大人の科学」は好評が続き、二〇〇三年からは科学雑誌付きの体裁になった。

学研は学年別の学習雑誌『科学』を一九六三年に創刊し、昭和四十年代から五十年代にかけて科学実験キットの付録が小学生たちに人気を博した（大人の科学マガジン編集部『もう一度見たい！「科学」と「学習」』学研教育出版、二〇一〇年）。「大人の科学」シリーズの購入者は、少年時代に学研の雑誌を愛読していた四十代男性がメインだったようだ（「〝ノスタルジー市場〟盛況」『エコノミスト』二〇〇二年六月十一日号）。

復刻ではないが、近いアイデアに昭和風のおまけがある。江崎グリコは二〇〇一年に「タイムスリップグリコ」を発売。フィギュア制作の最大手・海洋堂に依頼し、鉄人28号、二十世紀の乗り物シリーズ、二十世紀のくらしシリーズ（三種の神器など）、ウルトラシリーズ、プロレスシリーズなどのフィギュアをつけた。昭和のヒット曲が入ったアナログレコード風のミニCDをおまけにしたこともある。おなじみのゴールインマーク（体操着姿の男性が両手をあげているマーク）も昭和二十年代のものを復刻させている。

その他、フルタ製菓「二十世紀漫画家コレクション」（デビルマン、鉄人28号、バビル2世などのフィギュアつき菓子）、江崎グリコ「学校のおもいで」（昭和五十年代の小学校の備品のフィギュアがお

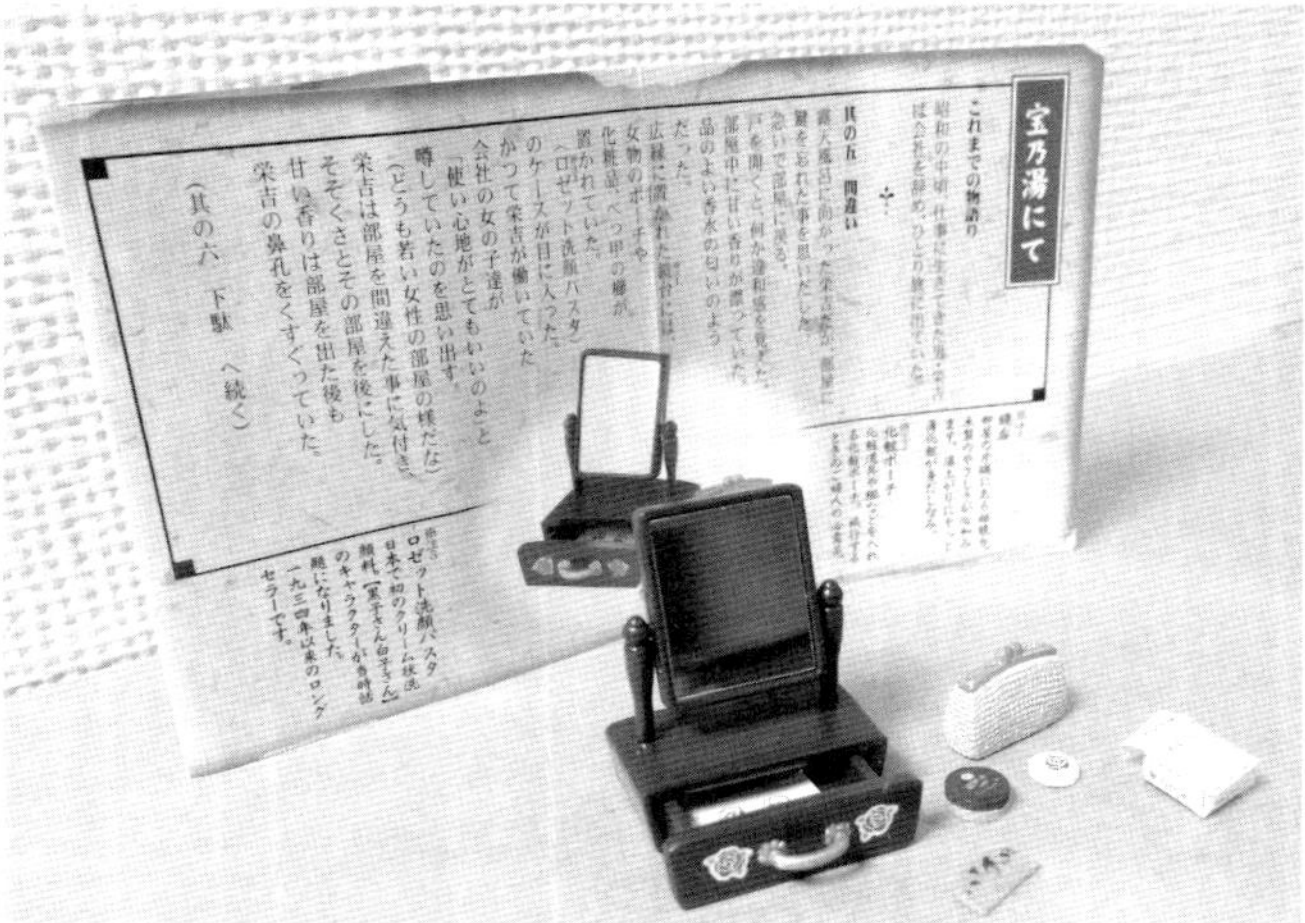

図7：（上）タイムスリップグリコ
（下）昭和おもひで温泉（いずれも筆者所蔵）

まけについたキャンディー）、タカラ「昭和おもひで温泉」（昭和三十年代の温泉宿にあった黒電話や宿帳などのフィギュアと、当時の温泉を題材にしたミニ小説をつけた入浴剤）などがある〈図7〉。

広告やプロモーションで懐かしのキャラクターを復活させる手法も九〇年代から引き続き見られる。現在でも使用されているサントリー・トリスウイスキーのキャラクター「アンクルトリス」は、二〇〇三年に二十二年ぶりに復活したものである。郵政省、千代田生命、シヤチハタ油性マーカーはキャンペーンにウルトラマンを起用した。パチンコ業界では、いなかっぺ大将、天才バカボン、巨人の星、あしたのジョーなどをテーマにした台を投入したという。

ちなみに、巨人の星とあしたのジョーは『少年マガジン名作セレクション　ジョー&飛雄馬』と題したムックとして、二〇〇二年五月より月二回刊で再発売された。

社会的な懐かしさの成立

このように、懐かし需要はビジネスチャンスとしてさまざまな業界で取り入れられたわけだが、商業施設や店舗がコンセプトを昭和三十年代に寄せ気味だったのに対して、復刻商品やおまけアイテムは昭和四十年代や五十年代のものを多く含んでいたことが分かる。

この時期のブームは、昭和三十年代をテーマにした台場一丁目商店街が強い存在感を放っていたのと、ブームの到達点である「ＡＬＷＡＹＳ　三丁目の夕日」の舞台が昭和三十年代だったことから、全体の印象としては昭和三十年代が中心だったように見える。しかし、じっさいは多様なものを含んでいた。何年代と限定せず、たんに「昭和」とくくられたケースも九〇年代と比べて明らかに増えている。昭和イメージはディケイドをともなわない（ともなうとしても形式的な）ざっくりとしたかたまりになって、時代を超えようとしていた。

さらに、昭和イメージは世代をも超え始めていた。本来、実体験を持つ世代だけが特定の時代のノスタルジーを享受でき、実体験のない下の世代はレトロかアナクロでしかその時代にアプローチできなかった。しかしゼロ年代に入ると、すべての世代が懐かしいという感情を共有できるようになっていく。

「『ワーッ、これ、知らないけど、懐かしい』女子高校生たちが意味不明なことをいいながら、駄菓子屋のおもちゃやレトロな包装の菓子に手を伸ばした」（「昭和三十年代　日本人の原風景」『ＡＥＲＡ』二〇〇三年四月十四日号）

これは台場一丁目商店街を取材した記事の一節である。ここまでデキすぎた事例は少ないにしても、「若い人には新しい」ではなく、「若い人にも懐かしい」と言うべき状況が訪れていた。もちろん、従来どおりレトロなものに新しさやおしゃれさを発見するような若者の動向もあり、それはポスト渋谷系的な音楽や、「レトロかわいい」と評される洋服（たとえばＡラインのワンピース、キャスケット、ポックリ靴、花柄）や雑貨など、若者のサブカルチャー領域で続いていた。しかし一方で、古い人と若い人の二元論ではなく、若者を含むすべての日本人に一元的に懐かしさが浸透しているかのような書きぶりの記事が出てきたことは注目に値する。たとえば次のような記事である。

「『時代には連続性があります。実際に触れた経験がなくても以前に存在していたのは知っているのです』（博報堂生活総研・大田雅和）。若い世代が生まれる以前のモノや空間に対し、新鮮さのみならず〝どこか懐かしい〟と感じるのは時代の連続性によるのだ」（「『昭和系』という〝懐かし力〟」『宝島』二〇〇二年九月十八日号）

立ち位置の異なる複数の世代が懐かしいという感覚を共有するのは容易ではない。しかしそれが実現しつつあった。ゼロ年代前半、「懐かしの昭和」は時代と世代の複数性を克服し、ざっくりとした大きなかたまりへと収斂していった。それは、昭和が遠い時代になってディテールが失われてきた結果であると同時に、九〇年代後半にスリーオーが互いに混ざり合い、昭和のモノやコトが「良い」という漠然としたプラスの価値によって統合されていったプロセスの続きでもある。

その先にあったのは、個人的な懐かしさを超えた、社会的な懐かしさともいうべきものの成立だった。社会的な懐かしさとはつまり、個人的な経験の有無や濃淡と関係なく、誰でも参加可能な一般的な懐かしさである。昭和の場合それは、「古き良きのんびりした時代」や「元気だった高度成長期」などを意味する。たとえば次のような話だ。

「『昭和30年代モノ』がヒットする要因とは、高度成長期、将来に希望を持ち、モノに夢を託せた時代へのノスタルジー」(「世代を超え『昭和30年代』が売れる理由」『エコノミスト』二〇〇三年一月二十八日号)

「今日より明るい明日を信じられた高度経済成長期の力強い息吹は、実は閉塞感のある今の時代にこそ必要とされている」(「〝ノスタルジー市場〟盛況」『エコノミスト』二〇〇二年六月十一日号)

「成熟した日本社会がホッと一息つける、憩いと安らぎ、潤いを得られるのがアナログ的な街並み」(「『昭和系』という〝懐かし力〟」『宝島』二〇〇二年九月十八日号)

これに対して個人的な懐かしさとは、シンプルに「自分の子ども時代」である。たとえば次のようなことだ。

「企業の第一線で活躍する企画マンの多くは30〜40代。彼らの子供時代への郷愁が『昭和30年代』モノの台頭につながっている」(「世代を超え『昭和30年代』が売れる理由」『エコノミスト』二〇〇三年一月二十八日号)

「高度経済成長期に子供時代を過ごした30〜40代は、大衆消費社会の洗礼を最初に受けた世代であり、消費する喜びを知っている。〔中略〕買ってもらえずに我慢を強いられた。その反動で大人になった今、自由になるお金を使って満たされなかった過去を買っている」(「なぜ今、レトロブームなのか?」『日経ビジネスアソシエ』二〇〇三年七月一日号)

「いま〝昭和30年代〟なのは、社会を動かす中心世代が40～50代だから〔中略〕中心世代が移れば40年代が美化されていくのでしょう」(「昭和ブーム『今年は何年代ですか?』」『サンデー毎日』二〇〇四年一月十八日号)

社会的な懐かしさと個人的な懐かしさは、世代によってはピッタリ合うこともあるが(たとえば団塊世代にとっての昭和三十年代や、無共闘世代にとっての昭和四十年代)、ズレていることもある。しかしなんとなく矛盾なく統合されている状態だった。そこに昭和三十年代というかんむりが付きやすかったのは、昭和三十年代のとりわけ後半は、牧歌的な暮らし(社会的な懐かしさに結びつきやすい)と新しいモノ文化(個人的な懐かしさに結びつきやすい)が両方あり、どちらにも対応できたからかもしれない。

昭和三十年代後半にはもうひとつアドバンテージがある。昭和はマスメディアを中心に情報が画一的で、みなが同じ番組を観て、みなが同じおもちゃにあこがれたというストーリーが比較的作りやすいので(もちろんじっさいはそうではなく、多様な少数者がいるのだが)、個人的な懐かしさを束ねて社会的な懐かしさに転化しやすい。とりわけ転化が起こりやすいのが、テレビの世帯普及率が五十パーセントを超え、「鉄腕アトム」などの連続テレビアニメが始まり、『少年マガジン』や『少年サンデー』などが人気になっていた昭和三十年代後半だったのではないか。

この時期が社会的な懐かしさと個人的な懐かしさの交錯しやすい地点である証拠になるかどうか分からないが、当時小学生だった世代は、自らの子ども時代をつづったエッセイ(個人的記憶)が

いた。少年探偵団ごっこにあき始めた頃、ぼくらは一八〇度転換して暗黒秘密X団を結成し、様々な陰謀を企むことになったのだ。

秘密基地は工事中の橋の下に設けられ、ぼくらは秘密の道路を通ってそこへもぐり込んだ。武器がたくわえられ、暗号が決められた。一〇円のサングラスとハンカチのフク面が制服とされ、タナ変わりの鉄板の上にはドクロマークのレッテルをはった色水のビンが並べられた。博士には秘密の実験が命ぜられた。彼は乾電池をこわして中の黒い物を取り出し広口ビンに入れ、上からオキシフルをそそいだ。ブクブクと奇怪な泡がたち始めた。

怪人二十面相に扮装した幼かりし頃の著者（米沢）

ミイラ製造も始められた。カエルやフナの死体にホウタイが巻かれ、砂の中に埋められた。そして、ロボット製造の計画が進められることになったのだ。ダンボール箱が集めてこられ、ワリビョウやセメダイン、クレヨン等を使って、人の入れる殺人ロボットが少しずつ完成に近づいていった。

ぼくらはそういった計画を進めつつ、陰謀を企んだ。

227　第7章　冒険と闘いのたた中へ

2　十文半の運動ぐつからスニーカーへ

【アップ・シューズ】

幼稚園に入るまでの日常的な履き物は「下駄」であった。それは当時の写真からも知ることができる。もちろん足袋使用だ。下駄には色が塗られて飛行機などの絵が入っていた。

幼稚園入園（昭和三十年）後は、「前ゴムぐつ」というU字型のゴムが入り、そこに名前を入れるようになっているくつを履いていた。色はせいぜい黒か白であった。

小学校高学年になるにしたがい、ヒモ付きのくつに変化していった。白や、白黒のツートンカラーの運動ぐつを履くようになった。

六年生のころになると「アップ・シューズ」が流行った。白い色で底が約二、三センチの厚いスポンジになっていた。歩くときに体がフワフワする感じで楽しかった。最近また、この手の厚底シューズが流行っている。

この時期のくつ業界の背景を、当時の新聞記事で知ることができる。

「一口に運動ぐつといっても中身は多種多様。お

昭和29（1954）年ころの私（右）。下駄を常用していた。左側は近所の布団屋の遊び仲間。この写真はカラーで撮影したが、当時カラーフィルムは高価だった。

図8：ノスタルジー本の著者の写真。（左上）森まゆみ、（右上）米沢嘉博、（左下）なぎら健壱、（右下）町田忍

そのままノスタルジー本（社会的記憶）として通用する傾向がある。町田忍（一九五〇年生）『昭和浪漫図鑑』、森まゆみ（一九五四年生）『昭和ジュークボックス』、そして古くは米沢嘉博（一九五三年生）『2B弾・銀玉戦争の日々』、なぎら健壱（一九五二年生）『下町小僧』などがそうだ。

これらの本に共通するのは、自らの子ども時代の写真を挿し絵や表紙にしていることである〈図8〉。無共闘世代や新人類の著書ではあまり見られないものだ。彼らは、個人の記憶と社会の記憶が共鳴するモデルとして存在していたように思われる。

こうして時代と世代を超えた社会的な懐かしさが成立したことで、国民全体で共有する昭和の記憶、社会学でいうところの集合的記憶が生まれる条件は整った。とはいえ、なぜ、どのように社会的な懐かしさは成立しえたのか、そのメカニズムがまだはっきり見えていない。もう少し踏み込んで考えてみたい。

社会的な懐かしさの四つの背景

社会的な記憶の成立には、世代を超えて懐かしさが共有されることと、時代を超えて昭和というかたまりが形成されることの両方が必要である。そこには少なくとも四つの背景が影響を与えていたと考えられる。

1　昭和系コンテンツの幅広い戦略

第一の背景は、この時期の昭和系のコンテンツがそもそも、世代と時代を超えることをあらかじめ戦略に組み込んでいたことである。

「台場一丁目商店街の想定は昭和30年代だが、ＢＧＭとしてあえて40年代のアニメの主題歌などを流している。〔中略〕時代考証にこだわるよりも、多くの人が聴いて懐かしいと思う曲を選んだ」〔筆者註─館長談〕（「レトロ・リバイバルWhat's Going On」『日経トレンディ』二〇〇三年五月号）

「本物の『昭和30年代』ではなく、あくまでも団塊ジュニア世代がイメージする、古き良きオシャレな30年代を演出して『スタンド・バー　東京ブギ』『渋谷ハイカラ食堂』などの飲食店を展開するのが〔中略〕東京アール・ビー商事」（「世代を超え『昭和30年代』が売れる理由」『エコノミスト』二〇〇三年一月二十八日号）

また、社会学者の稲増龍夫（一九五二年生）は次のように述べる。

「若者の間では、だいたい10年ごとに、60年代や70年代を対象としたレトロブームが起きてきたが、それらは常に先端を行く若者文化のすき間を補完するものでしかなかった。ところが、最近は、文化が成熟して新しいものが出てこなくなるうちに、レトロが他の文化と対等な選択肢の一つになった。そこへ、昭和30年代の主役だった団塊の世代が若者に見せるための文化として、昭和レトロブームを仕掛けた」(「なぜ若者まで『郷愁』? ブームから文化に」『読売ウイークリー』二〇〇五年十月三十日号)

懐かしいと定義された空間に若者を誘い込み、懐かしさをある意味で錯覚させることを「仕掛けた」さまざまな工夫が施されていた。新品よりも色あせやサビの進んだアイテムを配置したり、夕焼けやセミの鳴き声などの思い出風味を醸し出しやすい演出を施したりなども、同様の工夫に位置づけられるだろう。こうして若者は、昭和の懐かしさを自分のことのように疑似体験できたのだ。

2 家庭での世代間交流

第二の背景は、家庭での世代間交流と情報共有である。たとえば次のようなことだ。

「母親たちが子供の頃に流行った商品やキャラクターにも家庭で自然に接している。[中略] その子にとっては水森亜土も『現在』」(「なぜ今、レトロブームなのか?」『日経ビジネスアソシエ』二〇〇三年七月一日号)

水森亜土は七〇年代を中心に人気を博したイラストレーターで、壁のように立てた大きな透明アクリル板に歌いながら絵を描くパフォーマンスで茶の間の人気者になった。彼女の描く女の子のイラストなどが、ゼロ年代にリバイバルされ話題となっていた。

ゼロ年代の若者の親世代はおもに無共闘世代や新人類である。彼らは大人になっても子ども時代の文化を愛し続けた。若者文化と親世代の文化が地続きになり、親子の文化的な分断が小さくなりつつあったこの時期、親が好む文化に子どもが慣れ親しむのは日常的なことだった。世代を超えて昭和に対する感情を共有できる強力な回路は、家庭の中にあったのである。

親が子どもとの文化交流にそこまで積極的でなかったとしても、家庭という場には世代と時代を超えるきっかけがさまざまに用意されていた。昭和時代に買った古いレコードやマンガ、レトロなデザインの家電製品などが残っていて、息子や娘が幼少期にそれらに触れていれば、彼らが成長した後、その接触経験がそのまま彼らにとってのノスタルジーになる。同じ理屈として、幼少期にテレビの再放送で昭和の番組を観ていれば、それも成長後に彼ら自身のノスタルジーになるのである。

もちろん、家庭とは本来そういうもので、世代と時代を超えていくための広いのりしろが用意されているのは昔からそうである。しかし、キープオン世代が親になり、そこに昭和レトロブームの強い刺激が加わったことで、のりしろの広さがより感じられやすくなったと言えるだろう。ここにきてキープオンの精神が活きてきたということだ。

3　昭和アイコンの汎用性

第三の背景は、昭和を感じさせるアイコンの守備範囲の広さ、汎用性である。たとえば駄菓子屋や路地裏は昭和三十年代だけでなく四十年代にもあったし、地域によっては平成以降にもあるから、多くの人にとってノスタルジーになりうる。

私は勤務先の大学の授業で「ＡＬＷＡＹＳ　三丁目の夕日」を見せるのだが、授業後の感想文にしばしば、自分が育った地元にも駄菓子屋や子どもの遊ぶ路地裏があり、ふつうに懐かしいと述べられている。外で思い切り駆け回って遊び、疲れた頃に母親の「ご飯よー」という声が聞こえてくる、そのときの鮮やかな夕日が懐かしくて忘れられないという感想もあった。平成生まれの若者の話である。

身のまわりに家電製品やマンガがあり、お菓子やおもちゃがあって、近代的なビルが立ち並ぶ都市化した街の風景に囲まれた今日の環境は、さかのぼっていくと昭和三十年代から四十年代に行き着く。だからそこに、自分のルーツであるかのような感覚を持つことがありうる。爆笑問題の太田光《ひかり》（一九六五年生）は雑誌記事で次のように述べている。

「世代を超えてみんなが思い浮かべるレトロな感じの最大公約数が昭和40年代なんじゃないの。記号としての古きよき時代が昭和のそのへんだっていう。〔中略〕『昔』っていう言葉の持つイメージが結局はそのへんだからね。〔中略〕今あるものの原型が出そろったのがそのくらいの時期だったからかなぁ」（「爆笑問題の今を生きる！（第五十五回）昭和40年代ブーム」『週刊プレイボーイ』二〇〇二年十月八日号）

こうした感覚は大正時代や明治時代には感じられず、戦後昭和だけに抱くものだ。現在と過去が同じだったり似ていたりすることで、実体験の有無にかかわらず懐かしさを喚起しやすい状態がつくられるのである。

もうひとつ重要なのは、現在と過去が同じようなアイコンを共有しているのと同様に、昭和三十年代と昭和四十年代も同じようなアイコンを共有していることだ。次章で述べるが、昭和三十年代をテーマにした「ＡＬＷＡＹＳ　三丁目の夕日」と、昭和四十年代をテーマにした「クレヨンしんちゃん　嵐を呼ぶ　モーレッ！オトナ帝国の逆襲」（二〇〇一年）には、昭和を表現するための細かな設定に多くの共通点がある。街角のタバコ屋、木の電柱やゴミ箱、活気あふれる商店街、夕方の街に漂うカレーの匂い……どちらのディケイドにも有効な昭和のアイコンである。

こうした汎用アイコンを通じて、昭和三十年代、四十年代、そして現在が一連のものとして認識され、懐かしの昭和という大きな記憶の形成が可能になる。汎用的な昭和アイコンは、八〇～九〇年代のサブカル領域で世代間交流ツールとしてすでに発見されていたものだが、ここにきて社会的な懐かしさの形成に重要な役割を果たすことになった。

4　昭和文化の記述と整理の積み重ね

第四の背景は、これまでの章で書いてきたことそのもの、昭和文化の記述と整理の長い積み重ねに他ならない。とりわけキープオン的な活動が、昭和イメージを全世代的・全時代的に共有するために大きな意味を持っていた。

これまでみてきたように、キープオンは自ら体験した昭和四十年代文化だけではなく、幼少期で記憶の薄い昭和三十年代文化も同じようにデータベース化してきた。それがここにきて強い効力を

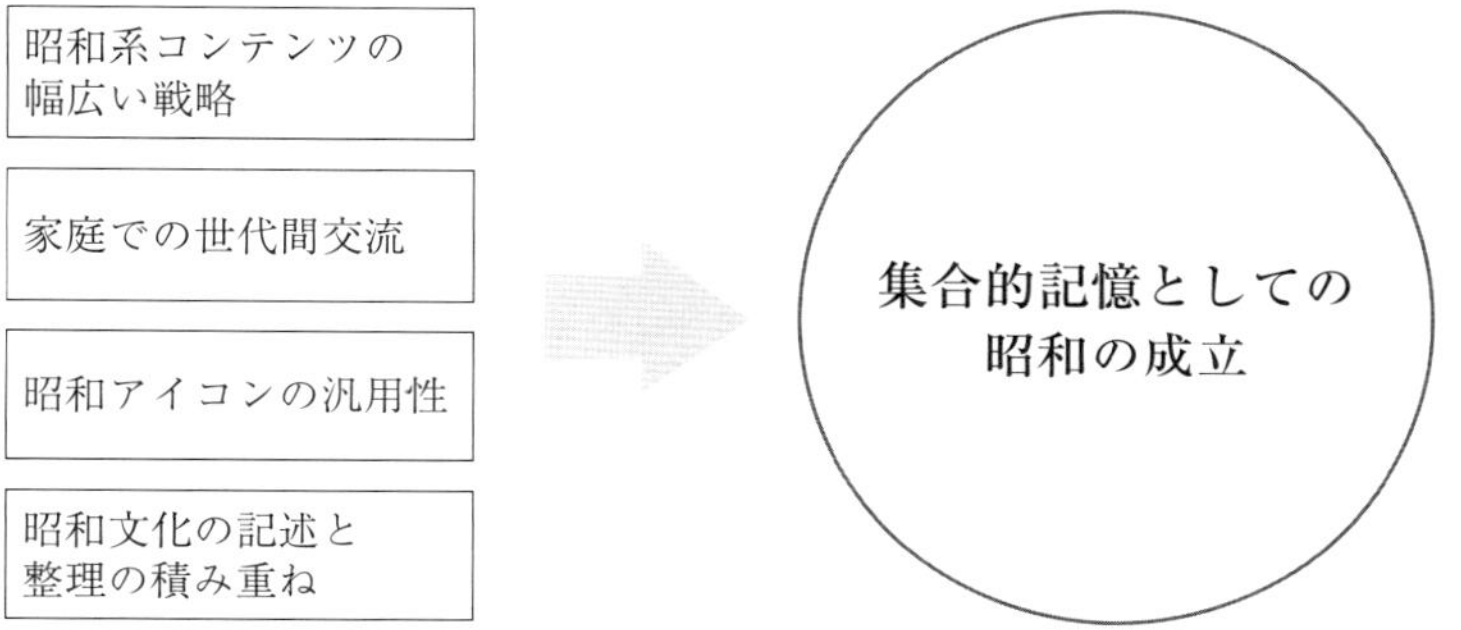

図9：集合的記憶の四つの背景

発揮してきた。この作業に団塊世代はあまり関わっておらず、作業はもっぱら下の世代が担った。昭和三十年代と四十年代を同じ方法論で資料化し、懐かしさを喚起するアイテムをていねいに整理して、現物のコレクションを構築してきた意味はきわめて大きい。

子ども文化といえばこれ、街の風景といえばこれ、テレビ番組といえばこれ、というように、昭和文化を表現する方程式のようなものが徹底的に用意されていた。ゼロ年代の文化生産者の多くがその方程式を用いたからこそ、ブレがなく、輪郭の太い分かりやすい昭和イメージを容易に共有することが可能だった。

昭和レトロブームの参照点は、昭和三十年代や昭和四十年代そのものにあるだけでなく、それを整理した一九八〇～九〇年代のキープオン活動にもあった。「ＡＬＷＡＹＳ」の監督・山崎貴が映画の舞台となった昭和三十三年には生まれていなかったという事実も、このことに関係しているだろう。一九六四年生まれの山崎は、ひとりの新人類として、キープオンたちのサブカルチャー活動の受け手だった。このことは次章で詳しく考える。

昭和系コンテンツの幅広い戦略、家庭での世代間交流、昭和アイコンの汎用性、昭和文化の記述と整理の積み重ね。四つの背景が互いに関連しあいながら、懐かしの昭和は国民的に共有される集合的な記憶へと昇華していったのである〈図9〉。

保たれていた多様性

とはいえ、昭和の記憶のすべてが集合的なもの一色に塗りつぶされたわけではない。こしあんのようにベッタリと一様ではなく、つぶあんのように過去の文化実践のかたまりがあちこちに残った状態で集合化されていた。昭和三十年代だけでなく、昭和四十年代や一九七〇年代のノスタルジーもあったし、アナクロキッチュなテイストの面白がり方も減ってはいたが確認できる。その周辺にはレトロな柄やシルエットの服、レトロ雑貨などを愛する女性の文化も広がっていた。

昭和の集合的記憶は、昭和三十年代ノスタルジーの強力な軸と傘のもとに編成されたけれども、それはなだらかに広く分布し、サブカルチュラルな粒をあちこちに残していた。この時期の昭和レトロ本を並べてみると、「ALWAYS」へとつながる「懐かしいあの頃」的な本だけでなく、昭和四十年代を中心とした本や、おたくのサブカルノリが色濃い本が点在している。

前章に登場したテレビ史家の岩佐陽一は、九〇年代の著書を文庫化して再発売する一方で、『青春「昭和アイドル」大図鑑』（二〇〇三年）など新人類向けのテレビノスタルジー本を引き続き発表していた。他にも、特撮ヒーローや怪獣に造詣の深い堤哲哉（一九六〇年生）の『僕らのスーパーヒーロー伝説――昭和40年代アニメ・特撮ヒーロー大研究』（二〇〇二年）、昭和四十年代の少年少女雑誌の広告ページを美しいカラー印刷でまとめた、おおこしたかのぶ（一九六一年生）編『ちびっこ広告図案帳』（一九九九年）と『ちびっこ広告図案帳70's』（二〇〇三年）、映画評論家・品川四郎（一九六一年生）らが編集した『別冊映画秘宝 vol.1 吹替洋画劇場』（二〇〇三年）などいくつも例がある。

これまで少なかった女性の書き手による書籍も顔を出し始めた。宇山あゆみ（一九六九年生）による、少女時代に親しんだ生地や紙のプリントデザインを図解した『想い出プリント大百科』（二〇〇四年）、少女マンガ評論家・収集家の鈴木めぐみ（一九六四年生）による自分史的な少女マンガ名作案内『うれし恥ずかしなつかしの少女マンガ』（二〇〇五年）など。

一方、「ALWAYS」的な失われた昭和への追慕を全面に押し出したノスタルジー本には、戦前・戦中生まれの著者が多くいることに注意したい。たとえば次のような本である。

正井泰夫（一九二九年生）監修『昭和30年代　懐かしの東京』（二〇〇一年）
清水　勲（一九三九年生）『古きよきサザエさんの世界』（二〇〇二年）
加藤嶺夫（一九二九年生）『東京の消えた風景』（二〇〇三年）
藤岡和賀夫（一九二七年生）『懐かしい日本の言葉ミニ辞典』（二〇〇三年）

布川秀男（一九三一年生）『もう取り戻せない昭和の風景〔東京篇〕』（二〇〇四年）
天野洋一（一九三五年生）撮影『都電懐かしの街角』（二〇〇四年）
持田晃（一九三四年生）『東京いつか見た街角』（二〇〇五年）
周　達生（一九三一年生）『昭和なつかし博物学』（二〇〇五年）
松平　誠（一九三〇年生）『駄菓子屋横丁の昭和史』（二〇〇五年）

四人目の藤岡は1章で取り上げた国鉄のキャンペーン「ディスカバー・ジャパン」のプロデューサーである。マンガ『三丁目の夕日』は、藤岡の作った漠然としたふるさとイメージとは違うニューノスタルジーだったと1章で述べた。しかしその後、戦前・戦中生まれと団塊世代との距離は、『サライ』のような「おとな」カルチャーの中で少しずつ縮まっていったように思われる。もともと、団塊世代のすべてが「ぼくたちの世代」のように上の世代と闘争していたわけではないし、同じ中高年として感性を共有するところは大きかったはずだ。世代を超えたのは若者だけではなく、団塊世代とその上の世代の間でも起こっていたことだ。

世代の融解にはもうひとつ例がある。河出書房新社が二〇〇〇年から定期的に刊行した書籍『らんぷの本』シリーズは、ゼロ年代のノスタルジー本の中でひときわ存在感を放っているものだが、多様な世代の著者が多様な時代を扱っている〈図10〉。これらの本が同じ判型と似たような装丁で並ぶさまは、この時代の昭和の記憶が時代と世代を超えて集合化し、なおかつサブカル時代の名残を粒として残していることを、視覚的に訴えかけてくる。

図10：『らんぷの本』シリーズ（筆者の書棚撮影）

集合化しつつも多様性が保たれている絶妙なバランスは、「ＡＬＷＡＹＳ」後の昭和ノスタルジーブームにも引き続き見られる。そしてそれこそが、昭和ノスタルジーの本質を見抜く最大のカギになっている。詳しくは次章で明らかにしたい。

映像アーカイブの時代

次の章に行く前に、ゼロ年代前半のトピックをふたつ補足しておきたい。ひとつは過去の映像コンテンツに対するアクセシビリティが飛躍的によくなったこと、もうひとつは一九八〇年代ノスタルジーの発生である。

ゼロ年代前半は、九〇年代後半にス

タートした「スカイパーフェクTV！」などのCSデジタル放送の普及が進んだ時期だった。さまざまなチャンネルがある中で、「ファミリー劇場」「チャンネルNECO」「東映チャンネル」「日本映画専門チャンネル」などではさかんに昭和時代の映画やドラマを放映した。また、日本テレビが運営する「G+ SPORTS & NEWS」が昭和の巨人戦の映像を流すなど、手持ちの古いコンテンツの活用もよく見られた。

地上波放送でも、過去の映像コンテンツをたんなる再放送ではなく番組企画として取り上げる動きが見られた。代表的なのは二〇〇〇年四月に始まった「NHKアーカイブス」だろう。毎週日曜日の夜に、NHKがフィルムやビデオテープを保管していた（または新たに発掘した）過去の番組を解説つきで放送するものだった。

NHKでは一九九五年から九六年にかけて、二十世紀の世界史をテーマにした「映像の世紀」シリーズ（アメリカABCとの共同取材）を、九九年から二〇〇〇年にかけて、四十七都道府県の歴史をつづる「日本映像の二十世紀」シリーズを制作している。「日本映像の二十世紀」は、制作にあたり家庭に眠るフィルムの発掘調査を大々的に実施していて、過去の映像を発掘・保存・公開する意識の高まりは九〇年代から生まれていた。ゼロ年代になってそれが「NHKアーカイブス」として花開いたのである。

NHKは番組「NHKアーカイブス」を放送する一方で、二〇〇三年二月に同名の施設を埼玉県川口市にオープンしている。過去のテレビ番組を一般に閲覧できる施設には横浜の放送ライブラリーがあったが（NHK・民放合同、一九九一年開館）、NHKアーカイブスは自らのテレビ・ラジオ番組に特化して公開範囲を大きく広げるものだった。

「アーカイブ（ス）」という言葉が広く知られるようになったのはおそらくこの頃である。この時期、放送アーカイブの充実は同時多発的に起こっていた。二〇〇〇年十月には放送ライブラリーが「横浜情報文化センター」内に拡大リニューアルオープンしているし、二〇〇二年十二月には、吉田秀雄記念事業財団が電通銀座ビル内で小規模におこなっていた広告物の展示を大幅に拡大した「アドミュージアム東京」を汐留にオープンしている。

ミュージアムや図書館ではデジタルアーカイブの議論が本格化していて、資料のアクセシビリティを高める施策が次世代の段階へと進展しつつあった。一般のレトロ好きたちが情報やファイルをウェブ上で交換する動きが始まるのも、同じくゼロ年代の前半からである（詳しくは次章）。インターネットとデジタル技術の発展は、ゼロ年代における昭和の記憶の成り立ちを考えるうえで無視できない。

ＮＨＫが活発にアーカイブ活動をおこなう一方で、民放では番組改編期に懐かしの映像をテーマにした特番を放送することがしばしばあった。たとえば二〇〇二年九月二十九日（日）のテレビ朝日では「決定日本のベスト１００　涙と感動の…アニメ最強の名場面１００選」という特番が放送されている。私はこの種の特番を山ほど観た記憶があったのだが、テレビ欄を調べてみるとそれほど頻繁ではなく、内容もドラマやアニメの名場面、主題歌などに偏っている。

八〇年代ノスタルジーの発生

一九八〇年代を懐かしむ書籍や雑誌記事は九〇年代にまったくなかったわけではないが、「'60年代'70年代'80年代…『女性デュオ』はいつだって人気者だった！」（『女性自身』一九九六年十二月十七日号）、「60～80年代　あのアニメ、コミックで胸を焦がした懐かしヒロイン大行進！」（『宝島』一九九七年十月二十九日号）など、他のディケイドとセットで扱われる場合がほとんどで、テーマもアイドルやヒロインに限られていた。唯一単独で取り上げたのは「バックトゥ80年代　懐かしアイドル大発掘！」（『宝島』一九九七年二月十九日号）で、これもアイドルである。

ゼロ年代に入ると八〇年代を懐かしむ記事の量が増え、ジャンルも多様になる。

「'80年代が刺激的」『ELLE JAPON』二〇〇〇年十月号

「今だから、'80年代を知りたい」『Men's non-no』二〇〇一年三月号

「80年代的パラダイス・グッズよ、いまこそ復活だ」『サイゾー』二〇〇二年五月号

「私たちの時代がブームです'80年代回帰現象を追え！」『Grazia』二〇〇三年八月号

「ぼくたちの'70年代～'80年代」『週刊大衆臨時増刊』二〇〇四年十月十七日号

「『ぼくたちの時代』大研究　80年代カルチャーの考古学」『週刊ポスト』二〇〇五年六月三日号・六月十日号

流行のサイクルがめぐって、八〇年代がそろそろ「寝かせ頃」にハマってきたことを思わせる。

書籍は少数だが、たとえば別冊宝島『80年代ガキ大全』（二〇〇四年）は当時子どもだった俳優、お笑い芸人、スポーツ選手などの思い出語りをテーマ別にまとめたものである。『懐かしの80年代にどっぷりつかる本』（二〇〇四年）は七つのセクションに分けて八〇年代のできごとや流行をひたすら列挙するもの〈図11〉。各セクションのタイトルは次のとおり。

(1) なめ猫、デカラケ、ＤＣブランド……みんなやってた！　持っていた！　80年代のブーム・流行

図11：『懐かしの80年代にどっぷりつかる本』（2004）

(2)　大映ドラマから、オールナイトフジまで！　夢中で観ていた80年代のテレビ・ＣＭ
(3)　聖子に明菜にたのきんにおニャン子……本当に輝いていた80年代のアイドルたち
(4)　逆噴射！　ロス疑惑！　キツネ目の男！　目が離せなかった80年代の事件・事故
(5)　ルービックキューブも、システム手帳も！　買った、遊んだ、食べていた80年代のヒット商品
(6)　テクノに洋楽、ＳＦ映画……あのころの記憶が甦る80年代の音楽・映画
(7)　ファミコン、ガンダム、アラレちゃん！　夢や友情を教わった80年代のゲーム・マンガ・アニメ

八〇年代ノスタルジーはゼロ年代後半も続くが、あまり活性化しなかった。その原因は次の章で考える。

第11章 「懐かしの昭和」の完成 ――「ALWAYS 三丁目の夕日」とその後

「ALWAYS 三丁目の夕日」

二〇〇五年十一月五日、「ALWAYS 三丁目の夕日」が全国の映画館で公開された〈図1〉。製作に関わった読売新聞と日本テレビが積極的に宣伝した効果もあって話題になり、観客動員が大きく伸びてロングランとなった。第二十九回日本アカデミー賞では最優秀作品賞、最優秀監督賞（山崎貴）、最優秀主演男優賞（吉岡秀隆）など十二部門を受賞し、話題性だけでなく作品自体が高く評価されている。

公開前日の読売新聞夕刊に掲載された広告には、次のようなキャプションが添えられていた。

図1：「ALWAYS　三丁目の夕日」パンフレット表紙（上）と裏表紙（下）

「東京タワーが建設中だったあの頃、携帯もパソコンもＴＶもなかったのに、どうしてあんなに楽しかったのだろう。気持ちよく笑って、泣ける、傑作の誕生です」（読売新聞二〇〇五年十一月四日夕刊）

この短い文章の中に、「現在との対比」（携帯もパソコンもＴＶもなかった）と「古き良き昔」（どうしてあんなに楽しかったのだろう）という、昭和ノスタルジーの基本となるふたつの要素がしっかりと入っている。その後の反応もこのふたつの要素が中心になっていた。

「『今の日本は豊かになったが、幸せになったのだろうか』という思い／誰に頼らなくても一人で生活できる時代だからこそ、失われてしまったものがある／人と人がもっと触れ合い、思いやりの心がもっと伝わる社会」（読売新聞二〇〇五年十一月十五日投書より抜粋）
「リストラに若者の就職難、将来の年金不安——今の日本は明日を信じられないことばかりだ。昭和三十年代を懐かしむ心。その奥には、明日の豊かさを素直に信じられた時代への郷愁が潜んでいるのかもしれない」（読売新聞二〇〇五年十一月二十一日、解説部・三浦潤一）

安倍晋三（一九五四年生）が総理大臣就任直前に発表した著書『美しい国へ』（二〇〇六年）にもこの作品への言及があり、「いまの時代に忘れられがちな家族の情愛や、人と人とのあたたかいつながりが、世代を超え、時代を超えて見るものに訴えかけてきた」（二百二十一頁）とある。昭和三十年代に対する郷愁・追慕の語り口が「ＡＬＷＡＹＳ」を通じてより確かなものになり、日本全体に共有される気分となっていった。

映画「ＡＬＷＡＹＳ　三丁目の夕日」は、原作『三丁目の夕日』の初期のエピソードを組み合わせながら、オリジナルの展開を肉付けして構成したものである。

鈴木オートの向かいで駄菓子屋を営みながら児童小説を書いている茶川龍之介は、原作ではサブキャストだが映画では主人公となった。近所の飲み屋の女将・ヒロミが、預かっていた友人の息子・淳之介を茶川に押し付け、茶川と淳之介の疑似家族的な生活が始まることから物語は展開する。茶川とヒロミの実らぬ恋や、大金持ちの実父に淳之介を引き取られたあとの茶川の苦悩などが、感動的に描かれる。

一方の鈴木オートでは、集団就職で上京し住み込みで働くことになった女の子・六子を中心に別の物語が進行する。一生懸命働いてテレビや冷蔵庫などの家電製品を少しずつそろえながら、明日への希望を胸に生きる温かな家族が描写される。年末、実家から何の便りもないことを悲観して帰省したくないと泣く六子に、母・トモエが語りかけるシーンは感動的で、上映当時、私も例にもれずここで泣いた。授業で見せるときもこのシーンは危険なので目をそらすようにしている。

茶川家と鈴木家の交錯するふたつの物語が、どんどん背を伸ばしていく建設中の東京タワーをバックに繰り広げられるこの映画は、昭和ノスタルジーに決定的なブレイクと、ひとつの完成形をもたらした。それはもちろん映画の内容が素晴らしく、大ヒットしたからなのだが、その前提として昭和三十三年という時代の徹底した考証と現物調達、そして最新のＶＦＸ（ヴィジュアル・エフェクツ）技術によってディテールまで復元したことも大きい。

『女性セブン』二〇〇五年十二月八日号「〝泣ける昭和映画〟の見どころ、泣きどころ」から復元の実例をいくつか拾うと、都内のスタジオにテーマパークのようなセットを建設して商店街を当時の雰囲気のままに再現、エキストラたちの会話は当時の風俗を調べ尽くして書かれたもの、上野駅の駐車場のシーンでは全国から当時の車種を持っているコレクターに集まってもらった、テレビは昭和三十三年発売のナショナル製をコレクターから借りた、オート三輪もコレクターの所蔵品、新聞は読売新聞社の協力で当時のものを復刻、など。

個々のアイテムのディテールに極限までこだわり、ＶＦＸが描き出すまるで本物のような街の中に配置する。これが「ＡＬＷＡＹＳ」の大きなウリだった。ここまで大規模に当時を復元したのは稀有なことだったようで、その点を評価する記事がいくつも見られた。

書き換えられた記憶の再現 ――「ＡＬＷＡＹＳ」が目指したもの

監督の山崎貴は公開後にいくつかのインタビューに応じている。その内容を整理すると、一九六四年生まれの山崎を筆頭に、スタッフに当時を知る人がほとんどいない状況の中で、おもにふたつの工夫をしていたことが分かる。

第一に、当時を知る人に話を聞くこと。「当事者から〝当時はこうだったんだよな〟という話を聞いたら、即、次のシーンで取り入れた」「〝初テレビ〟体験をするエピソードは、当時を体験したプロデューサー（スタッフの中でもただひとりの貴重な人材！）の意見が生かされた」（『女性セブン』前掲記事）。「自分の両親を含めて、当時を知っている人から話を聞きました。楽しい時代だったんでしょうね！　みんないろいろ教えてくれるんです」（『ピクトアップ』三十七号、二〇〇五年十月）。

第二に、昭和三十年代の映画を参考にすること。「昭和30年代の映画は、参考にしようと思ってたくさん見ましたね」（『キネマ旬報』二〇〇五年十一月号）、「山崎は資料を調べ、58年前後に製作された映画を観て、時代の空気を読み、街を再現するための構想を練った」（『調査情報』二〇〇八年一・二月号）。

こうしてスタッフたちは、「知らないから調べる。すると当時の人々の生きるエネルギーを新鮮に思い、驚き、その感動がこだわりを生む」（『女性セブン』前掲記事）という信念のもとで製作を進めていった。その結果がディテールをきわめた昭和の復元であったのだ。

しかし山崎は、そうして作られた昭和三十年代が当時をそのままによみがえらせたものだとは考えていなかった。評論家・切通理作（一九六四年生）の取材に対して山崎は次のように述べている（切通理作「昭和ブームを支えるヴァーチャルな懐かしさ」『中央公論』二〇〇六年七月号）。

（映画に登場するダイハツミゼットは新品同様のものをあえて汚して使用したという話に続いて）「僕らが自分の子どもの頃の風景を思い浮かべたときに、新品だったはずのものが出てこないんですよね。全部いい具合に汚れてて、しみじみしたものになってる（笑）。それは多分、いま見てる当時の古い建物などの印象をリファレンスして想像している。ということは、昭和三十年代のことを思い出す人たちも、書き換えられた記憶のはずなんですね。〔中略〕人間は自分の意識を通してしか記憶を再生できない。その書き換えられた記憶に一番近いものを提供したかったんです」

ナンジャタウンや新横浜ラーメン博物館でも、小道具の多くに汚れ、サビ、色あせが施されていたように、これは「ＡＬＷＡＹＳ」に限らず昭和の復元でよく見られる手法である。廃墟や古ぼけたものに感じる切なさと、それらが活躍していた当時に想いをはせるノスタルジーは、互いを駆動しあう関係にある。そのことを活かして作られたコンテンツは、当時の復元というよりは現在の記憶の再現だということだ。

逆にあらゆるものがピカピカの新品だと、当時の商品カタログや映画などがまさにそうなのだが、印刷やフィルムの人工的な天然色の不自然さもあいまって、色あせた昭和とのズレをはらんだキッチュな表象として受容されるだろう。そうではなく、あくまで懐かしさだけを純粋に刺激するなら、汚れや色あせを媒介に記憶の中の昭和を再現していくことになる。

昭和ノスタルジーについて多数の著作がある評論家の川本三郎（一九四四年生）も、同じようなことを述べている。

「いま、『昭和三十年代』は、現実のものとしてより、あまりに変ってしまった現代から振返って見た、『思い出された昭和三十年代』、いわば『ファンタジーとしての昭和三十年代』として語られている。いま大事なのは、現実の昭和三十年代というより、『現在の目で振返った昭和三十年代』である」(『調査情報』前掲記事)

現在の目で振り返って昔のイメージを再構成するのは戦争の記憶に似ている。私たちのよく知る戦争イメージは、当たり前だがすべて戦後に作られた。戦後イデオロギーの影響を強く受けながら、苦しみ・悲しみ・虚しさが強調されたものとして記憶は構成され、それが歴史として記述されてきた。戦後昭和も同じように、平成の時代状況の影響を強く受けながら、楽しさや温かさが強調されて記憶されている。それこそが社会的な記憶である。

山崎が目指したのも、現在の目線から構成された美しい昭和の記憶の再現だった。映画パンフレットの中で山崎は、「もしかすると中には、現実とは違っていることもあるかもしれないけど、僕は人々の記憶の中の昭和を創りだしたいと思ったんです」と述べている。

そうして描き出される古き良き昭和三十年代に対して、批判的な言説もいくつかみられた。著述家の布施克彦(一九四七年生)は著書『昭和33年』(二〇〇六年)の中で、「ALWAYS」の舞台となった昭和三十三年はなべ底景気のタイミングにあたり、「失業者が増え、自殺や犯罪も多かった。翌年から始まる長期的な高度成長など予想だにされず、行き詰まり感が蔓延していた」と指摘する(八頁)。そして「昔はよかった」と後ろ向きに懐古するよりも、当時の負の側面から目をそらさず、日本の転換点となったこの時期を冷静に見つめることで、今の時代を肯定的にとらえる視点を手に入れるべきという趣旨の提案をしている。

文芸評論家の斎藤美奈子（一九五六年生）も次のように述べる。

「大気汚染も水質汚染もいまよりひどかったし、貧富の差だって大きかった。一方では格差社会がどうのワーキングプアがどうのと嘆いている人たちがなぜ昭和30年代を懐かしむのか、さっぱりわかりません私には。〔中略〕現代人が思い出すべきは、貧しさは人情を剝奪するんだぞ、という現実なんじゃないですかね」（「昭和30年代を美化する風潮おかしくない?」『DAYS JAPAN』二〇〇八年二月号）

昭和ノスタルジーに対する批判はおもに、昭和の負の側面が抜け落ちていることと、後ろ向きで現実逃避的な態度であることの二点に向けられていた。こうした批判が成立するのは、逆に言えば「ＡＬＷＡＹＳ」の娯楽としての完成度が非常に高く、昭和のマイナス要素がうまく隠されていたことの証拠だろう。

「ＡＬＷＡＹＳ」が若者にうけた理由

山崎の言う記憶の書き換えは個人の中で起こっただけでなく、社会の中で時間をかけてゆっくり

図2：のぞきこむおばさん

と進行してきたものでもある。そこには当然、これまでの章でみてきたような昭和愛好の長い歴史が絡んでいる。一九六四年生まれでど真ん中の新人類である山崎も、七〇～九〇年代のサブカルチャー領域で親しまれた数々のレトロネタから、何らかの影響を受けていた可能性はある。

そのことは演出の細かい部分からもうかがえる。たとえば映画の終盤で、自転車に乗って出前をしていた蕎麦屋が進路をふさがれてひっくり返るシーンがある。後述するが、「クレヨンしんちゃん　嵐を呼ぶ　モーレツ！オトナ帝国の逆襲」（二〇〇一年）にもまったく同じ描写が登場する。蕎麦屋の転倒は昔のマンガやアニメ、コメディドラマでなんとなく見た記憶があると多くの人が感じるシーンで（具体的にどの作品かと言われると思い出せないが）、サブカル領域で楽しまれてきたいわゆる「あるある話」のノリだ。資料を駆使して導かれるようなものではない。

その他、六子が鈴木オートに来たとき二度にわたって家をのぞきこむエプロン姿のおせっかいそうなおばさん〈図2〉や、鈴木家の息子・一平の友だちがかぶっている白地の巨人の帽子〈図3〉など、個人的な体験かどうかは覚えていないがなんとなく「そう

図3：白地の巨人帽

いえばあったね」と膝を打ってしまうような小ネタの数々は、八〇年代以来、書籍や雑誌の特集、そしておそらくラジオやテレビなどでも取り上げられてきた。こうしたネタに山崎やスタッフたちが慣れ親しんでいたと考えるのは無理な推測ではない。

昭和を描写しようと考えたとき、これまでの文化的実践の積み重ねを完全に避けることはきわめて難しい。昭和三十三年に生まれていなかった世代は当時の個人的な体験を持たないので、なおさら文化からの影響を受ける。「ＡＬＷＡＹＳ」は、昭和愛好の長い歴史とかならずどこかでつながっているはずだ。

このつながりが見えるといろいろな疑問が解消していく。たとえば、評論家・エッセイストの坪内祐三（一九五八年生）と文芸評論家の福田和也（一九六〇年生）の対談記事で次のようなやりとりがある。

（坪内）「『三丁目の夕日』を見る20代の人たちは、昭和33年を懐かしもうにも、まだ生まれてないじゃない。『懐かしさ』という概念自体を『懐かしい』と思ってるんじゃないかな」

（福田）「そうかもね」（『ＳＰＡ！』二〇〇六年一月三・十日号）

確かにそのとおりだと思う一方で、前章で述べたように、昭和ノスタルジーは「昭和系コンテンツの幅広い戦略」「家庭での世代間交流」「昭和アイコンの汎用性」「昭和文化の記述と整理の積み重ね」という四つの経路がゼロ年代前半に発達していたので、若者が懐かしさを感じるのは自然なことだと回答できる。

プロデューサーの岡田斗司夫（一九五八年生）とコラムニストの唐沢俊一（一九五八年生）の対談記事にも同じようなやりとりがある。

（岡田）「『三丁目の夕日』の主な観客って、大きく二つに分かれていて、ひとつは『実際にその時代を知っていた人』で、昔の記憶が美化されて懐かしい、と感じる。もうひとつは『その時代を経験していない若い世代』で、懐かしさを勉強している。『へぇ、そうなんだ、懐かしい』って、なんか節操なく『懐かしい』という言葉を連発するんですよね」（『創』二〇〇七年十二月号）

これに対しては、「まさにあなたたちキープオン世代の功績でそうなっているのだ」と回答したい。オタクカルチャーを牽引してきた無共闘世代の仕事の積み重ねが、昭和ノスタルジーを受容するためのアンテナを若者たちに啓蒙してきたのである。

若者が「ＡＬＷＡＹＳ」に懐かしさを感じるいくつかの理由のうち、もっとも分かりやすいのは昭和アイコンの汎用性、とりわけ昭和三十年代を象徴するアイコンの多くが昭和四十年代以降も残っていることである。このことは、「ＡＬＷＡＹＳ」の四年前に公開された昭和四十年代がテーマの映画「クレヨンしんちゃん　嵐を呼ぶ　モーレツ！オトナ帝国の逆襲」と比較するとわかりやすい。ちなみにこの作品は、岡田と唐沢らが主宰する「日本オタク大賞」の第一回大賞を受賞したものだ。

悪臭ただよう二十一世紀を滅ぼして、夢と希望にあふれた二十世紀を取り戻そうとする秘密組織に対して、野原一家が戦いを挑み勝利する「オトナ帝国」には、昭和四十年代を象徴するアイテムがディテールまで描き込まれている。そこに、「ＡＬＷＡＹＳ」と共通するアイコンがいくつも見つかる。

図４の左が「オトナ帝国」、右が「ＡＬＷＡＹＳ」である。Ａは街角のタバコ屋。「オトナ帝国」では秘密組織イエスタデイ・ワンス・モアが本部の地下に作り上げた昭和の街並みの一角にあり、「ＡＬＷＡＹＳ」では舞台となる夕日町三丁目の中心にある。Ｂは蕎麦屋の転倒。「ＡＬＷＡＹＳ」では無言だが、「オトナ帝国」では「バッキャロー！　気をつけろい」というセリフがつく。Ｃのカレーは画像だけでは分かりにくいが、左は野原一家の行く手をはばむおばあさんが「今夜はカレーだよ」と誘惑するシーン、右は茶川・淳之介・ヒロミでライスカレーを食べるシーンである。Ｄは三輪自動車で、「オトナ帝国」では野原一家が昭和の街を抜け出すために乗り込み、「ＡＬＷＡＹＳ」では里帰りする六子を送るために鈴木一家が乗り込む。

タバコ屋、蕎麦屋の転倒、カレー、三輪自動車は、昭和三十年代と四十年代両方のアイコンとし

図4：(左)「オトナ帝国」、(右)「ALWAYS」。A 街角のタバコ屋、B 蕎麦屋の転倒、C 今夜はカレー、D 三輪自動車

て有効ということだ。三輪自動車以外はおそらく昭和五十年代にも使えるだろうし、その後もしばらくはこれらのアイコンをネタとして知っている世代が続くだろう。こうした汎用性をひとつの経路として、若い世代に、すくなくとも昭和生まれの高校生以上にはあるていどノスタルジー感覚が開かれていたはずだ。

山崎も、「扇風機に向かって一平くんが〝あー〟って言うのは、僕がやっていたこと。だけど、きっと今の時代の子供たちもやっているんじゃないか」と述べていて（映画パンフレットより）、若者の共感が視野に入っていたことがうかがえる。山崎自身を含め、当時を知らない世代は彼らなりのノスタルジーをもって映画と向き合っていた。それを可能にしたのは、時代と世代を超えて懐かしさを共有するための環境を作り出した、昭和愛好の積み重ねに他ならない。

昭和愛好の積み重ね

「ＡＬＷＡＹＳ」は昭和三十三年というピンポイントの時代を描いたもので、続編（二〇〇七年）、第三作（二〇一二年）も昭和三十年代を扱っている。一方で、「ＡＬＷＡＹＳ」後に起こった昭和ノスタルジーブームは昭和三十年代だけではなく、昭和四十年代や五十年代を含んでいたし、多様な世代が多様な感性でコンテンツを生み出すものだった。ブームは昭和三十年代ノスタルジーを中心としつつも、広がりを持っていたのである。

分かりやすい例をあげると、昭和三十年代を明確なコンセプトに据えていた台場一丁目商店街は、途中からさまざまな年代のアイテムを取り入れるようになっていた。ゲーム業界誌『アミューズメント産業』二〇一〇年三月号によると、商店街の入り口付近にあるレトロゲームセンター「プレイランド・アポロ」には、射的場などのいかにも昭和三十年代的なアイテムだけでなく、一九七〇年代の「スペースインベーダー」や「パックマン」が並ぶほか、「オバケのQ太郎」や「少年ジャンプ」など昭和四十年代のアイテムも飾られていて、さらにはピンク・レディー、松本伊代、小泉今日子ら昭和五十年代のアイドルの写真もあったという。

同記事は、「コンセプトのはっきりした台場一丁目商店街でも、テーマパークとしての集客力を維持するためにも、レトロの内容を固定化して考えてはならない。あくまでも、大切なのは現在の来場者が感じるレトロである」とまとめられている。

こうした対象の幅広さは、これまでの章で述べたようにもともと「ＡＬＷＡＹＳ」の背後で脈々と流れていた志向である。「ＡＬＷＡＹＳ」のインパクトが強すぎて、その後の昭和ノスタルジーブームは「ＡＬＷＡＹＳ」を起点に生まれたように見えるのだが、ブームの源泉はあくまで背後にあった昭和愛好の大河の流れのほうだ。

「ＡＬＷＡＹＳ」後のブームとそれ以前の昭和愛好とのつながりは、ブーム期に刊行された書籍の中に五年前や十年前、あるいはそれ以上前に出版された書籍の新装版、文庫版、加筆修正版などがあることからもうかがえる。たとえば次のような書籍である。

泉　麻人『なつかしい言葉の辞典』（二〇〇五年）……二〇〇三年刊行の文庫化
宝島社編『「昭和の小学生」大百科』（二〇〇六年）……二〇〇一年刊行の新装版
コモエスタ八重樫監修『昭和30年代パノラマ大画報』（二〇〇六年）……『１９６０年大百科』（一九九一年）の増補改訂版
草野のりかず『三角ベースおぼえていますか?』（二〇〇六年）……『ぼくらの三角ベース』（一九八四年）の新装版
青柳宇井郎・赤星政尚『ウルトラマン99の謎』（二〇〇六年）……一九九三年刊行の新装版
町田　忍『昭和なつかし図鑑』（二〇〇七年）……『昭和浪漫図鑑』（一九九八年）の文庫化
ネコ・パブリッシング編『60's グッズ・マニュアル完全復刻版』（二〇〇八年）……二〇〇二年刊行の復刻版
宝島社編『昭和プロレス！　名勝負列伝（別冊宝島スペシャル）』（二〇〇八年）……『プロレス必殺技読本』（一九九三年）『プロレス読本 files v.2』（一九九七年）などの抜粋・改訂版
おおこしたかのぶ・ほうとうひろし『昭和ちびっこ広告手帳』（二〇〇九年）……『ちびっこ広告図案帳』（一九九九年）の抜粋・再構成

八〇年代、九〇年代、ゼロ年代前半からまんべんなく再発売されている。刊行当時の内容がほぼそのまま通用するのは、昭和文化に対する基本的なスタンスが変わっていないからだ。

草野のりかず『三角ベースおぼえていますか?』は6章で引用した『ぼくらの三角ベース』（一

九八四年）の新装版である。『昭和30年代パノラマ大画報』は、レトロブームを牽引した宝島社の集大成的な本『１９６０年大百科』（一九九一年）の改訂版で、冒頭に少し増補分があるほかは当時のままの内容である。帯には「チャンネルを昭和30年代にあわせろ！」「三丁目の夕日の時代を満載!!」とあり、ブームに対応した改訂であることを示している〈図5〉。

この本を監修したコモエスタ八重樫は7章にも登場したが、八〇〜九〇年代のサブカルシーンで人気を得ていたＤＪ兼アンティークショップオーナーである。彼は改訂版のまえがきで次のように述べている。

「平成3年に発売して以来、何度かの再版を経て現在でも昭和30年代のネタ本として人気のある本ですが、今回、新たなグラビアページを設け、サイズも含めて大幅なモデルチェンジをしての登場となりました。私個人としても、レトロブームから15年を経た今でも、この時代への憧れは強く、当時を体験していた人、まったく知らない若い人達にも楽しんで頂ける内容だと思っています」

内容的にはファッション、音楽、インテリアなどおしゃれ要素を重視していて、文字と画像を敷き詰めたレイアウトは典型的な九〇年代のサブカル本のノリだ。これがそのままゼロ年代後半のブームに対応するのは、当時のノリがなお有効だったからである。長い歴史を持つ昭和愛好は、時代ごとに上書きされていったのではなく、積み重ねられてきたということの、小さな証拠がここに

図5：『昭和30年代パノラマ大画報』（2006）

あるように感じられる。

「ＡＬＷＡＹＳ」後のノスタルジーのかたち

「ＡＬＷＡＹＳ」後、戦後昭和に関するたくさんの書籍やムックが出版され、たくさんの雑誌特集やテレビ番組が組まれた。ここからは書籍について考えていきたい。

国会図書館の検索システム「NDL-OPAC」（現NDL ONLINE）を用いて、タイトルに「昭和」「なつかし」「あのころ」「レトロ」「ノスタルジー」「一九六〇年代」「一九七〇年代」「昭和三十（三〇、30）年代」「昭和四十（四〇、40）年代」を含むものをリストアップし、さらにそれらの本をアマゾンで検索してリコメンドに出てきたものをつけ加え、二〇〇六〜〇九年に刊行された主だった昭和ノスタルジー本を選び出した。すべてを読むことはできなかったが、気になった百七冊を通読して内容を分類したところ、八つのグループに分けられた。

(1)自伝的懐古　(2)写真集　(3)クイズ・クロニクル　(4)ノンフィクション　(5)ライフスタイル系
(6)新人類による著書　(7)八〇年代ノスタルジー　(8)団地・廃墟

1　自伝的懐古

自伝的懐古は自らの少年少女時代を振り返りつつ昭和を懐かしむもので、米沢嘉博『2B弾・銀玉戦争の日々』（一九八二年）、北野武『たけしくん、ハイ！』（一九八四年）、町田忍『昭和浪漫図鑑』（一九九八年）などと同じ趣旨の、いわば伝統的なスタイルの書籍である。左に一例をあげた（著者生年順）。

赤瀬川原平（一九三七年生）『昭和の玉手箱』（東京書籍、二〇〇八年）
東海林さだお（一九三七年生）『ショージ君のＡＬＷＡＹＳ――東海林さだおが昭和を懐かしむ』（集英社インターナショナル、二〇〇六年）
林えり子（一九三九年生）『暮しの昭和誌』（海竜社、二〇〇九年）
北見けんいち（一九四〇年生）『はらっぱの元気くん』（東京新聞出版局、二〇〇七年）
小松政夫（一九四二年生）『のぼせもんやけん』（竹書房、二〇〇六年）
長《ちょう》　洋弘《ようひろ》（一九四七年生）『ぱんちょろよーちゃん・少年編――団塊の世代が生きた昭和』（燦葉出版社、二〇〇七年）
林　望（一九四九年生）『ついこの間あった昔』（弘文堂、二〇〇七年）
霜月十九郎（一九五六年生）『想い出はテレビヒーローと共に――ボクらが育った１９６０年代』（文芸社、二〇〇六年）

作家の赤瀬川、マンガ家の東海林と北見、コメディアンの小松など著名人の作品が目立つ。過去を振り返るものが多いが、現在に残る昭和的な風景を取り上げるものもある。数年前の雑誌連載を書籍化した本もあるので（赤瀬川と東海林）、ゼロ年代前半との連続性を含んでいる。

帯の文句や表紙のデザインには「ＡＬＷＡＹＳ」後のブームに合わせる意図が強く感じられる。帯文句の例をあげると、「そうそう、昭和の会社は家族だったんだよね」（『のぼせもんやけん』）、「ああ、なつかしい、なつかしい。」（『ついこの間あった昔』）、「あまりに貧しく、あまりに懐かしい昭和世代のメモリアル・ブック」（『昭和の玉手箱』）など。

もっとも多いのはテーマごとに数ページの短いコラムを積み重ねていくスタイルで、これは雑誌連載をまとめたものがあるのも一因だが、八〇年代からずっと続くスタイルなのでノスタルジーに向いているのだろう。「ＡＬＷＡＹＳ」が個々のアイテムにこだわったように、ノスタルジーは具体的な要素を積み重ねることで浮かび上がるものだからではないかと思う。

テーマの一例をあげると、赤瀬川原平『昭和の玉手箱』では、銭湯、床屋、野良犬、メンコ、石油ストーブ、深夜喫茶、蓄音機、電柱、自動販売機、トンネル、公衆便所など。東海林さだお『ショージ君のＡＬＷＡＹＳ』では食べ物（ラムネ、干し芋、コロッケ、運動会の弁当など）、場所（食堂車、デパート食堂、下町の劇場など）、ヒト（チリ紙交換、同窓会など）、モノ（下駄、マッチ、シャベルなど）。林えり子『暮しの昭和誌』では、姉様人形、茶箱、割烹着、鏡台など男性の著者には見られないテーマもいくつか含まれる。

一方、小松政夫と長洋弘は小説形式、『釣りバカ日誌』で知られる北見けんいちはストーリーマンガの形式で、すべての本がコラムというわけではない。それぞれに合ったスタイルで回想と追慕をしたためている。

このタイプの書籍は多くが昭和三十年代または一九六〇年代を主題としていて、著者によってスタンスに差はあるが（とりわけ東海林と赤瀬川はシニカルなとらえ方が散見される）、おおむね「ALWAYS」の宣伝文句にあった「携帯もパソコンもTVもなかったのに、どうしてあんなに楽しかったのだろう」そのものである。

2　写真集

ふたつめのグループは写真集である。図6に東京をテーマにした四冊の本の表紙をあげた。金子桂三『東京――忘却の昭和三〇年代』、若目田幸平『東京のちょっと昔――30年前の下町風景』、長野重一《しげいち》『長野重一写真集　東京1950年代』はいずれも、プロの写真家が当時撮影した作品を再構成して、昭和の東京をノスタルジックに描き出したものだ。ただし時代は長野が一九五〇年代、金子が昭和三十年代、若目田が一九七〇年代とバラエティに富んでいる。田中哲男『東京慕情』は、東京新聞が所蔵する昭和三十年代の日常風景の写真で構成されたもので、二〇〇六～〇七年の本紙連載が元になっている。

こうした写真は昭和ノスタルジー系の展覧会ポスターや、書籍の表紙、雑誌特集の挿入画像などさまざまな場所でイメージ的に用いられ、古き良き昭和のイメージを効果的に伝えてきた。しかし、一枚ではなくたくさんの写真が集まると様相が異なってくる。本来、こうした写真はドキュメンタリーとして撮影されたものなので、たくさん並ぶとかならずしも古き良きキレイな昭和イメージが

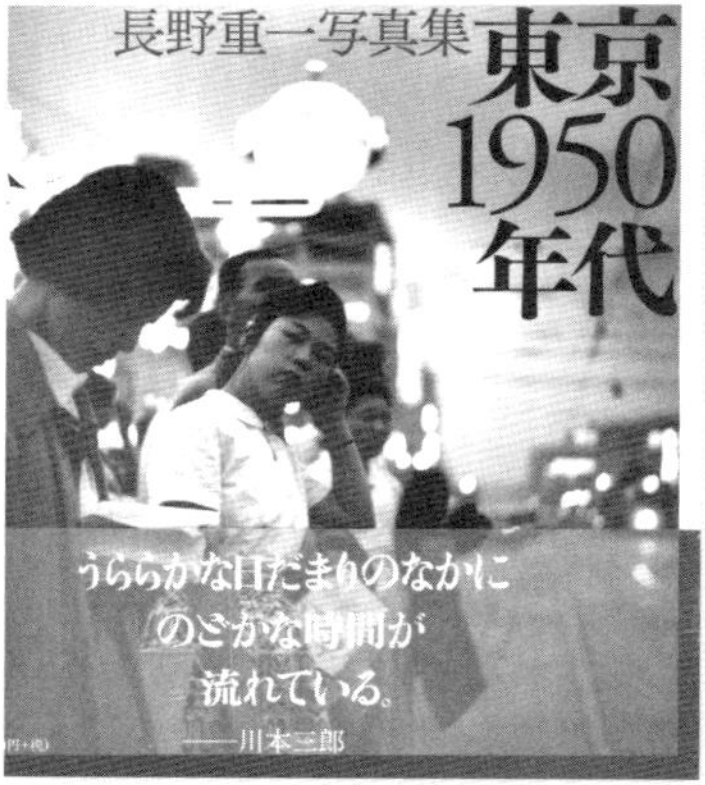

図6：昭和ノスタルジーの写真集

浮かび上がってこない。未舗装の路地や汚れた空、貧しい人々の写真は東京の生々しい空気を訴えかけてくる。敗戦の跡もはっきりと見て取れる。

猥雑で生々しい東京の風景は、「ＡＬＷＡＹＳ」のように調理されておらず素材のままである。当時を体験した人々には、むしろこのくらい生々しいほうが強烈な憧憬の念を引き起こすのだろう。

一方、若い世代はどうだろうか。

若い世代はこうした写真をノスタルジーの文脈の中で見たり（雑誌記事など）、ポップなおもちゃや懐かしのヒーローなどと混ざった状態で見たり（展覧会など）、いわば体質に合うように調理されたものと出会うことが多い。調理されていない素材とそのまま出会うと、少し違った印象を受けたかもしれない。

私自身は、小学生の時に父の書斎でよく読んでいた『アサヒグラフ』の戦後十五年特集に載っていた写真と雰囲気が似ているので、書斎にただよう古書の匂いを思い出して個人的なノスタルジーを覚えた。四つの経路でいうと二番目の「家庭での世代間交流」に該当するだろう。このように間接的な経路で下の世代にも開かれてはいるが、基本的には中高年のノスタルジーを直接喚起するものだったと思う。私も一九八〇年代初頭の東京をとらえた写真集、たとえば橋口譲二『視線』（一九九八年）や本橋成一『上野駅の幕間』（二〇一二年）などを見ると、その生々しさに強烈な憧憬を呼び起こされるので、同じような感じなのだろう。

3　クイズ・クロニクル

クイズやクロスワードの形式で懐かしの昭和を取り上げる書籍もあった。細かな知識をきっかけに昔を思い出すこともあるだろうから、中高年の遊びとして重宝されただろう。認知症のリハビリテーションなどに用いられる心理療法「回想法」のように、懐かしい記憶を刺激することで脳が活性化すると考えた人もいるかもしれない。昭和文化に詳しいと自負する私も何冊かチャレンジしたが、マニアックな問題もあって意外と難しい。

『昭和45年クイズ』（ぶんか社、二〇〇六年）
『あぁ、なつかしの青春時代パズル　1950年代～1960年代』（一草舎、二〇〇六年）
『懐かしの昭和30年代ドリル　1955～1964』（世界文化社、二〇〇七年）
『クロスワード　昭和なつか史・編』（桃園書房、二〇〇七年、図7）
『ユーキャンのなつかしの昭和ドリル』（主婦の友社、二〇〇八年）
『クイズで脳を活性化　昭和思い出し法』（C&R研究所、二〇〇八年）
『イカす大人の「昭和力」検定』（日本放送出版協会、二〇〇九年）

扱う内容は幅広く、たとえばユーキャンの本では学校、文具、あそび、お菓子、おもちゃ、マンガ、アニメ、ドラマ、歌番組・バラエティ、子ども番組、野球、相撲・格闘技、食生活、電化製品、生活用品、高度経済成長、東京オリンピック、大阪万博、コマーシャル、新商品、クルマ・乗り物、

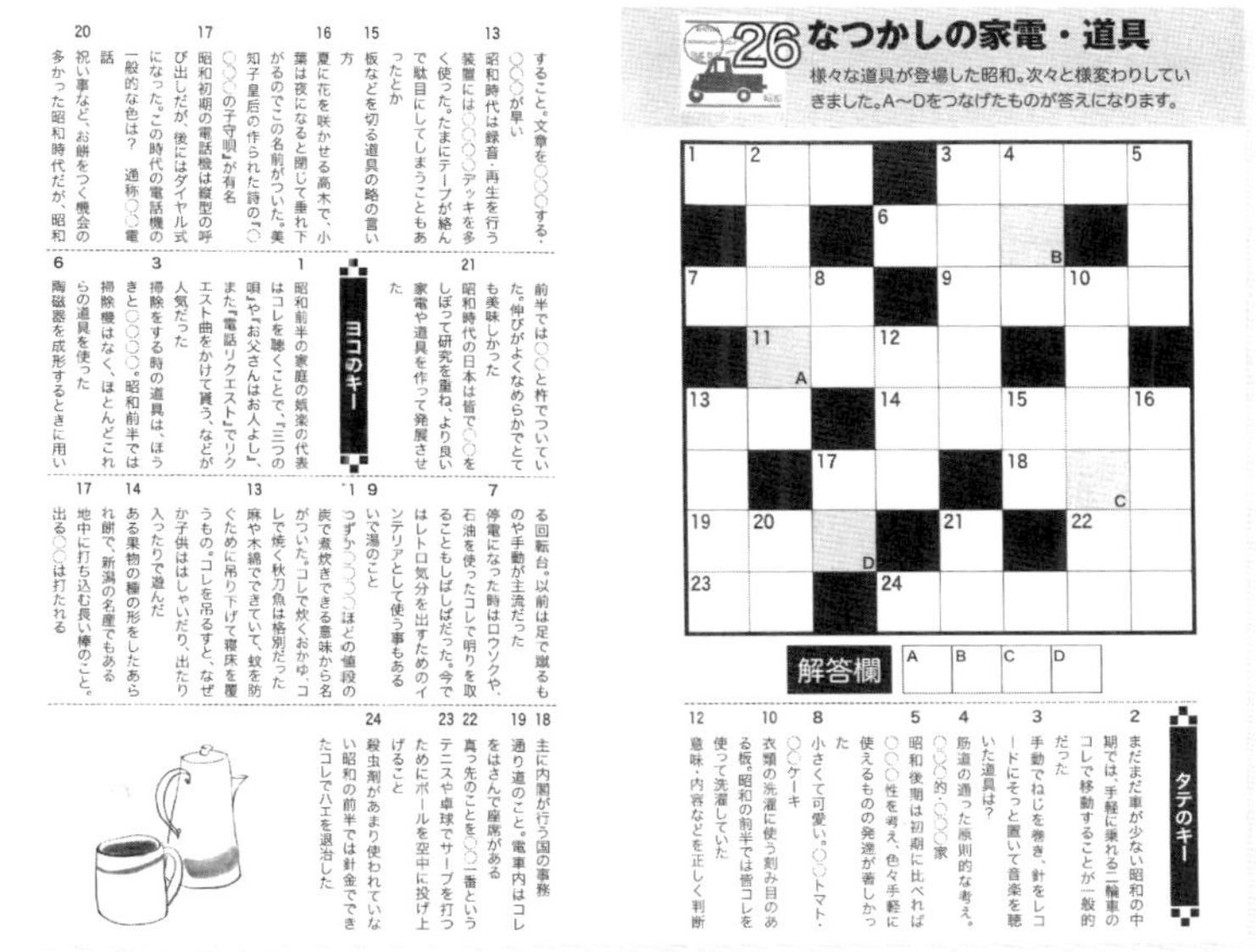

図7：『クロスワード 昭和なつか史・編』（2007）

映画、音楽、文芸、ファッション・風俗、流行語・ブームなどに項目が分けられている。これまでのレトロ・ノスタルジー本の項目立てとほとんど変わりない。

クイズ形式ではなく辞典形式でまとめた書籍もあった。『団塊なつかし雑学百科』（二〇〇六年）や『昭和レトロ語辞典』（二〇〇七年）など。レトロ語辞典は一九六九年生まれの女性が編者をつとめているが、これまでの章で述べてきたとおり、この世代は十代の頃から懐かしネタに触れる機会がいくらでもあったので、何も知らずに書いているわけではない。

一年ごとにできごとを整理したクロニクル（編年史）も作られた。デアゴスティーニ・ジャパンによる分冊百科『週刊 昭和タイムズ』（二〇〇七〜〇八年）、子どもに関わるできごとや子どもが興味を持ちそうなニュースに特化した『昭和こども新聞』シリーズ（二〇〇五〜〇七年）、ヒット商品、流行語、ベストセラーなどに特化した『ハヤリもの50年』（二〇〇七年）、東京タワーに関する著名人のエッセイとクロニクルを組み合わせた『東京タワーが見た日本』（二〇〇八年）など。クロニクルはノスタルジーの対象から外れてきた戦前、昭和二十年代、平成以降を含む幅広いもので、他のジャンルと比べてやや異質である。

4　ノンフィクション

取材や資料調査に基づいて執筆された昭和本。著者自身が昭和の記憶を持っている場合がほとんどで、取材・調査によって自らの記憶を跡づけていく側面を持っている。

このジャンルの代表選手である町田忍は、『昭和レトロ商店街』（二〇〇六年）、『昭和レトロ博物館』（二〇〇六年）、『帰ってきた！　昭和レトロ商店街』（二〇〇八年）を発表。個人的な記憶に基づく記述と文献資料や取材に基づく記述をミックスしながら、懐かしのモノや場所について短い文章を積み上げていった。

もうひとりの代表である森まゆみは、東京の伝統ある飲食店を取材する『「懐かしの昭和」を食べ歩く』（二〇〇八年）を発表している。ただしこれは『明治・大正を食べ歩く』（二〇〇三年）の続編で、近代日本文化史全般を扱う森としては、昭和ノスタルジーだけに興味があったわけではないだろう。

その他、テーマを絞った本として、東京タワーの建設から開業後までを丹念な取材によって描いた鮫島敦（一九六一年生）『東京タワー50年』（二〇〇八年）、一九六〇年代の日本のファッション界をつづった松本卓（一九四二年生）『格好よかった昭和——東京オールウェイズ60's』（二〇〇九年）、ガロの名曲「学生街の喫茶店」（一九七二年）にまつわるエピソードを軸に、当時青春時代をすごした人々へのアンケートと雑誌記事を組み合わせて構成された里木陽市（一九四九年生）『学生街の喫茶店はどこに』（二〇〇七年）、老舗玩具メーカー・マルサンの歴史をつづった神永英司（一九六〇年生）『マルサン物語——玩具黄金時代伝説』（二〇〇九年）など。先述した布施克彦『昭和33年』（二〇〇六年）もここに含まれるだろう。

このジャンルの本は一冊仕上げるのに時間と手間がかかることもあってか、他のジャンルと比べて数が少ない。小規模なものなら『東京人』などの雑誌でしばしば特集が組まれていた。『東京人』二〇〇七年十二月号特集「昭和30年代　テレビＣＭが見せた夢」では私も執筆者のひとりとして参加している。

5　ライフスタイル系

おしゃれでかわいいレトロを生活に取り入れることを提案する本。取り扱うテーマは多様だが、比較的多いのは食べ物、インテリア、雑貨である。

池上保子『なつかしいおやつのレシピ』（二〇〇八年）では、どら焼き、べっこうあめ、かりんとう、わらびもち、大学いもなど昭和感のあるレシピが並ぶ一方で、もち入り春巻、ジャガイモピザ、トマトアイスなど、懐かしさの要素が感じられないものも多い。おそらく、「体にやさしい」

や「スローフード」などのキーワードが「なつかしい」と共鳴しているのだろう。『サライ』がそうだったように、ノスタルジーとロハス的な価値観は一体化しやすい。

　ネコ・パブリッシング『昭和キッチン雑貨コレクション』（二〇〇九年）は、昭和のキッチン用品の定番だった花柄やビタミンカラーの模様がついた雑貨（ビンテージではなく現在購入できるもの）を写真入りで紹介する本である〈図8〉。東京ウォーカー特別編集『おいしい東京レトロ探険』（二〇〇八年）では、懐かしい雰囲気のカフェ、古民家ダイニング、昭和レトロな内装を施した居酒屋、浅草、上野、谷根千、神楽坂、門前仲町、人形町の雰囲気の良い店が写真付きでいろいろと紹介されている。産業編集センター編『懐かしい町のレトロな喫茶店』（二〇〇八年）は青森から鹿児島までレトロな雰囲気の漂う喫茶店を紹介するものだ。

図8:『昭和キッチン雑貨コレクション』(2009)

　レトロな店舗の紹介は九〇年代から雑誌記事によく見られたものだが、これまでは大衆誌、男性誌、中高年誌が中心で、女性誌は『Hanako』くらいだった。しかしゼロ年代後半から『OZ magazine』や『FRaU』など他の女性誌でも目につくようになる。

6 新人類による著書

第六のジャンルは新人類による著書である。著者の生年だけでなく内容的にも大きな特徴がある。書籍のテーマがモノやメディアコンテンツに特化していることだ。お菓子、おもちゃ、テレビ番組、ヒーロー、アイドル、学校グッズが多い。モノやコンテンツはコレクション性が強く、年表やデータベースを作成したり、カタログのようにページを写真で埋め尽くしたりできる。要するにキープオンの流れをくむスタイルだ。

このジャンルで顕著な活動をしたのがフリーライターの初見健一（一九六七年生）である。彼が手がけたシリーズ『まだある。』（大空出版）は、現在でも販売されている往年のヒット商品を紹介するもので、二〇〇五年七月刊行の「食品編」に始まり、二〇一一年までに文具・学校編、生活雑貨編、駄菓子編、玩具編、おやつ編、キャラクター編、食品編その2、お菓子編、遊園地編、こども歳時記・夏休み編を発表した〈図9〉。ひとつの商品につき一枚の写真と二ページの短い文章を添え、一冊につき百個の商品を紹介するスタイルが基本である。たとえばお菓子編ならボンタンアメ、ココアシガレット、クッピーラムネ、餅太郎など。

『まだある。』シリーズは初見の個人的な記憶を絡めて書かれていることに特徴がある。

「小学生時代、広尾の学校からそのまま有栖川公園に遠征し、メダカを捕獲して遊んだ。その日の収穫を持ち帰るために利用したのが、どこにでも落ちていたワンカップの空きビン」（ワンカップ大関、食品編その2）

まだある。
今でも買える"懐かしの昭和"カタログ～生活雑貨編～
Tobacco
ケロリン
カネヨ クレンザー
KANEYO CLEANSER
大空文庫
まだある。
今でも買える"懐かしの昭和"カタログ～おやつ編～
森永ミルク
CHELSEA
BOURBON
ルマンド
MILO
大空文庫
まだある。
今でも買える"懐かしの昭和"カタログ～駄菓子編～
チーズあられ
梅ジャム
ソースせんべい
ラムネ
オレンジラムネ
大空文庫
まだある。
今でも買える"懐かしの昭和"カタログ～玩具編～
HIEN
大空文庫

図9：『まだある。』シリーズ

「園児時代、『くたくたモンキー』という名前のサルのぬいぐるみを持っていた」（モンチッチ、玩具編）
「子ども時代はヨーグルト特有の酸味がちょっと苦手だった」（チチヤスヨーグルトのキャラ・チー坊、キャラクター編）

ただし、思い出語りはこの時期の新人類本としては主流ではない。個人的な思い入れはまえがきやあとがきで軽く触れるにとどめ、本文はストイックなカタログや解題に徹するもののほうが多い。

高井ジロル（一九六七年生）『ベルマークのひみつ』（日本文芸社、二〇〇六年）
高井ジロル『なつかしの理科室』（アスペクト、二〇〇八年）
堤　哲哉（一九六〇年生）『目で見る駄菓子屋グッズ大図鑑ＤＸ』（扶桑社、二〇〇六年）
宝泉　薫（一九六四年生）編著『昭和歌謡勝手にベストテン』（彩流社、二〇〇九年）
岩佐陽一（一九六七年生）『昭和特撮大全――蘇る伝説のヒーローたち』（三才ブックス、二〇〇八年）

高井ジロル『ベルマークのひみつ』はベルマークについてさまざまな角度から取材・調査した文章に、ベルマークで買えるもの一覧（写真付き）や各メーカーのベルマークデザイン一覧などのカタログを加えたもの。『なつかしの理科室』は人体模型、顕微鏡、メスシリンダー、地球儀など理科教材の豊富な写真に解説をつけたものである。調べて書いている点ではノンフィクションに近いが、豊富な写真でカタログ性を強めているのが新人類本の独特のスタイルである。

堤哲哉『目で見る駄菓子屋グッズ大図鑑ＤＸ』は、パチもん（正規の版権を取得していない）怪獣カード、エポック社のミニゲーム、メンコやスパイ手帳などの駄玩具、ガチャガチャ（ガシャポン）などを最小限の解説でひたすらカタログ的に見せる本。堤はまえがきで「本書ではうんちくを並べるのではなく、駄菓子屋の軒先に並んでいた商品達そのものを見せることに重点をおくことにした」と宣言している。

宝泉薫『昭和歌謡勝手にベストテン』は、「酒とタバコの名曲ベストテン」「湘南歌謡ベストテン」「セリフ歌謡ベストテン」「外国人風名前入り歌謡ベストテン」など、さまざまなテーマで勝手にベストテンを選ぶ本で、解説文の横に多数のレコードジャケットの写真が付いた構成になっている。膨大な知識がないと書けない本だ。

岩佐陽一『昭和特撮大全』は、月光仮面、遊星王子、ウルトラマン、シルバー仮面、ゴレンジャーなどの特撮ヒーロードラマについて豊富な知識をベースに批評する本である。九〇年代の岩佐本よりも硬質な文章が特徴。その他、串間努の代表作『まぼろし万国博覧会』と『まぼろし小学校』がこの時期に筑摩書房から文庫化されている。

新人類本は総じて資料性を高めることを志向していて、ストイックである。９章で述べたように、彼らがノスタルジーを通じて世代を描こうという意図を持たず、誰にでもアクセス可能な普及型ノスタルジーを好んできたことが背景にある。とにかくデータベースを開示して、解釈は個々の読者にゆだねるのがキープオンの作法だった。モノと情報にあふれた子ども時代を過ごした彼らは、データこそがノスタルジーの媒体になりうることを知っていて、その姿勢は「ＡＬＷＡＹＳ」後も変わりなかったということだ。

ただし、精力的な活動の結果としていくぶんネタ切れを起こしてきたのか、彼らが担ってきた昭和四十年代、一九七〇年代、昭和五十年代のノスタルジーはブームの沈静化とともに生産を縮小していく。

入れ替わるように、二〇〇九年十月、雑誌『昭和40年男』が創刊する〈図10〉。昭和四十年生まれ、つまり新人類をターゲットにしたこの雑誌は、「ノスタルジックな想い出が呼ぶ共感」と「明日を生きる活力」を中心に誌面を構成しているという（同誌ホームページより）。「俺たちのゲーム体験」「俺たちの歌謡曲」「俺たちの角川映画」「オカルトブーム再検証」など、新人類だけのノスタルジー

図10：『昭和40年男』。（上）2016年10月号、（下）2017年4月号

に訴える誌面構成は、オープンな書き手だった新人類が、その役目を終えて世代の中へと閉じこもっていったように私の目には映った。

7　八〇年代ノスタルジー

前章の最後に述べたように、八〇年代ノスタルジーはゼロ年代前半にその形を得ている。ゼロ年代後半に入っておおいに活性化するかと思ったら、それほどでもなかったというのが率直な印象である。

もちろん何もなかったわけではなく、たとえば別冊宝島『80年代こども大全』（二〇〇七年）はゲームウォッチ、キン消し（キン肉マン消しゴム）、ビックリマンシール、チョロQ、トランスフォーマー、ガンプラなどを大量の写真でまとめている。テレビでは、「Bar80's」（テレビ朝日系、二〇〇九〜一〇年）という八〇年代の流行りものを紹介するミニ番組があった。私は録画して毎週観ていたが、なめ猫、マイケル・ジャクソン、カフェバー、ファミコン、ルービックキューブ、スケバン刑事、バック・トゥ・ザ・フューチャー、オバタリアンなど豊富なテーマを扱うものだった。また、レトロゲームの需要は高く、「懐ゲー」と呼ばれる初期のファミコンソフトや八〇〜九〇年代のアーケードゲームを楽しむ文化はこの時期に隆盛している。懐ゲーはプレイしたりプレイ動画を鑑賞したりなど、実践がともなうので活性化しやすい。

しかし全体的には、ターゲット層のボリュームの大きさとは裏腹に盛り上がりに欠けていたように思える。過去を語りたがる切実な動機が世代になければノスタルジーは盛り上がらない。八〇年代は、どの世代にとっても積極的に懐かしむ対象になりえなかったようだ。

ただし、八〇年代に若者だった世代はネット上に語り合う場を持っていたので、彼らのノスタルジーがマスレベルで表出する必要がなかった可能性もある。巨大掲示板群「2ちゃんねる」には懐かし系のスレッドが多数存在し、活発な思い出語りがおこなわれていた。ネットがマスメディアを凌駕していくのはノスタルジーに限らないが、とりわけディテールの集積が重要なノスタルジーでは、マスメディアによるおきまりのあるある話では飽き足らず、延々とディテールを積み重ねられるネットが適していたのかもしれない。

ゼロ年代後半はいわゆるWeb 2.0の時期にあたる。大容量の視聴覚コンテンツのやりとりが容易になったことで、ゼロ年代前半から始まっていた懐かしのテレビ番組やCM、音楽やミュージックビデオなどの共有がより活発になった。たとえば「画箱(gazo-box)」というアップローダーにはレトロCMコレクターが多数集っていた。ユーザーだった知人の話によると、手持ちの動画をアップしては同士をつのり、オフ会を開いてコレクションの交換や共有をおこなっていたという。

ネットでのノスタルジー共有が主流になる中、マスレベルで注目されたのは八〇年代末期のバブルカルチャーだった。これはゼロ年代後半というよりは一〇年代に入ってからのことだが、バブル期に活躍したタレント・岡本夏生《なつき》(一九六五年生)や元バレーボール選手の川合俊一(一九六三年生)などが、バラエティ番組でバブル時代のトンデモエピソードを語り、周囲のゲストたちがその豪快さに爆笑するという場面を何度も見かけた。

七〇年代生まれの団塊ジュニアにとってバブル期は学生時代にあたり、直接的な恩恵を受けた人はほとんどいない。だからバブル語りは新人類が中心だった。二〇〇七年に公開された映画「バブルへGO‼ タイムマシンはドラム式」は、フリーターの女性が一九九〇年にタイムスリップする物語だが、原作はバブル期を代表するクリエーターグループ・ホイチョイプロダクション、製作総指揮はバブル期に頂点をきわめたフジテレビのプロデューサー・亀山千広（一九五六年生）であり、ここにも団塊ジュニアの姿はない。
一〇年代以降、「寝かせ頃」がハマって八〇年代の音楽、ファッション、マンガなどが若者に見直されていくが、当事者たちによる思い出語りが集積して大きな文化の潮流となることは、けっきょく現在まで実現していない。

8 団地・廃墟

最後のジャンルは「団地・廃墟」と名づけた。次のような書籍である。団地本は数少ない団塊ジュニア世代の著者がいるジャンルで、二十代前半の若者もいる。

大久保健志（一九七一年生）ほか編『僕たちの大好きな団地』（洋泉社、二〇〇七年）
大山　顕（一九七二年生）『団地さん』（エンターブレイン、二〇〇八年）
長谷　聰（一九六五年生）・照井啓太（一九八六年生）『団地ノ記憶』（洋泉社、二〇〇八年）
石本　馨（一九五七年生）『団地巡礼』（二見書房、二〇〇八年）

古き良き昭和の街並みを愛でる文化は九〇年代の『サライ』などでも確認でき、中高年のおとなの散歩ブームと連動して親しまれてきた。しかし、団地を愛でるのはそれとは少しおもむきが異なるように感じられる。

第一に、団地群の持つ無機質で近未来的なデザインにレトロ・フューチャー的な憧憬を感じている。団地本には団地独特の幾何学的・直線的なデザインを強調する写真が多く用いられ、その要塞のようなたたずまいにかつての未来都市の面影をみている。

第二に、廃墟寸前と化した団地に切なさを見出している。朽ちた遊具、手すりのサビ、色あせた案内板、伸び放題の雑草などが写真で強調される。年代物の木造建築はいい味を出すが、年代物のコンクリート建造物は寂寥感があり、失われゆく風景への鎮魂を呼び起こす〈図11〉。

第三に、キッチュ要素が含まれている。大山顕『団地さん』では団地建設当時の宣伝用の写真などをいくつか引用していて、そういう写真は決まって不自然な天然色であり、今は古ぼけている遊具やキッチン用品がピカピカである。その非現実的なたたずまいがキッチュを醸し出す。また、団地にはよく分からない前衛的なオブジェがあったり、派手な原色のペンキで塗られた鉄のドアが等間隔で並んでいたりなど、キッチュ感覚にあふれている。

ゼロ年代は老朽化と空室問題を抱えた団地が相次いで建て替えられたり解体されたりした時期で、消える前に堪能したい、写真で残したいという感情が芽生えやすい状況にあった。かろうじて残った団地もすっかりさびれ、ペーソスをたたえていた。団地ブームはそうした感傷に浸りつつ、同時にキッチュでレトロな威容を楽しむものであった。情緒や人情の温かさを味わうというよりは、む

図11：団地本の近未来的構図と廃墟的構図。（上）『団地ノ記憶』より公団武里団地（埼玉県）の全景、（左下）『団地ノ記憶』より高島平団地の廊下部分、（右下）『団地巡礼』より公団阿佐ヶ谷住宅

しろ人工物だけが取り残された冷たさに魅力があった。同時に起こっていた「廃墟ブーム」や「工場萌え」も似た感覚だろう。

全国各地にあった遊園地や、百貨店の屋上にあったミニ遊園地も、団地と同様に閉園したり極度にさびれていたりで巡礼の対象になりがちだった。日本観光雑学研究倶楽部『セピア色の遊園地』(二〇〇五年)、洋泉社編『僕たちの大好きな遊園地』(二〇〇九年)などの本も出ている。昭和的なデザインのビルディングも、ビルマニアカフェ『いいビルの写真集 WEST』(二〇一二年)など愛好の対象になっている。

私も団地で育ち、百貨店の屋上の遊園地を楽しみ、幼稚園児の頃に叔母に連れて行ってもらった横浜ドリームランド(二〇〇二年閉園)が忘れられないので、こうした趣向はよく理解できる。団地の解体や古い娯楽施設の閉園が進んだのはゼロ年代からで、二十歳前後の若者でもさびれた遊園地や人のいない団地、いかにも昭和っぽいビルディングなどは経験しているから、幅広い世代に共有できる感覚だろう。団地を筆頭とした「昭和遺産」的な趣向は、ゼロ年代以降に特有のノスタルジーである。

昭和ノスタルジーという「におい」

集合的記憶としての戦後昭和は、「ALWAYS」によってより一般的なレベルで普及し、そして昭和ノスタルジーは完成した。しかしその後のブームの中身はさきほどまで見てきたように多様なもので、若い世代も懐かしさだけに支配されていたわけではなく、面白いとか新しいといった従来どおりの感覚もあっただろう。内実はバリエーションに富んでいた。それでもすべてが同じ気分の中にあったと感じられるのは、昭和ノスタルジーが大きな膜となってあらゆる文化的実践を覆っていたからだ。テレビでは、少しでも昭和っぽいものなら何でも「ALWAYS」のテーマ曲をBGMにあてた。そうやってすべてが覆われていたのである。

「オトナ帝国」の監督・原恵一（一九五九年生）は、このように全体を覆う空気感を「におい」で表現した。秘密組織イエスタデイ・ワンス・モアは「なつかしいにおい」を街に散布することで人々の精神をコントロールし、世界を二十世紀に引き戻そうとしていた。

においにやられた大人たちがいっせいに子どもに返ってしまう不気味なシーンを見直してみると、三十五歳のひろしと二十九歳のみさえ、ふたば幼稚園の四十代の高倉園長と二十代の先生たち、そして十代の埼玉紅さそり隊までが、みな子ども返りしていることに気づく。無責任に遊び回っていればよかったあの頃に帰りたいという気持ちは、年齢も世代も関係なくみながひとしく持つものだ。昭和の心地よいにおいを引き金に、それぞれの気持ちにスイッチが入れば、簡単に催眠にかかる。

おそらく昭和ノスタルジーブームもそうしたものだったのだろう。昭和三十年代を軸としながらも、あらゆる世代のあらゆる感覚に訴えるにおいが形成されていた。若い世代にもにおいが効いたのは、何人かの論者が指摘したように、懐かしさを一から学習したという側面もおそらくあるだろう。しかしそれだけでなく、老いも若きもそれぞれのノスタルジーを呼び覚まされるような、そんな万能なにおいだったという点を私は強調したい。

万能であったのは、ヨコとタテに広がりを持っていたからだ。ヨコの広がりとは、ノスタルジーの対象が昭和三十年代、一九六〇年代、昭和四十年代、一九七〇年代、昭和五十年代、一九八〇年代とすべてのディケイドに広がっていて、なおかつ、ノスタルジー、レトロ、キッチュ、おしゃれ、おたく、おとなとすべてのセンスに広がっていたということである。ほとんどの人にとって何らかの引っかかりがあるからこそ、においは全方位的に拡散した。

しかもそのにおいはタテにも広がっていた。においはゼロ年代に入って急造されたものではない。『三丁目の夕日』の連載が始まった一九七四年から地道に醸成されてきた、三十年モノのビンテージのにおいなのである。「ALWAYS」の画面に映っていたのは、七〇年代からみた昭和三十年代であり、八〇年代からみた昭和三十年代でもあり、九〇年代からみた昭和三十年代でもあり、そしてゼロ年代前半からみた昭和三十年代でもあった。

すべての世代が当事者なのである。すべての世代が昭和ノスタルジーの生産に関与した。だから誰にとっても響く。この理屈は「ALWAYS」だけを見ていても分からないし、ノスタルジーだけに気をとられていても分からないし、二〇〇五年前後のできごとだけに注目していても分からない。起こっていた現象はヨコとタテにべったりと広がっていた。その広がりの構図を描き出すことこそ、昭和ノスタルジーとは何かを考えることだったのだ。

「ALWAYS」から十年以上がたち、私にとって「におい」の効き目はすっかり消えてなくなった。昭和のコンテンツは今でも愛しているが、当時ほど心がときめかないし、そもそも過去に帰りたいとはまったく思わない。ブーム当時、昭和ノスタルジーにハマった読者のみなさんはどうだろうか。

ブームが去ったと言ってしまえばそれまでだが、見方を変えれば、ゼロ年代後半のブーム以降、昭和イメージは更新されていないということでもある。このまま更新されなければ、私たちにとっての昭和はこのまま確定する。だから何年たっても、どれだけ情熱が薄れても、この問題は現在の私たちにとって関係のある話だ。

第12章 ノスタルジー解体 ——昭和の記憶のこれから

一九七〇年代に起こったこと

昭和三十年代がはじめてノスタルジーの対象になったのは、一九七〇年代の中盤だった。それは、二十代の若者たちが大人になりつつある自分と向き合い、自分探しを始めたタイミングだった。

高度成長の終焉が近づいたこの時期、古き良き日本の原風景を懐かしむ流行に対して、団塊世代とポスト団塊は独自の視点から昭和三十年代の懐古「ニューノスタルジー」を生み出した。その象徴が一九七四年の西岸良平『三丁目の夕日』の連載開始である。ニューノスタルジーは若者文化として、青年マンガというサブカルチュラルな領域で成立したものだった。

同じ時期、若者向けカルチャー誌『宝島』の特集「ぼくたちの世代」の中で、団塊世代は少年時

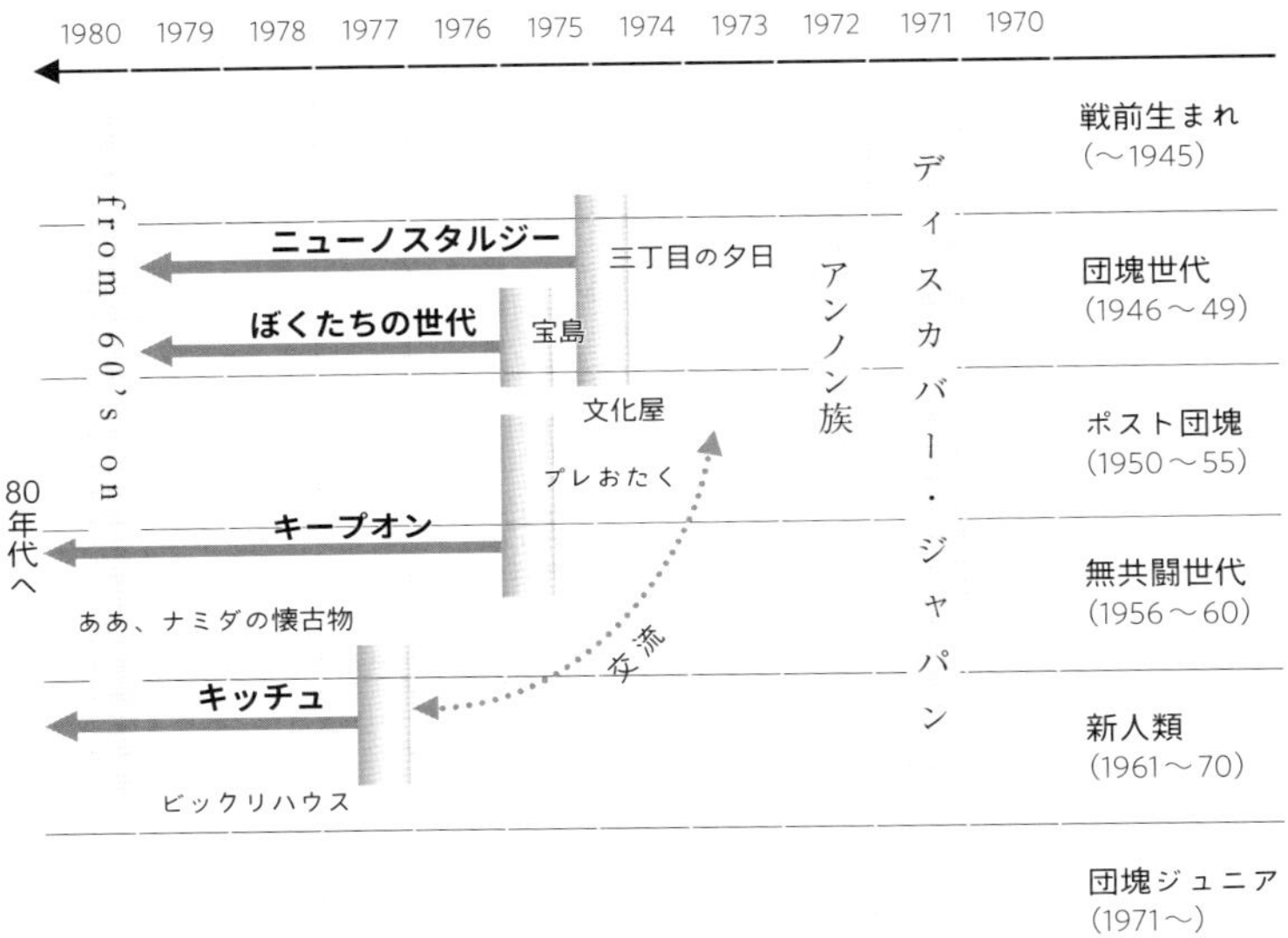

1970年代の概念図

代のメディア体験や音楽体験をたよりに自らのアイデンティティを問い直していた。それは、戦後という特殊な環境で育った自分たちが、どのような大人になるべきかを悩み模索する姿であった。

一方、少し年下のポスト団塊と無共闘世代は、子ども時代に愛したマンガやアニメや特撮を、大人になっても愛し続けるための運動を始めていた。プレおたくである。プレおたくのリーダーたちは、徹底的な資料主義とデータベース志向を通じて、昔好きだったものをいまだに面白がる「キープオン」の態度を確立していった。

現在から過去を見つめるニューノスタルジー、過去を頼りに現在の自分を見つめ直す「ぼくたちの世代」、過去をそのまま現在に持ち込もうとするキープオン。

七〇年代の二十代たちは、大人になるプロセスの中でそれぞれの立場から過去と向き合っていた。

さらに年下の新人類は、自らのセンスを発揮するツールのひとつとして古くさいものに手を出し始めた。キッチュ文化の誕生である。その伝道師となったのは「文化屋雑貨店」の店主、団塊世代の長谷川義太郎だった。現代のジョーシキにとらわれないセンスを楽しむキッチュ文化は、雑誌『ビックリハウス』を中心に若き新人類たちに普及していった。

一九七九年十二月、雑誌『ＰＯＰＥＹＥ』で大特集「from 60's on」が組まれた。文字と写真をビッシリと敷き詰めたクロニクルを通じて、団塊世代は六〇年代を自らのアイデンティティに縛りつけることをやめ、全世代に向けて解放した。同時に、泉麻人を中心に無共闘世代が少年時代を語り始める。団塊世代（全共闘世代）のように闘争的でない彼らは、豊富なモノ体験やメディア体験を語り合い、それを楽しむことを通じて、自分たちのアイデンティティを追求した。

ニューノスタルジー、キープオン、キッチュという三種類のセンスと、団塊、ポスト団塊、無共闘世代、新人類という四つの世代が互いに関係しあう構図ができたところで、時代は八〇年代へと入っていく。

一九八〇年代に起こったこと

一九八〇年代の展開は少し複雑である。最初に起こった大きな動きはキッチュ文化のニュー

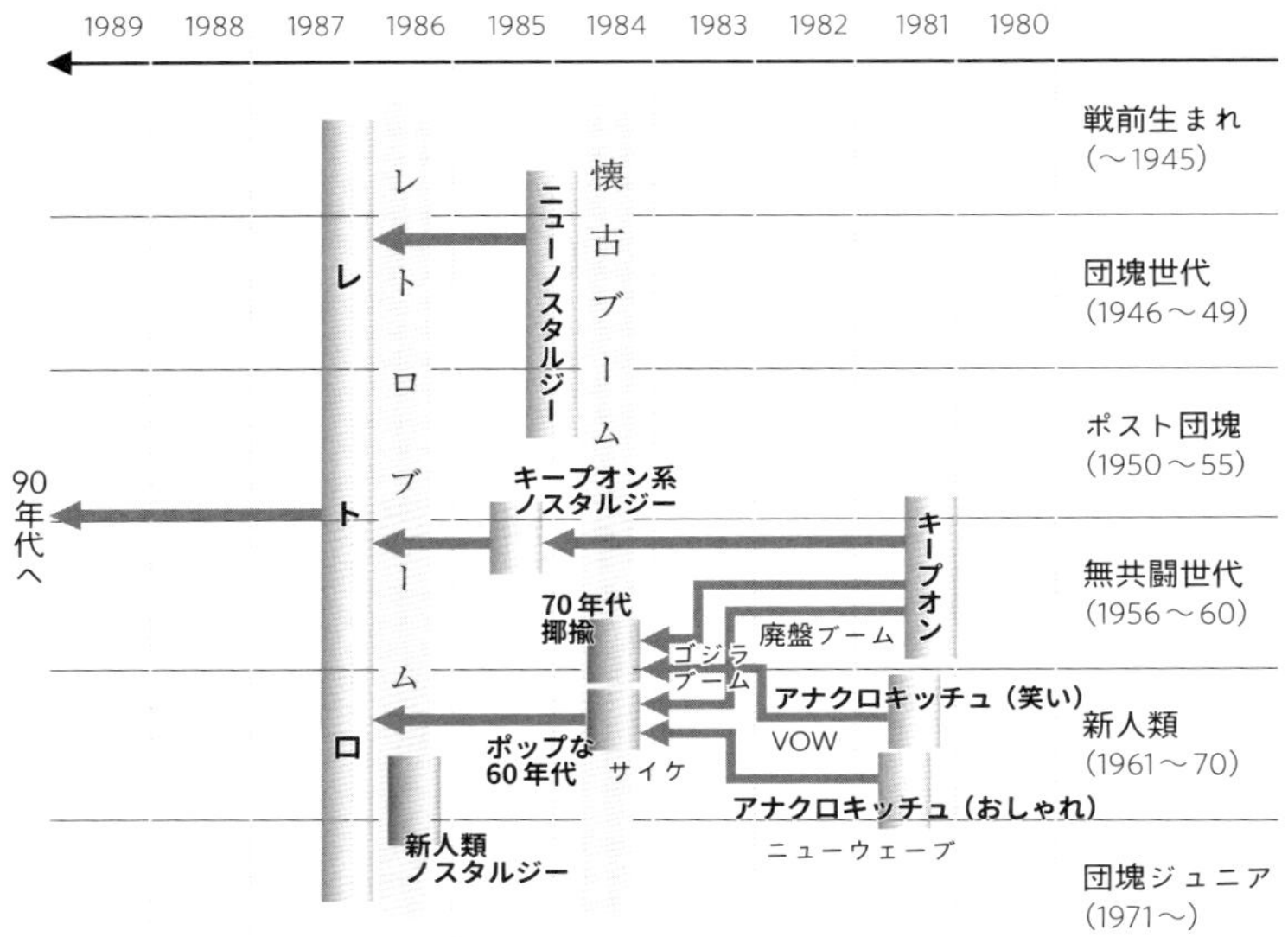

1980年代の概念図

ウェーブへの組み込みだった。ゲルニカ、アナクロ広告、フィフティーズなどでは最先端のおしゃれなセンスとして過去の表象が用いられ、一方、『宝島』の投稿ではズレたセンスを笑う対象として過去が扱われた。

同じ時期、キープオンも大きな進展を見せた。廃盤ブームとゴジラブームを通じて、キープオンによる収集と整理はサブカルチャーの重要な基盤になることが明らかになった。また、キープオンとアナクロキッチュは相性がよく、無共闘世代と新人類が世代を超えて交流する機会を生み出した。

八四〜八五年にかけて、サブカルチャーレベルで進行していた過去のモノやコトを楽しむ文化がマスレベルで紹介され、「懐古ブーム」という枠組みが与えられた。この枠組みの中で団塊世代によるニューノスタルジーが一時的に復活し、またキープオン世代も自らの方法論に沿ってノスタルジーを表明し始める。

一方この時期、アナクロキッチュは過去の表象をおしゃれでポップに消費する文化へと発展していた。サイケをおしゃれとみなすのは一例である。しかしその対象は一九六〇年代文化に限定され、七〇年代文化、とりわけ日本のそれに対しては揶揄する態度が強かった。七〇年代文化の当事者である無共闘世代は、若い世代の揶揄的な視線に同調しつつも、それを愛おしく見つめる視線を忘れることはなく、揶揄と愛情が混ざり合って表現されていた。

八六年から「レトロブーム」が起こる。江戸文化や大正・昭和初期のモダンも含めて過去のセンスを生活に取り入れる風潮が拡大し、過去に対するあらゆるセンスがレトロという大きな箱の中へと収容された。このとき、「テレビ探偵団」に象徴されるように、キープオンの統括のもとでノスタルジーとアナクロキッチュが笑いを通じて結び合う「レトロの三位一体」が実現した。

この時期のレトロは最先端のセンスであり、さまざまなカルチャーと接触しながら流行を作り出すひとつの要素であった。

一九九〇年代に起こったこと

九〇年代に入ってレトロブームが終息すると、ブームに刺激を受けた各世代はそれぞれのスタン

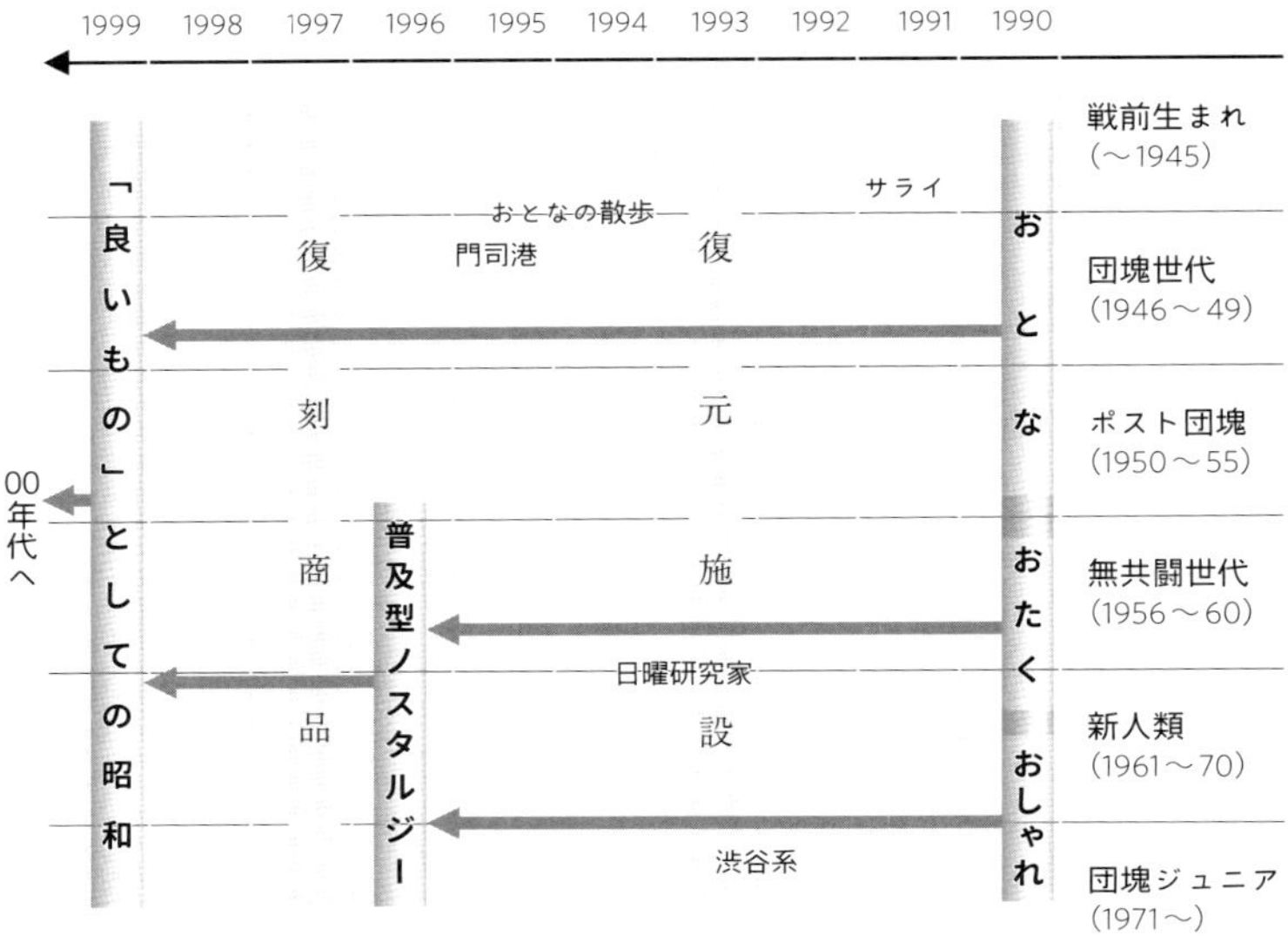

1990年代の概念図

スで過去と向き合うようになる。若者世代の「おしゃれ」、二十～四十代を中心とした「おたく」、中高年を中心とした「おとな」の三つのフィールドが立ち上がり、昭和愛好を熟成させていった。

ファッションや音楽などの「おしゃれ」分野では、一九五〇～七〇年代のリバイバルが若者に受け入れられた。とくに渋谷系では、過去の音源や図像をパッチワークしてクリエイティビティを表現する手法が磨かれ、その後のレトロポップテイストの基本的要素が作られた。

キープオンは新人類に引き継がれ、「おたく」という新しい潮流の中に位置づけられた。徹底した調査とデータベースに基づいて歴史を記述していく彼らの方法は、串間努の学校文化研究や岩佐陽一のテレビドラマ研究のように、複数の世代にまたがる幅広さを持っていた。彼らは上の世代に対抗するようなアイデンティティをもたず、ノスタルジーそのものが目的となっていた。こうした間口の広い性質によって彼らの活動は拡散し、普及型ノスタルジーを生み出した。

中高年たちの「おとな」の領域では、雑誌『サライ』に代表されるように、消えゆく昭和の事物を追慕したり、今に残る懐かしい風景を訪ね歩いたりする文化が花開いた。門司港のようなレトロを売りにした観光戦略も目立つようになっていく。

スリーオーが安定した需要と供給を生むようになると、それを統合した大きなマーケットが形成されるようになった。新横浜ラーメン博物館やナンジャタウンのような商業施設では懐かしい昭和の街並みが復元され、数々の復刻商品や、懐かしのキャラクターを起用した広告が作られた。

こうしたサービスの人気と、バブル崩壊後の社会の気分を通じて、昭和のモノやコトをなんとなく「良いもの」と感じる空気が形成されていく。平成に入って昭和がひとつのかたまりとして認識されるようになった状況も手伝い、スリーオーはゆるやかに統合されて、古き良き昭和という集合的な記憶の輪郭が生まれつつあった。

二〇〇〇年代に起こったこと

ゼロ年代に入るとこの輪郭は一気に太くなっていく。「近くて懐かしい昭和展」にみられた昭和三十年代ノスタルジーの基本的な構成は、「台場一丁目商店街」や「豊後高田昭和の町」などたくさんの施設を通じて全国的な流行になった。一方で、オマケ玩具や「大人の科学」などでは昭和四十年代や五十年代を懐かしむものも多く、戦後昭和全体が懐かしいものとして消費されるようになる。

こうして、時代と世代を超えた「懐かしの昭和」という大きな集合的記憶が形成された。その背景には、昭和ノスタルジー施設が複数の世代に向けた幅広い戦略をとっていたこと、家庭において親と子の文化的交流があったこと、どの年代にも通用する汎用的なアイコンがたくさんあったこと、そして昭和文化愛好の長い積み重ねがあったことという、四つの要因が深く関わっている。

二〇〇五年秋に映画「ＡＬＷＡＹＳ　三丁目の夕日」が公開された。心地よい昭和の記憶を再現したこの映画は大ヒットし、ブームはさらに加速してゼロ年代後半を通じて社会現象になった。その中身は多岐にわたり、書籍のジャンルで言えば自伝的懐古、写真集、クイズ・クロニクル、ノンフィクション、ライフスタイル系、新人類ノスタルジー、八〇年代ノスタルジー、団地・廃墟などであった。

昭和イメージをめぐる三十余年の歴史は以上のとおりである。私は、この歴史をウィスキーにたとえるのが好きだ。

昭和愛好という麦の種は七〇年代中盤に生まれた。種がこぼれ落ちたのは、戦後生まれの若者たちが大人になり、自らのアイデンティティと向き合っていた場所だった。

八〇年代に入るとその種は人々に配られ、サブカルという畑にまかれて、すくすくと育った。そ

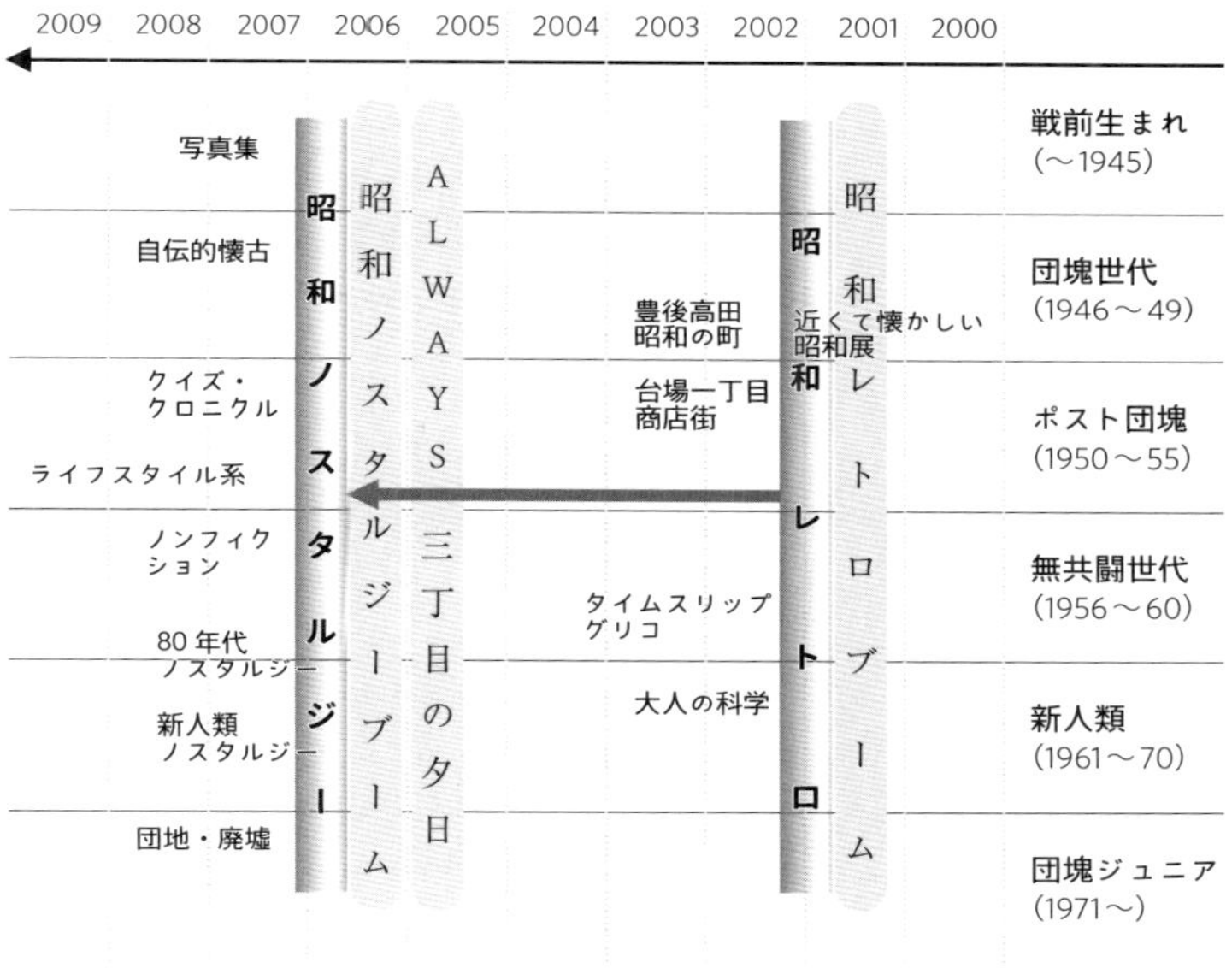

2000年代の概念図

して八〇年代末、レトロブームという季節に収穫された。収穫された麦は九〇年代、おしゃれ、おたく、おとなという三つの醸造所で十年近くじっくりと熟成された。

ゼロ年代前半、熟成した三つの原酒はブレンドされ、オリジナルウィスキー「昭和」が完成した。そして「ＡＬＷＡＹＳ」というブランドのもとで、ロック、水割り、お湯割り、ハイボール、ウィスキーボンボンなど、さまざまな商品に加工されて人々に愛された。

私がこの本で伝えたかったのは、マンガ『三丁目の夕日』と映画「ＡＬＷＡＹＳ　三丁目の夕日」のあいだの長い時間が「つながっている＝熟成されている」ということ、そして、その中身が「多様である＝ブレンドされている」というこ

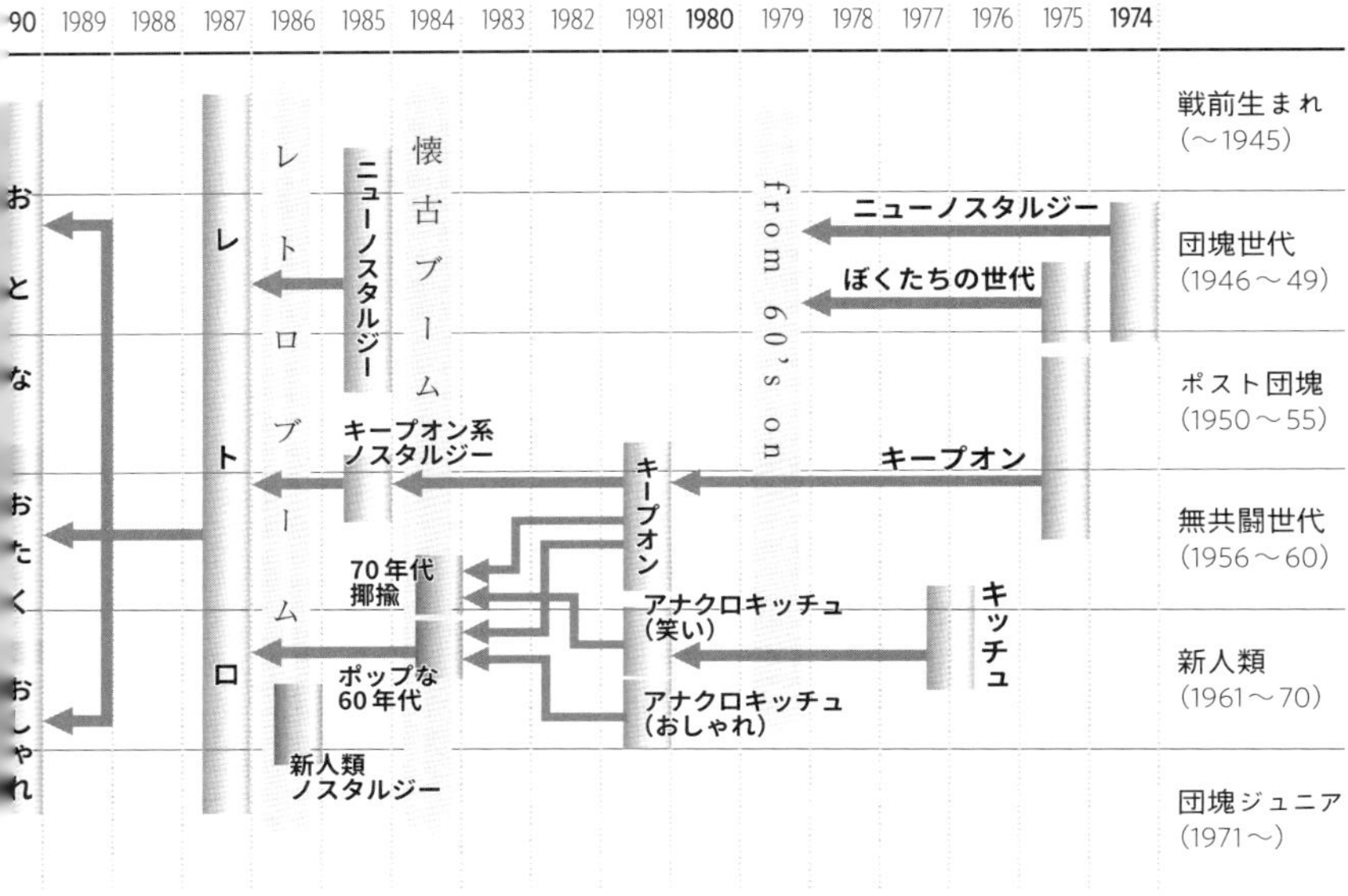

とだ。そして、幼児をのぞくすべての世代がなんらかのかたちで昭和の記憶に関わっていた。

だいぶ細かくなるが、最後にすべての年代をつなげた図を示す。これが、「昭和ノスタルジーとは何か」という問いに対する最終的な解答である。

昭和の記憶は若者文化である

昭和ノスタルジーというと何となく、中高年が遠い昔を懐古するようなイメージを持ってしまうが、視野を広くとってみるとさまざまな若者文化が深く関与してきたことが見えてくる。そもそもの始まりが二十代のアイデンティティ問題だったし、十代のキッチュ趣味やおしゃ

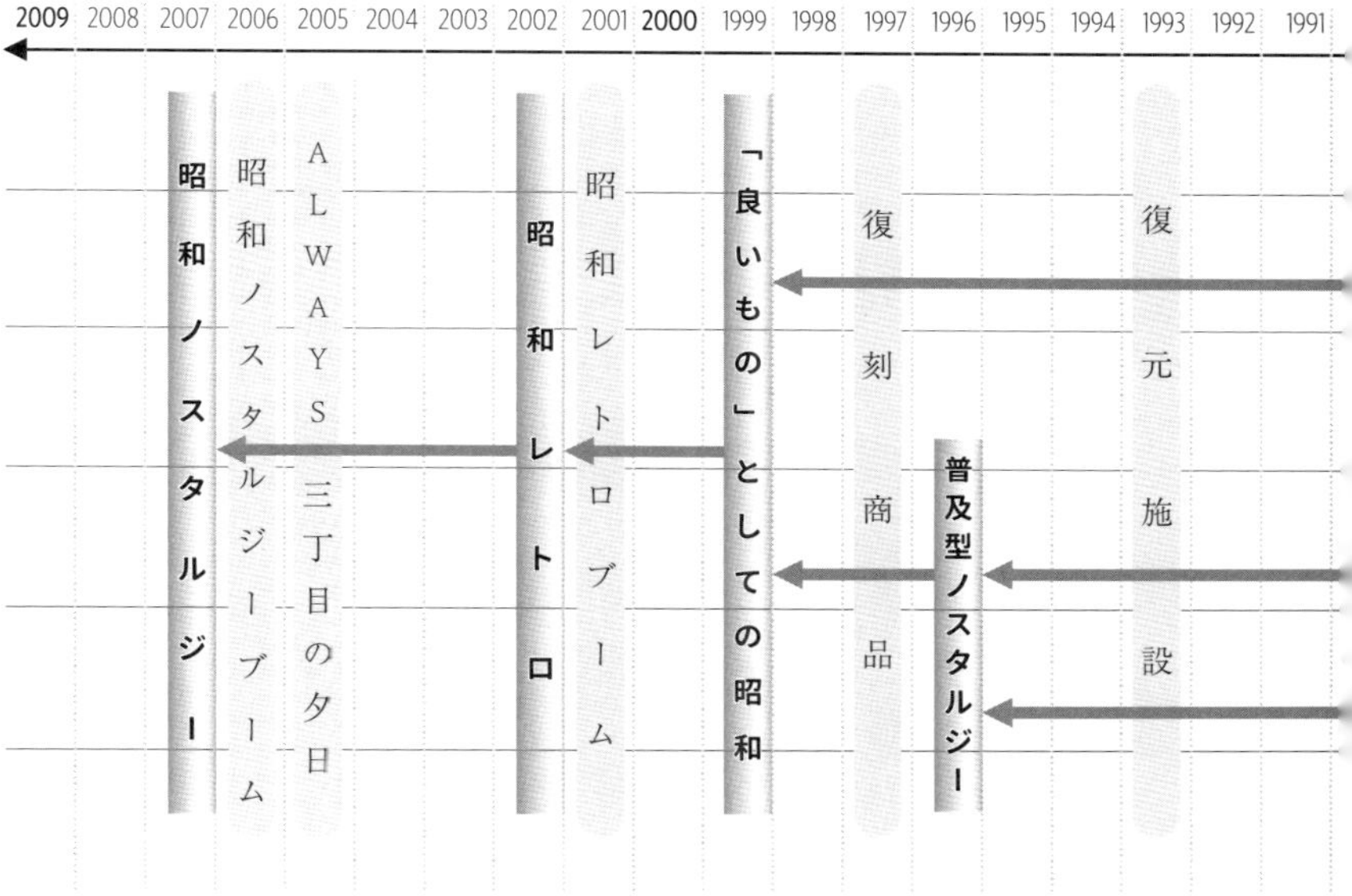

昭和ノスタルジーの全体像

れ志向も重要な役割を果たしてきた。

序文で述べたように、この本は私自身の昭和体験を救い出すために書いた。私が十代や二十代の頃、古い写真や映像に感じた強烈な愛着は、しっかりと昭和の記憶の形成に絡んでいたし、その愛着が自分だけのものではなく、社会と文化の流れの中に位置づけられることもあるていど分かった。とりあえずホッとした気持ちだ。それぞれの世代が、それぞれの立場から自由に関与して、少しずつ昭和の記憶を作ってきたのは、平凡な言い方になってしまうがとてもステキなことだと思う。

しかし、「ALWAYS」ブームの頃は「なぜいま昭和三十年代ノスタルジーなのか?」という主題が強すぎて、このことが見えにくかった。私には「なぜいま団塊世代の思い出が天下を取ったのか」のように聞こえてしまい、他の世代だって昭和に思い入れがあるのに、どうしてそういう話になるのかと、今思えばずいぶんカリカリしていたものである。私は、ブームの終盤に出した本の中でこんな不満を述べている。

「つねに上の世代の『思い出』フィルターを通過したセピア色の昭和が提供されることに、筆者自身はあまり納得していない」（高野光平・難波功士編『テレビ・コマーシャルの考古学』二〇一〇年、二十五頁）

これは私が責任者をつとめた研究チームが、大量に発掘・デジタル化した昭和三十年代のテレビCMを分析した本の一節である。私はそうした一次資料にアクセスすることで、上の世代の思い出フィルターを飛び越えて直接昭和と触れあえると主張した。デジタルアーカイブを駆使して記憶を民主化しようという話である。この一節を読むと、昭和三十年代ノスタルジーが昭和の記憶を覆い尽くす状況に対して、私はだいぶ危機感をつのらせていたようだ。

この本を書き上げてみると、そこまで敵愾心を燃やす必要もなかったことに気づいた。昭和三十年代ノスタルジーは目立っていたがあくまで氷山の一角で、その周辺や奥にはさまざまなものが隠れていたのである。

昭和の記憶はサブカルチャーである

もうひとつ、この本を書いて強く印象づけられたのは、昭和の記憶の形成にサブカルチャーが大きな役割を果たしたことだ。キープオンこそがこの本の主役だった。マンガ、アニメ、おもちゃ、ロックなどへの愛が重要な軸になっていた。ミニコミやマイナーなメディアが昭和愛好をじっくりと育てていった。

「昭和の記憶はサブカルチャーが作った」と言うと、とてもキャッチーで、いかにも日本らしい話で共感を得やすいかもしれないが、それは日本だけのことだとは限らない。一九八〇〜九〇年代のレトロファッションは世界的な流行だったし、渋谷系は「世界同時渋谷化」だった。アメリカ人のノスタルジーを刺激すると言われるフィフティーズも、ファッションからジュースのビンにいたるまで、多くのマニアックなコレクターたちが支えていただろう（詳しく調べていないので推測だが）。サブカルチャーで発生したコアな志向が、マスに吸い上げられて大きな潮流となるのは日本にかぎらずよくあることだ。

とはいえ、他がどうであれ少なくとも日本には当てはまるのだから、「昭和の記憶はサブカルチャーが作った」という魅力的な命題を積極的に読み取ってもいいと思う。サブカルがそれだけの多大な貢献をしたということが、調べてみて明らかになったのだから。

歴史学者Ｅ・Ｈ・カーの有名な言葉に「歴史とは現在と過去との絶え間ない対話である」という

ものがあるが、過去といま出会う感覚を大切にして、いまだに面白がる姿勢に徹したキープオンこそ、最良の歴史の書き手だったと言えるかもしれない。

昭和の記憶のこれから

昭和ノスタルジーブームが沈静化した二〇一〇年代、昭和の記憶はどうなっていったのだろうか。昭和を懐かしむ文化的実践が絶えたわけではない。『昭和40年男』は好評だと聞くし、『日本懐かし大全』シリーズという本がいまでも刊行されている〈図1〉。レトロ散歩もレトロ雑貨も安定した人気を保っているし、六〇年代から八〇年代までの幅広い時代の歌謡曲が「昭和歌謡」という名のもとで愛好されている。ジブリ映画「コクリコ坂から」(二〇一一年)を観て昭和にあこがれたと回想する大学生にも会った。ブームが去ったと言うよりは、日常的な文化として定着したと言ったほうが適切かもしれない。

しかし、昭和ネタで盛り上がる大きな流行が生まれたり、昭和に対する新しい解釈やセンスが生み出されたという話を聞かない。私たちの昭和イメージは安定的に存在しているけれども、二〇一〇年代に入ってブーム的なものは起こっていないし、昭和イメージが更新されていないように思う。ゼロ年代までに作られた昭和イメージをそのまま踏襲している感じだ。

文化生産者に目を向けると、団塊ジュニア以降の世代が昭和本をほとんど生み出していないことに気づく。繰り返し述べてきたように、これは、団塊ジュニア以降の世代に昭和を語りたがる固有の動機がないということだ。昭和の記憶を語れる最後の世代である団塊ジュニアと八〇年代生まれが、ともに語る動機を持たないのであれば、これ以上昭和の記憶が書き換えられることはなく、このまま確定するのだろうか。

そう言えるかもしれない。昭和はどんどん遠ざかるし、昭和を経験した世代は平成に入ってもっとたくさんのことを経験しているから、昭和へのこだわりが薄れるのも当然のことだ。

もっとも、昭和的なコンテンツと出会う機会がなくなるわけではない。なくなるどころか、インターネットとデジタル技術の発達によってむしろ出会う機会は増えている。YouTubeを見ていたら

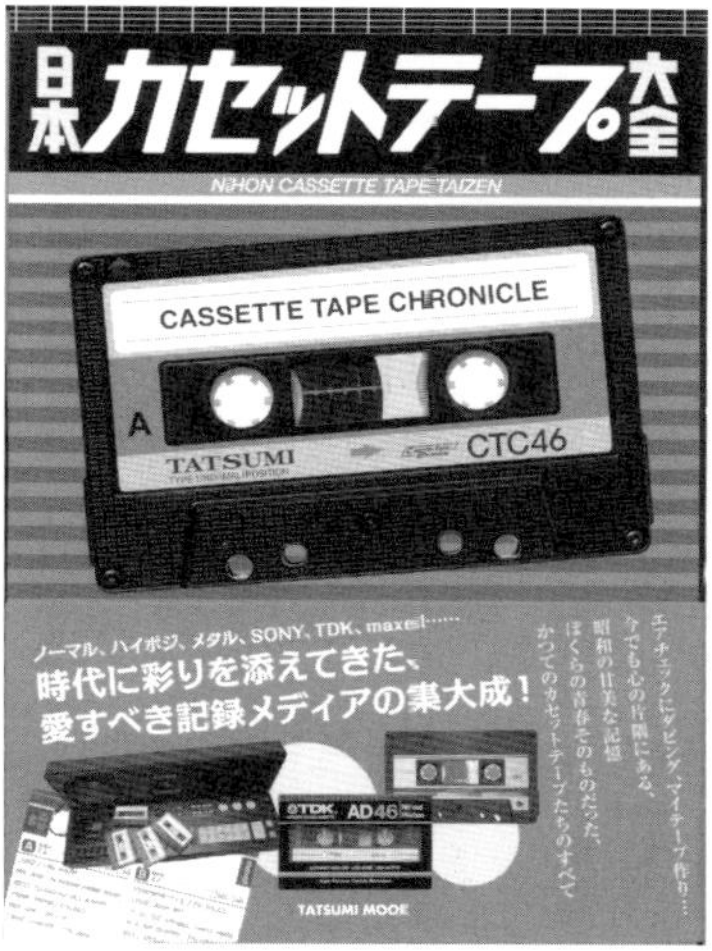

図1：『日本懐かし大全』シリーズの一部（2015-2017年刊行）

中学生の頃好きだった歌手の映像に偶然出会い、そのまま何時間も動画を見続けた、なんてことはしばしばあるだろう（私のことだが）。

昭和コンテンツが嫌いになるわけではなく、忘れるわけでもない。ただ、従来のような関わり方、面白がり方、語り方をしなくなるだけである。子どもの頃、両親や祖父母が懐メロ番組を喜んで観ていたけれども、それが何も新しい流れを生み出さなかったように、私たちも昭和のコンテンツと出会って個人的に癒やしなり活力なりを得るのみで、私がこの本でやったようなメディアを頼りに流行の輪郭をとらえる方法では、何も見つからなくなるだけのことだ。

もちろん先のことは分からないので、何かのきっかけで昭和ブームが起こるかもしれない。しかし、古いものを懐かしんだり楽しんだり、ポップな部品として利用したりすることはあっても、そこに「昭和」というくくりを設けて、ひとかたまりの文化としてとらえる必然性は少しずつ薄くなっていくように思う。もはや平成初期もじゅうぶん昔だし、あえて昭和を区切る行為に無理が生じるケースもきっと増えてくる。

今はまだ、そこそこ古いものを表すざっくりした言葉として昭和は有効だけれども、これから先、過去を楽しむときにわざわざ昭和に限定する視点は特殊なものになっていくだろう。そして、ゼロ年代に作られた昭和のイメージはこのまま更新されずに、これから私たちがそれを積極的に使うかどうかは別として、なんとなく決定稿のようになっていくのかもしれない。

しかし、そうならない可能性も少しあるので、最後にその話をしたい。

平成生まれにとっての昭和文化

昭和の最後の十年、一九八〇年代に対するイメージにはまだ変化の余地が残っているように思える。若者の親世代の文化であり、四つの経路の二番目「家庭での世代間交流」が生きていることが大きい。

たとえば音楽について大学生に話を聞くと、自分が生まれる前のヒット曲をよく知っている。その多くは八〇年代で、松田聖子、中森明菜、近藤真彦など八〇年代前半のアイドルの曲は認知度が高いし、レベッカ、BOØWY、ザ・ブルーハーツなど八〇年代後半のバンドブームの曲も詳しい。中には親の影響で平沢進（P-MODEL）にハマったとか、佐野元春にやたらと詳しい学生もいて、メディアからステレオタイプな知識を得るだけではなく、個別に親の影響を受けていることが分かる。好きなアーティストからの影響もあるようだ。

人によっては、子どもの頃カーステレオから流れてきたのを思い出して懐かしい、というノスタルジーを語ることもあるが、多くは懐かしさというよりは「良いもの」として受けとめているように感じられる。親子の交流とは違うが、マンガやアニメが好きな人もルーツを探っていく過程で八〇年代の作品に出会いやすいし、ネットで三十代、四十代のユーザーと交流しているうちに、当時の作品に親しむようになることもある。

若者にとって八〇年代は、親世代の文化であり、ネットで出会いやすい年上世代の文化でもある。

また、それ以前の時代よりも大量のコンテンツが流通していてアクセスしやすいものでもある。条件の重なりが、八〇年代に対する親近感を若者に生み出している。「良いもの」という受けとめ方だけでなく、現在とのズレを笑うアナクロキッチュなセンスも（たとえばアイドルの服装やバブル期のスーツなど）生起しているように見受けられる。

親世代の八〇年代ノスタルジーと子世代の八〇年代レトロが連動して、ディケイドのくくりをともなった何らかの流行（「八〇年代ブーム」的なもの）を起こす可能性は、多少はありうるように感じられる。

では、一九七〇年代以前はどうか。もちろん、若者が六〇年代や七〇年代のコンテンツに出会う機会はある。たとえばニコニコ動画では、一九七四年に放映されたアニメ「チャージマン研！」の、低予算ゆえのあまりにおおざっぱな作りを笑うブームが起こったことがある。ブーム自体は二〇〇八年だが、長期的にネタにされたので、ここ数年のうちにニコニコ動画に入ってきた若者にも認知されているようだ。

こうした例をあげて、若者にとって七〇年代は疎遠ではないと主張することもできる。しかし「チャー研」の事例は、二〇〇七年にＤＶＤが発売され、その後「スカパー！」でも放送されたという条件に支えられていることに注意が必要だ。映像が残っているから若者が出会えるわけで、映像が残っていなければ、あるいは映像が残っていても、誰かが録画したりリッピングしたりしてネットにアップロードしなければ、若者が出会うことはない。

時代が古くなればなるほど、出会いの条件を満たすコンテンツの数は減っていく。だから八〇年代より七〇年代のほうが若者にとって疎遠で、六〇年代はもっと疎遠だ。個人的には、六〇年代末のグループサウンズ（ＧＳ）などは音楽的にも面白いし、ファッションはキッチュに受容できると思うのだが、なにしろ流通している映像があまりに少ないため、一部の能動的な若者をのぞいて盛り上がりにくい。

その結果起こりうるのはふたつのことだ。ひとつは、六〇年代と七〇年代の区別がつきにくくなるなど、若者が戦後昭和をディテールでとらえられなくなる可能性。もうひとつはそれと連動して、八〇年代が昭和イメージの中心になっていく可能性である。可能性というか、おそらくすでに起こっていることだ。若者が「昭和っぽい」と感じるものに、バブル景気、おニャン子クラブ、ファミコン、アラレちゃんなど、八〇年代モノが多く含まれることに、若者と接する機会がよくある人は気づいているだろう。

アクセシビリティの違いによって昭和イメージに濃淡のムラが出るのは仕方のないことである。家庭用ビデオ機が普及したのは七〇年代末からなので、それ以降のテレビ番組やテレビＣＭは一般人が録画保存したものがネットに流通する。しかしそれ以前の映像は、ソフト化されたり再放送されたりしなければ流通しない。ミュージックビデオが一般化したのは日本では八〇年代中盤からなので、それ以前と以降では、映像つきのフルバージョンで楽曲が流通する可能性がだいぶ異なる。

映像や写真が残っているほうがネットで拡散しやすく、優先的に記憶される。昭和末期の記憶が肥大化し、それ以前の記憶が薄くなる現象はどうしても起こる。マスメディアからネットメディアへと情報流通の主役が移動すると、データの量やアクセシビリティの強い影響を受けざるをえない。

これから当分のあいだ、昭和イメージが八〇年代偏重になるのは必然だと私は考えている。

デジタル時代のノスタルジー

六〇年代文化や七〇年代文化は、このまま歴史の底に埋もれてしまい、一部のマニアや実体験世代だけが楽しむものになるかというと、そこまで悲観する必要もないように思う。デジタル時代だからこそ生まれる新しい楽しみ方があるはずだ。ただしそれは、古い文化を普及させたい人間が積極的に仕掛けていかないとなかなか実現しないことだろう。

さきほど少し述べたが、私たちのチームは昭和三十年代を中心に初期のテレビCMを約一万五千本デジタル化した。これまで研究者や大学院生に限って公開してきたが（保管方法の見直しのため二〇一八年夏ごろまで公開停止中）、権利処理があまりに膨大なためオープンにできず、現在も関係各所と相談しながらどうやって公開性を高めていくか議論しているところである。

このように、一九七〇年代以前の映像コンテンツで埋もれたまま眠っているものは大量にある。テレビ番組もそうだし、映画も同様である。映画やテレビ番組はソフト化されたり再放送されたりすれば人目に触れるが、CMはそのような機会をほとんど持たないので、一部の有名作品をのぞいて文字どおり死蔵されている。家庭用録画機が普及する前なので、一般ユーザーからアップロードされることはない。権利や利益の問題から著作権者がフリーで公開するのは定番の名作に限られていて、誰の記憶にもないような無名な映像が世に出ることもない。

こうした映像の公開性が高まれば、昭和三十年代、四十年代、一九六〇年代、七〇年代の文化と若者が出会う機会は増える。平成生まれの若者が当時の映像に出会い、独自の解釈をおこなって昭和に新たなイメージを付け加えることは、昭和の記憶に変化を起こす可能性を秘めている。「古い人には懐かしく、若い人には新しい」という言葉がこの本で何度も出てきたが、平成生まれの若者にとって、昭和三十年代や四十年代は懐かしくないばかりか、おそらく新しいものですらない。新しさにも賞味期間があるのだ。懐かしくも新しくもない、たんなる過去の素材をフラットな視点で見つめる体験から何が引き出されるのか。それは興味ぶかいことだ。映像にかぎらず、マンガや雑誌など、クール・ジャパンの源流になっているもの全般についてそれは言える。アーカイブスが硬直しがちな歴史をほぐすのである。

限られた有名なコンテンツだけが流通する状況が続くと、やがて文化のダイナミズムが生まれなくなる。死蔵されているものを積極的に流通させる意思を持つことで、現在の文化にも刺激を与えることができるし、若者の選択肢が増える（好むかどうかは分からないが）。そして昭和を知っているはずの中高年も、視野から外れていたものや、知らなかったものに出会えるかもしれない。「古い人にも新しい」ということだ。

マスメディア主導のブームのようなことはもう起こらないかもしれないが、ロングテールでじっくりと昭和文化のエッセンスが浸透していくような状態は作れる。私自身は昭和文化が好きだし、ときどき参照して新しいヒントを得ることもあるので、古いコンテンツの流通を増やし、アクセシビリティをよくすることには賛成である。ＣＭについては私自身がそうなるように努力していくが、他のジャンルも状況が進展するように願っている。昭和というくくりがついてもつかなくてもどちらでもよいが、当時のコンテンツに光を当てることをやめるには、まだ少し早いと思う。

振り返る昭和よりも、いま出会う昭和を

とはいえ、まもなく平成も終わり、昭和はふたつ前の時代になる。昭和は確実に遠ざかっていく。昭和文化が再評価されたり、参照されたりすることはしばらく続くだろうが、ノスタルジー的な感覚を社会全体で共有することはもうないかもしれない。

これからは、たんに過去を振り返って懐かしむノスタルジーよりも、いま目の前にある文化の中に過去のエッセンスが息づいているのを見出すようなノスタルジーのほうが、私は興味がある。

たとえば多様な音楽性を抱え込む女性アイドルというジャンルには中年のファンが多いが、彼ら（彼女ら）ファンが現在のアイドルの音楽に、八〇年代の歌謡曲や、六〇～七〇年代の洋楽のエッセンスを見つけ、若かりし頃それらの音楽に夢中になった過去を思い出して胸が熱くなる、というようなことがよくある。かつてのヘビメタ少年がいまBABYMETALにハマるなどは典型的だ。

ただしそのとき、その人は過去を懐かしんでいるというよりは、むしろ最新の文化に触れていて、あくまで「いま、ここ」の体験が軸になっている。最新の音楽シーンに取り残され気味だった世代

が、久しぶりに時代と自分がシンクロしていることが楽しいのである。ノスタルジーを経路に、自分自身が更新されている感覚を味わうこと、「いま」を生きている実感を持つこと。これこそが古い文化の効用ではないかと、ここ数年で強く感じるようになった。

もちろん、たんに過去を過去として振り返ることも楽しい。YouTubeで昔の街並みや駅の有人改札などを撮影した映像を見つけると、懐かしくて何時間でもタイムマシンに乗っていられる。その楽しみは一方で保ちたい。しかしそれだけではなく、「いまここにいる自分」を楽しむためのきっかけや素材として過去があるというかたちを大切にしたい。最新の文化と中高年世代のあいだを取り持つ文化生産者たちが、昭和を素材として使いこなしてくれることに感謝と期待を込めつつ、「いま」を生きるのである。

大事なのは「いま」であるというフレーズは聞き覚えがある。この本には、過去の文化に対してそういう面白がり方をしてきた人がたくさん出てきた。やはりキーワードはキープオンだ。文化とはそうやってつながっていくものなのだ。

あとがき

この本を書き始めたのは二〇一一年のことで、完成までに七年もかかってしまいました。長い時間がかかったのは、扱う時代とジャンルが自分の守備範囲を超えて大きく広がり、あまり詳しくない分野について一から理解する必要があったからです。ある時代やあるジャンルの「ノリ」や「ニュアンス」をつかむために、当時の雑誌を片っ端から読みました。たとえば第1章のアンノン族の記述（二十三〜二十五頁）のためだけに『an・an』と『non-no』を計五十冊くらい読み、それだけで半年たってしまう、そんな日々が延々と続きました。

おかげですっかり昭和ブームの旬を外してしまいましたが、偶然にも、平成が終わろうとするタイミングで刊行することになり、これも何かのめぐりあわせかなと前向きにとらえています。

この本はとにかく雑誌に頼りました。インターネットが普及する前の、あらゆるサブカル領域のあらゆるセンスは、すべて雑誌を通過しています。雑誌さえ読めば、当時の空気感やノリみたいなものはかならず分かる。雑誌に対する信頼によって私の議論は成り立っています。

しかし、そうした雑誌の文化は終わりつつあるように感じます。今の時代のノリやニュアンスをコンパクトに記録しているメディアは何だろうとよく考えますが、なかなか答えは出ません。数十年後、二〇一〇年代の文化に特有のノリやニュアンスを知りたいと思ったとき、何に頼ればいいのでしょう。新聞や雑誌が、最新のできごとを報道するだけでなく、その時代をアーカイビングして後世に伝える役割も担ってきたことを強く感じた今回の執筆でした。インターネットとデジタルメディア全盛の時代にも、そうした記録の役割を担う何かがあってほしいと願っています。

今回の執筆をつうじてひとつ気づいたことがあります。それは、昭和三十年代ノスタルジー、昭和四十年代ノスタルジー、一九八〇年代ノスタルジーの三つが確実に存在するのに対して、「昭和五十年代」というくくりだけ抜け落ちていることです。

昭和五十年代という主題はなぜ、こんなに影が薄いのだろうという疑問がわいています。高度成長の終わりとバブルの始まりにはさまれていて、すごくスッキリと始点と終点を定められるのに、ずいぶんと存在感の弱い昭和五十年代に私は今、興味を持っています。

七〇年代と八〇年代に分断されてきたこの十年は、文化史的にはひとつのまとまりと見たほうがよいのではないか。そうすることで、文化史の新しい風景が浮かび上がってくるのではないか。これを私の次のテーマにしたいと思います。形になるのはまた七年後かもしれませんが。

この本は、ノスタルジー現象を客観的にとらえた学術的な色の強いものではありますが、読み方によってはノスタルジー本としても楽しめるように工夫したつもりです。図版を多めにしたのもそれがひとつの理由です。元サブカル・キッズや渋谷系おじさんの方々が、「ああ、あったなこんなもの」と懐かしんでくだされば幸いです。

一方で、昭和をあまり知らない若い世代にも読みやすいように、必要な説明はできるだけていねいにおこなったつもりです。それでも分からない言葉はいくつもあると思いますが（アベベとか説明抜きだと通じないかな）、ググってください。この本を通じて昭和文化の面白さに気づいてくれるとうれしいですし、過去の時代どうしの相対的な距離感（八〇年代の人々は六〇年代をどう思っていたかなど）はなかなか分からないことですから、この本で学んでくださると書いた甲斐があります。

この本を世に問うことができたのは、完成した原稿を唐突に持ち込んだにもかかわらず出版を快諾してくださった晶文社の太田泰弘社長と、ていねいに内容を検討してくださったスタッフの皆様のおかげです。編集の松井智さんには的確なアドバイスをたくさんいただき、たいへんお世話になりました。この場を借りて厚く御礼申し上げます。

また、とかく同世代に向けた内容になりがちなこの種の本を、若い人にも読めるように工夫しなければならないと意識させてくれたのは、日々接している茨城大学の学生のみなさんでした。読んだらぜひ、感想を聞かせてください。
そして、のんびりした私を気長に見守ってくれる妻と両親に感謝しています。この本の刊行日の一年前が、母の葬儀でした。完成した本を見せられなかったのは残念ですが、のんびり屋だから仕方ないと、許してくれることを願っています。

高野光平

二〇一八年三月

参考文献一覧

序文

浅岡隆裕「昭和の風景への／からの視線――メディアの語りのなかの昭和30年代」『マス・コミュニケーション研究』七六巻、日本マス・コミュニケーション学会、二〇一〇年

浅岡隆裕『メディア表象の文化社会学――〈昭和〉イメージの生成と定着の研究』ハーベスト社、二〇一二年

市川孝一「昭和30年代はどう語られたか――〝昭和30年代ブーム〟についての覚書」『マス・コミュニケーション研究』七六巻、日本マス・コミュニケーション学会、二〇一〇年

片桐新自「『昭和ブーム』を解剖する」『関西大学社会学部紀要』三八巻三号、二〇〇七年

寺尾久美子「『昭和30年代』の語られ方の変容」『哲学』一一七、慶應義塾大学三田哲学会、二〇〇七年

日高勝之『昭和ノスタルジアとは何か――記憶とラディカル・デモクラシーのメディア学』世界思想社、二〇一四年

第1章

一柳廣孝編著『オカルトの帝国――１９７０年代の日本を読む』青弓社、二〇〇六年

五島勉『ノストラダムスの大予言――迫りくる１９９９年７の月、人類滅亡の日』祥伝社（ノン・ブック）、一九七三年

小松左京『日本沈没』光文社（カッパ・ノベルズ）、一九七三年

西岸良平『三丁目の夕日』一～十巻、小学館、一九七五～一九七九年

武田晴人『高度成長（シリーズ日本近現代史⑧）』岩波書店（岩波新書）、二〇〇八年

夏目房之介・竹内オサム編著『マンガ学入門』ミネルヴァ書房、二〇〇九年

初見健一『ぼくらの昭和オカルト大百科――70年代オカルトブーム再考』大空出版（大空ポケット文庫）、二〇一二年

藤岡和賀夫編著『DISCOVER JAPAN 40年記念カタログ』ＰＨＰ研究所、二〇一〇年

見田宗介『現代日本の感覚と思想』講談社（学術文庫）、一九九五年

山崎正和『おんりい・いえすたでい'60s』文藝春秋、一九七七

年
吉川　洋『高度成長――日本を変えた六〇〇〇日』中央公論新社（中公文庫）、二〇一二年

第2章

『おたくの本（別冊宝島一〇四）』ＪＩＣＣ出版局、一九八九年
東　浩紀『動物化するポストモダン』講談社（現代新書）、二〇〇一年
伊藤友治・ＴＢＳラジオ編著『パック・イン・ミュージック――昭和が生んだラジオ深夜放送革命』DU BOOKS、二〇一五年
小野耕世編『ＣＵＳＴＯＭ版　60年代のカタログ』主婦と生活社、一九七五年
篠原　章『日本ロック雑誌クロニクル』太田出版、二〇〇五年
霜月たかなか『コミックマーケット創世記』朝日新聞出版（朝日新書）、二〇〇八年
高平哲郎『ぼくたちの七〇年代』晶文社、二〇〇四年
竹内　博『元祖怪獣少年の日本特撮映画研究四十年』実業之日本社、二〇〇一年
中島紳介「『ＰＵＦＦ』と怪獣倶楽部の時代――特撮ファンジン風雲録」『まんだらけＺＥＮＢＵ』第五十～六十号、二〇一一～一三年　※連載の途中までを参照
日本放送協会編『放送五十年史　資料編』日本放送出版協会、一九七七年
毎日新聞社『一億人の昭和史1　満州事変前後』毎日新聞社、一九七五年
吉本たいまつ『おたくの起源』ＮＴＴ出版、二〇〇九年

第3章

高橋靖子『表参道のヤッコさん』河出書房新社（河出文庫）、二〇一二年
瀧　清子『雑貨のゆくえ』主婦の友社、二〇〇一年
蔦谷喜一『きいちのぬりえ――メリーちゃん　花子さん』草思社、一九七八年
長谷川義太郎『がらくた雑貨店は夢宇宙』晶文社、一九八三年

第4章

椎根　和『popeye物語』新潮社、二〇〇八年
田中康夫『なんとなく、クリスタル』河出書房新社、一九八一年

第5章

『エイティーズ――八〇年代全検証』河出書房新社、一九九〇年
糸井重里責任編集『ヘンタイよいこ新聞』パルコ出版、一九八二年
香山リカ『ポケットは80年代がいっぱい』バジリコ、二〇〇八年
黒沢進『資料日本ポピュラー史研究――初期フォーク・レーベル編』SFC音楽出版、一九八六年
月刊宝島編集部編『VOW 現代下世話大全――まちのヘンなモノ大カタログ』JICC出版局、一九八七年
宝島編集部編『ニューウェイブ世代のゴジラ宣言』JICC出版局、一九八五年
ばるぼら『NYLÖN 100%――80年代渋谷発ポップカルチャーの源流』アスペクト、二〇〇八年
宮沢章夫『東京大学「80年代地下文化論」講義』白夜書房、二〇〇六年
森永博志『原宿ゴールドラッシュ』ソニー・マガジンズ（エンジェルワークス）、二〇〇四年
山崎眞行『クリーム・ソーダ物語』JICC出版局、一九八二年
米沢嘉博・式城京太郎『2B弾・銀玉戦争の日々』新評社、一九八二年

第6章

『1970年大百科』JICC出版局、一九八五年
アダルト・キッズ『ぼくらのヒーロー図鑑』廣済堂、一九八五年
泉麻人・みうらじゅん『無共闘世代（週刊本24）』朝日出版社、一九八五年
北野武『たけしくん、ハイ！』太田出版、一九八四年
草野のりかず『ぼくらの三角ベース――ノスタルジック・カタログ』平凡社、一九八四年
佐溝力・平松弘孝編『日本ホーロー看板広告大図鑑――サミゾチカラ・コレクションの世界』国書刊行会、二〇〇八年
永倉万治『新・昭和30年代通信』小学館、一九八六年

第7章

アンテナ・ハウス編『196Xレトロ大百科』ミリオン出版、一九八七年

川本三郎『マイ・バック・ページ――ある60年代の物語』河出書房新社、一九八八年
竹内義和『大映テレビの研究――不滅のテレビジャンキー』大阪書籍、一九八六年
三宅裕司『ぼっ！ ぼっ…ぼくらはテレビ探偵団――懐かしがってばかりはいられない』祥伝社、一九八七年
村上春樹『ノルウェイの森』講談社、一九八七年
村上 龍『69 Sixty nine』集英社、一九八七年
山田芳裕『大正野郎』一巻、講談社（モーニングＫＣ）、一九八八年

第8章

『オルタカルチャー日本版』メディアワークス発行・主婦の友社発売、一九九七年
『フリッパーズ・ギターと渋谷系の時代（音楽誌が書かないJポップ批評25）』宝島社、二〇〇三年
岩永正敏『輸入レコード商売往来』晶文社、一九八二年
GAZETTE 4企画・編集『モンド・ミュージック』リブロポート、一九九五年
川勝正幸『ポップ中毒者の手記（約10年分）』河出書房新社（河出文庫）、二〇一三年
小西康陽『これは恋ではない――小西康陽のコラム１９８４―１９９６』幻冬舎、一九九六年
コーネリアス『コーネリアスの惑星見学』角川書店、一九九八年
コンテムポラリー・プロダクション『シーティーピーピーのデザイン』光琳社出版、一九九六年
長門芳郎『PIED PIPER DAYS――私的音楽回想録１９７２―１９８９』リットーミュージック、二〇一六年
平林和史ほか『前略 小沢健二様』太田出版、一九九六年
村田知樹ほか『渋谷系元ネタディスクガイド』太田出版、一九九六年
若杉 実『渋谷系』シンコーミュージック、二〇一四年

第9章

『男泣きＴＶランド（『映画秘宝』ｖｏｌ・４）』洋泉社、一九九六年
『子どもの昭和史 おまけとふろく大図鑑（別冊太陽）』平凡社、一九九九年
『全怪獣怪人大百科 52年度版』勁文社、一九七六年
『夕焼けＴＶ番長（『映画秘宝』ｖｏｌ・５）』洋泉社、一九九六年

浅羽通明『天使の王国——「おたく」の倫理のために』ＪＩＣ出版局、一九九一年

アスペクト編集部編『なつかしの給食』アスペクト、一九九七年

岩佐陽一『なつかしのＴＶ青春アルバム！ 慟哭編』芸文社、一九九七年

岩佐陽一『なつかしのＴＶ青春アルバム！ ｖｏｌ・２ 闘魂編』芸文社、一九九七年

岩佐陽一『なつかしのＴＶ青春アルバム！ ｖｏｌ・３ 清貧編』芸文社、一九九七年

オオタ・マサオ文・撮影『琺瑯看板——懐かしき昭和30年代を訪ねて』小学館、一九九九年

大塚英志『「おたく」の精神史——一九八〇年代論』講談社（現代新書）、二〇〇四年

奥成 達文・ながたはるみ絵『なつかしの小学校図鑑』いそっぷ社、一九九九年

カルト探偵団編『60年代キーワード百科——〝懐かしい〟が新しい！』ＫＫベストセラーズ（ワニ文庫）、一九九二年

カルト探偵団編『キーワードで読む70年代グラフィティ——懐しくって新しい！』ＫＫベストセラーズ（ワニ文庫）、一九九三年

川本三郎『映画の昭和雑貨店』小学館、一九九四年

ＣＵＴｉＥ編集部編『CUTiE CHRONICLE 1989-1999』宝島社、二〇一四年

串間 努『まぼろし小学校——昭和Ｂ級文化の記録』小学館、一九九六年

串間 努『ザ・おかし』扶桑社、一九九六年

串間 努・町田 忍『ザ・ジュース大図鑑』扶桑社、一九九七年

串間 努『子供の大科学——「あの頃」遊んだふしぎ玩具、教材』光文社（光文社文庫）、一九九七年

串間 努『まぼろし万国博覧会』小学館、一九九八年

串間 努・久須美雅士『ザ・飲みモノ大百科』扶桑社、一九九八年

串間 努『ザ・ガム大事典』扶桑社、一九九八年

串間 努『完全復刻版 少年探偵手帳』光文社（光文社文庫）、一九九九年

串間 努『昭和40年代思い出鑑定団』ぶんか社、一九九九年

黒沢哲哉ほか『レトロおもちゃ大図鑑（別冊宝島三六〇）』宝島社、一九九八年

コロナ・ブックス編集部編『貧乏だけど幸せ——われら日本人昭和25〜35年の実写記録』平凡社、一九九九年

太陽編集部編『昭和生活なつかし図鑑』平凡社、一九九九年

宝島編集部編『１９６０年大百科』ＪＩＣＣ出版局、一九九一

年
田埜哲文『ひみつのアッコちゃんのコンパクトはなぜ……——ボクが解決したサブカルチャー疑問集』徳間書店、一九九三年
日曜研究社『日曜研究家』（第1～第3号合本および第4号～第14号）扶桑社、一九九七～一九九九年
ハウス・オブ・ドレッド編著『懐かしの青春ドラマ大図鑑』ジャパン・ミックス、一九九七年
博報堂生活総合研究所編『「分衆」の誕生——ニューピープルをつかむ市場戦略とは』日本経済新聞社、一九八五年
林　義人『あれからどうなった？　懐かしさいっぱいのGOODSたち』リヨン社、一九九三年
藤沢太郎『ぼくらのメイドインジャパン　昭和30年～昭和40年代』小学館、一九九九年
ポッププロジェクト編『広告キャラクター大博物館』日本文芸社、一九九四年
堀井憲一郎『この役立たず！　——ホリイのずんずん調査』文藝春秋、一九九七年
柳田理科雄『空想科学読本——ゴジラは生まれた瞬間、即死する⁉』宝島社、一九九六年

第10章

『'60ｓ！　流行モノ大図鑑』水曜社、二〇〇三年
『昭和30年代を歩く——懐かしいあの頃に出会える』三推社／講談社、二〇〇四年
『テレビ50年——あの日あの時、そして未来へ』ＮＨＫサービスセンター、二〇〇三年
『懐かしい風景で振り返る東京都電』イカロス出版、二〇〇五年
『レトログッズマガジン No. 002（ネコムック四二三）』ネコ・パブリッシング、二〇〇二年
赤木洋一『平凡パンチ１９６４』平凡社（平凡社新書）、二〇〇四年
浅岡隆裕「昭和三十年代へのまなざし——ある展示会の表象と受容の社会学的考察」『応用社会学研究』四六号、立教大学社会学部、二〇〇四年
天野洋一撮影・ＢＲＣプロ編『都電　懐かしの街角——昭和40年代とっておきの東京』明元社、二〇〇四年
伊藤正直・新田太郎監修『ビジュアルＮＩＰＰＯＮ　昭和の時代』小学館、二〇〇五年
岩佐陽一『70年代カルトＴＶ図鑑』文藝春秋（文春文庫ＰＬＵ

S)、二〇〇一年
岩佐陽一『なつかしのTV青春アルバム！——特撮・アクションドラマ篇』文藝春秋（文春文庫PLUS）、二〇〇一年
岩佐陽一著・文藝春秋編著『青春「昭和アイドル」大図鑑』文藝春秋、二〇〇三年
岩永辰尾『写真集　東京タワーが建ったころ』第三書館、二〇〇五年
卯月　鮎『はじめてのファミコン——なつかしゲーム子ども実験室』マイクロマガジン社、二〇〇五年
宇山あゆみ『想い出プリント大百科』新紀元社、二〇〇四年
おおこしたかのぶ編『ちびっこ広告図案帳』オークラ出版、一九九九年
おおこしたかのぶ編『ちびっこ広告図案帳'70』オークラ出版、二〇〇三年
OH！マボロシのミニスカ名盤解放同盟『OH！　昭和ミニスカ名盤』日本出版社、二〇〇三年
奥成　達文・ながたはるみ絵『駄菓子屋図鑑』筑摩書房（ちくま文庫）、二〇〇三年
大人の科学マガジン編集部『もう一度見たい！「科学」と「学習」』学研教育出版、二〇一〇年
加藤嶺夫『東京の消えた風景』小学館、二〇〇三年
鴨下信一『誰も「戦後」を覚えていない』文藝春秋（文春新書）、二〇〇五年
玩具発掘調査委員会編『なつかしおもちゃ研究所』ジャイブ、二〇〇三年
品川四郎ほか『吹替洋画劇場（別冊映画秘宝1）』洋泉社、二〇〇三年
清水　勲『古きよきサザエさんの世界』いそっぷ社、二〇〇二年
周　達生『昭和なつかし博物学——「そういえばあったね！」を探検する』平凡社（平凡社新書）、二〇〇五年
人文社編集部編『古地図・現代図で歩く　昭和30年代東京散歩』人文社、二〇〇四年
鈴木めぐみ『うれし恥ずかしなつかしの少女マンガ』ソニー・マガジンズ、二〇〇五年
関川夏央『昭和が明るかった頃』文藝春秋、二〇〇二年
高山英男監修・財団法人日本玩具文化財団編『20世紀おもちゃ博物館』同文書院、二〇〇〇年
竹内宏介『さらばゴールデンタイムTVプロレス（『週刊ゴング』二〇〇四年八月六日増刊号）』日本スポーツ出版社、二〇〇四年
竹内書店新社編集部編『超ロングセラー大図鑑——花王石鹸からカップヌードルまで』竹内書店新社、二〇〇一年

月居良子『レトロが素敵な服』文化出版局、二〇〇三年
堤　哲哉『僕らのスーパーヒーロー伝説――昭和40年代アニメ・特撮ヒーロー大研究』扶桑社、二〇〇二年
布川秀男『もう取り戻せない昭和の風景［東京編］』東洋経済新報社、二〇〇四年
爆笑問題『昭和は遠くになりにけり』幻冬舎、二〇〇三年
ファミ通書籍編集部編『ぼくのなつやすみ公式ガイドブック――空が高かったあの頃』エンターブレイン、二〇〇〇年
福永良子編著『脳と心が若返る　昭和なつかしクロスワード』草思社、二〇〇五年
藤岡和賀夫『懐かしい日本の言葉ミニ辞典――NPO直伝塾プロデュース　レッドブック』宣伝会議、二〇〇三年
藤岡和賀夫『続懐かしい日本の言葉ミニ辞典――NPO直伝塾プロデュース　レッドブック』宣伝会議、二〇〇四年
藤田　馨『昭和「のりもの」ヒーロー――光り輝いたあの時代へ…』イカロス出版、二〇〇五年
ブルーガイド編集部編『東京懐かしの昭和30年代散歩地図』実業之日本社、二〇〇五年
へっぽこ調査室文・タナカカツキ絵『このへんでドロンします――昭和へっぽこフレーズ大全』幻冬舎コミックス、二〇〇五年
正井泰夫監修『昭和30年代　懐かしの東京』平凡社、二〇〇一年
町田　忍監修・GAKUYOSHA編集制作『近くて懐かしい昭和あのころ――貧しくても豊かだった昭和三十年代グラフィティ』東映、一九九九年
町田　忍『ぶらり散策　懐かしの昭和――消えゆく昭和の建物をたずねて』扶桑社、二〇〇一年
町田　忍『懐かしの昭和30年代――貧しくても元気だった』扶桑社、二〇〇二年
町田　忍『懐かしの家庭薬大全』角川書店、二〇〇三年
町田　忍『懐かし新聞広告批評――明治・大正・昭和の素晴らしきムダ知識』扶桑社、二〇〇四年
町山智浩企画・総監修『70年代映画懐かし地獄――あの頃映画は爆発だった！』洋泉社、二〇〇二年
町山智浩企画／映画秘宝編集部・12チャン系映画研究会編『日常洋画劇場――映画のことはぜんぶＴＶで学んだ！』洋泉社、二〇〇二年
松平　誠『駄菓子屋横丁の昭和史』小学館、二〇〇五年
持田　晃『東京　いつか見た街角』河出書房新社、二〇〇五年
森まゆみ『昭和ジュークボックス』旬報社、二〇〇三年
山口泰久「『昭和の町』による観光・商業の一体的振興」『観光文化』一八三号、日本交通公社、二〇〇七年
吉田正幸『「思い出力」クイズ――脳活性！タイムトラベル

昭和30年代編』小学館、二〇〇五年
話題の達人倶楽部編『懐かしの80年代にどっぷりつかる本』青春出版社（青春文庫）、二〇〇四年

第11章

『80'sグッズ・マニュアル完全復刻版』ネコ・パブリッシング、二〇〇八年
『ザ・東京さんぽ――昭和な東京を歩く』交通新聞社、二〇〇八年
『三丁目の夕日の時代　東京タワー篇』小学館、二〇〇七年
『三丁目の夕日の時代　日本橋篇』小学館、二〇〇七年
『60'sグッズ・マニュアル完全復刻版』ネコ・パブリッシング、二〇〇八年
『昭和お宝大図鑑』コスミック出版、二〇〇八年
『昭和キッチン雑貨コレクション』ネコ・パブリッシング、二〇〇九年
『「昭和の小学生」夏休み大百科（別冊宝島一四五〇）』宝島社、二〇〇七年
『昭和プロレス！　名勝負列伝（別冊宝島スペシャル）』宝島社、二〇〇八年
『新装版「昭和の小学生」大百科』宝島社、二〇〇六年
『新背景カタログ　カラー版2　下町・昭和の街並編――路地・木造家屋・商店街・市場・銭湯・都電ほか』マール社、二〇〇八年
『70'sグッズ・マニュアル完全復刻版』ネコ・パブリッシング、二〇〇八年
『新装大版　1980年大百科（別冊宝島一四三八）』宝島社、二〇〇七年
『90'sグッズ・マニュアル完全保存版』ネコ・パブリッシング、二〇〇八年
『なつかしの外国TVシリーズ――あの昭和30年代がよみがえる』近代映画社、二〇〇六年
『80年代こども大全（別冊宝島一四五七）』宝島社、二〇〇七年
『U-CANのなつかしの昭和ドリル』主婦の友社、二〇〇八年
青柳宇井郎・赤星政尚『ウルトラマン99の謎』二見書房、二〇〇六年
赤瀬川原平『昭和の玉手箱』東京書籍、二〇〇八年
秋山真志『昭和――失われた風景・人情』ポプラ社、二〇〇八年
アップオン編集部編『昭和の香り　レトロ気分なおやつとスープ、そしてホウロウ雑貨』主婦の友社、二〇〇六年
池上保子『なつかしいおやつのレシピ』成美堂出版、二〇〇八年

石原壮一郎・神田憲行『イカす大人の「昭和力」検定――ロッキード事件からピンク・レディーまで』日本放送出版協会、二〇〇九年
石本　馨『団地巡礼』二見書房、二〇〇八年
泉　麻人『なつかしい言葉の辞典』ソフトバンククリエイティブ（SB文庫）、二〇〇五年
岩佐陽一『昭和特撮大全――蘇る伝説のヒーローたち』三才ブックス、二〇〇八年
岩本真侍『団塊嫌い――俺達は団塊じゃない』評言社、二〇〇七年
うちのテレビにゃ色がない！製作委員会・村次龍次筆頭執筆者『青春　丸ごと60年代タイムスリップBOOK』ゴマブックス、二〇〇六年
大久保健志ほか『僕たちの大好きな団地』洋泉社、二〇〇七年
おおこしたかのぶ・ほうとうひろし『昭和ちびっこ広告手帳――東京オリンピックからアポロまで』青幻社、二〇〇九年
おおこしたかのぶ・ほうとうひろし『昭和ちびっこ広告手帳2――大阪万博からアイドル黄金期まで』青幻社、二〇〇九年
大山　顕『団地さん』エンターブレイン、二〇〇八年
岡　力『アホと呼ばれた'80s』エンタイトル出版、二〇〇七年
樫原叔子『ハヤリもの50年　昭和32年―平成18年――あのころ夢中になった映画・音楽・商品・本など』こう書房、二〇〇七年
金子桂三『東京――忘却の昭和三〇年代』河出書房新社、二〇〇七年
神永英司『マルサン物語――玩具黄金時代伝説』朝日新聞出版、二〇〇九年
鴨下信一『誰も「戦後」を覚えていない［昭和20年代後半篇］』文藝春秋（文春新書）、二〇〇六年
鴨下信一『誰も「戦後」を覚えていない［昭和30年代篇］』文藝春秋（文春新書）、二〇〇八年
鴨下信一『ユリ・ゲラーがやってきた――40年代の昭和』文藝春秋（文春新書）、二〇〇九年
川又三智彦・山中伊知郎『昭和30年代村』日新報道、二〇〇七年
漢尽　要監修『クロスワード　昭和なつか史・編』桃園書房、二〇〇七年
北見けんいち『はらっぱの元気くん』東京新聞出版局、二〇〇七年
清野恵美子『昭和レトロ語辞典』講談社、二〇〇七年
近現代史編纂会編・野口恒解説『写説　昭和30年代』ビジネス社、二〇〇六年
草野のりかず著／ウノ・カマキリ画『三角ベースおぼえていますか？』秀和システム、二〇〇六年

黒沢哲哉『ぼくらの60～70年代宝箱』いそっぷ社、二〇〇六年
ゲイムマン『レトロゲームが大好きだ　昭和編』マイクロマガジン社、二〇〇八年
ゲイムマン『レトロゲームが大好きだ　平成編』マイクロマガジン社、二〇〇九年
小松政夫『のぼせもんやけん――昭和三〇年代横浜～セールスマン時代のこと。』竹書房、二〇〇六年
コモエスタ八重樫監修『昭和30年代パノラマ大画報――今よみがえる、ニッポンの青春！』宝島社、二〇〇六年
酒井竜次監修・編集『ニッポンの廃墟』インディビジョン、二〇〇七年
堺屋太一編著『東京タワーが見た日本』日本経済新聞出版社、二〇〇八年
佐藤栄一『昭和レトロに別れを告げよう』文芸社、二〇〇七年
里木陽市『学生街の喫茶店はどこに』アートデイズ、二〇〇七年
佐溝　力『懐かしのホーロー看板――広告から見える明治・大正・昭和』祥伝社、二〇〇九年
鮫島　敦『東京タワー50年――戦後日本人の〝熱き思い〟を』日本経済新聞出版社（日経ビジネス人文庫）、二〇〇八年
さわたり・しょうじ『懐かしの昭和　まちがい探し六十四景』オクターブ、二〇〇八年
産業編集センター企画・編集『懐かしい町のレトロな喫茶店』産業編集センター、二〇〇八年
三冬社編・東京北区書店組合協力『昭和30年・40年代の北区――なつかしい昭和の記録』三冬社、二〇〇九年
G.B.編『80年代ガキ大全』宝島社、二〇〇九年
霜月十九郎『想い出はテレビヒーローと共に――ボクらが育った1960年代』文芸社、二〇〇六年
東海林さだお『ショージ君のALWAYS――東海林さだおが昭和を懐かしむ』集英社インターナショナル、二〇〇六年
昭和こども新聞編纂委員会『昭和こども新聞』日本文芸社、二〇〇五年
昭和こども新聞編纂委員会『ぼくらの昭和30年代新聞』日本文芸社、二〇〇七年
昭和こども新聞編纂委員会『昭和こども新聞　昭和21年～昭和37年編』日本文芸社、二〇〇七年
昭和こども新聞編纂委員会『続・昭和こども新聞』日本文芸社、二〇〇七年
昭和こども新聞編纂委員会『新版ぼくらの昭和30年代新聞』日本文芸社、二〇〇八年
昭和青年団『昭和45年クイズ』ぶんか社（ぶんか社文庫）、二〇〇六年
「昭和力」検定委員会編『「昭和力」検定ドリル――ニッポンが

元気だった40年代　１９６５〜１９７４』世界文化社、二〇〇六年
鈴木伸子『大人の東京散歩――「昭和」を探して』河出書房新社（河出文庫）、二〇〇九年
高井ジロル『ベルマークのひみつ』日本文芸社、二〇〇六年
高井ジロル『なつかしの理科室――今でも手に入る理科教材１５４』アスペクト、二〇〇八年
田中長徳『トウキョウ今昔　１９６６・２００６』岩波書店、二〇〇六年
田中哲男『東京慕情――昭和30年代の風景』東京新聞出版局、二〇〇八年
たばこと塩の博物館監修『たばこパッケージクロニクル』イカロス出版、二〇〇八年
団塊なつかし倶楽部編『団塊なつかし雑学百科』プロスパー企画、二〇〇六年
長　洋弘『ぱんちょろよーちゃん・少年編』燦葉出版社、二〇〇七年
都築響一『バブルの肖像』アスペクト、二〇〇六年
堤　哲哉『目で見る　駄菓子屋グッズ大図鑑ＤＸ――パチ怪獣ブロマイドからガチャガチャまで』扶桑社、二〇〇六年
出久根達郎『隅っこの「昭和」――モノが語るあの頃』角川学芸出版、二〇〇六年
テムトゥリー監修『ああ、なつかしの青春時代パズル　１９５０年代〜１９６０年代』一艸堂、二〇〇六年
照井啓太編・ＵＲ都市機構写真『団地の子どもたち――今蘇る、昭和30・40年代の記憶』洋泉社、二〇〇九年
TOY'S HOUSE 編『昭和アイドル完全大図鑑』グリーンアロー出版社、二〇〇七年
東京ウォーカー特別編集『おいしい東京レトロ探険』角川クロスメディア、二〇〇八年
東京都写真美術館編『昭和の風景』新潮社、二〇〇七年
戸塚恵子『昭和ドールハウス――ミニチュアで再現する日本のなつかしい情景』河出書房新社、二〇〇八年
長澤　均『昭和30年代モダン観光旅行』講談社、二〇〇九年
中野佐和子『スイーツ・ノスタルジー――懐かしの昭和のお菓子＆おやつレシピ集』旭屋出版、二〇〇七年
長野重一写真・川本三郎解説『東京１９５０年代――長野重一写真集』岩波書店、二〇〇七年
日本観光雑学研究倶楽部『セピア色の遊園地――君も行った、僕も行った、あの遊園地・レジャーランド』創成社、二〇〇五年
橋口譲二『視線』ミトローパ、一九九八年
長谷　聰・照井啓太『団地ノ記憶』洋泉社、二〇〇八年
初見健一『まだある。――今でも買える〝懐かしの昭和〟カタ

ログ～文具・学校編～』大空出版（大空ポケット文庫）、二〇〇五年
初見健一『まだある。――今でも買える〝懐かしの昭和〟カタログ～玩具編～』大空出版（大空ポケット文庫）、二〇〇六年
初見健一『まだある。――今でも買える〝懐かしの昭和〟カタログ～生活雑貨編～』大空出版（大空ポケット文庫）、二〇〇六年
初見健一『まだある。――今でも買える〝懐かしの昭和〟カタログ～駄菓子編～』大空出版（大空ポケット文庫）、二〇〇六年
初見健一『まだある。――今でも買える〝懐かしの昭和〟カタログ～おやつ編～』大空出版（大空ポケット文庫）、二〇〇七年
初見健一『まだある。――今でも買える〝懐かしの昭和〟カタログ～キャラクター編～』大空出版（大空ポケット文庫）、二〇〇七年
初見健一『まだある。――今でも買える〝懐かしの昭和〟カタログ～食品編その2～』大空出版（大空ポケット文庫）、二〇〇七年
初見健一『まだある。大百科～お菓子編～――今でも買える昭和のロングセラー図鑑』大空出版、二〇〇八年
初見健一『まだある。食品編（増補改訂版）――今でも買える〝懐かしの昭和〟カタログ』大空出版、二〇〇九年
初見健一『まだある。遊園地編――今でもわくわく〝懐かしの昭和〟カタログ』大空出版、二〇〇九年
林えり子『暮しの昭和誌』海竜社、二〇〇九年
林　望『ついこの間あった昔』弘文堂、二〇〇七年
ビルマニアカフェ『いいビルの写真集　ＷＥＳＴ』パイインターナショナル、二〇一二年
福永良子『脳と心が若返る「昭和レトロクイズ」』ＰＨＰ研究所、二〇〇六年
藤木ＴＤＣ文・イワシタフミアキ写真『昭和幻景――消えゆく記憶の街角』ミリオン出版、二〇〇九年
布施克彦『昭和33年』筑摩書房（ちくま新書）、二〇〇六年
宝泉　薫編著『昭和歌謡　勝手にベストテン』彩流社、二〇〇九年
堀井憲一郎『若者殺しの時代』講談社（現代新書）、二〇〇六年
町田　忍『昭和レトロ商店街――ロングセラー商品たちの知られざるヒストリー』早川書房、二〇〇六年
町田　忍『昭和レトロ博物館』角川学芸出版、二〇〇六年
町田　忍『昭和なつかし図鑑――私が原っぱの少年だったころ』講談社（講談社文庫）、二〇〇七年

町田　忍『帰ってきた！　昭和レトロ商店街――なつかしの名品・珍品そろえました』早川書房、二〇〇八年
松生恒夫『昭和思い出し法――クイズで脳を活性化』シーアンドアール研究所、二〇〇八年
松本　卓『格好よかった昭和――東京オールウェイズ60's』アスキー・メディアワークス（アスキー新書）、二〇〇九年
松本典久ほか『懐かしのあの列車を追え！』辰巳出版、二〇〇八年
峯崎寿雄『昭和の残像』文芸社、二〇〇九年
本橋成一『上野駅の幕間（新装版）』平凡社、二〇一二年
森まゆみ『「懐かしの昭和」を食べ歩く』ＰＨＰ研究所（ＰＨＰ新書）、二〇〇八年
八重野充弘・昭和30年代研究会『懐かしの昭和30年代ドリル』世界文化社、二〇〇七年
洋泉社編『僕たちの大好きな遊園地』洋泉社、二〇〇九年
若目田幸平『東京のちょっと昔――30年前の下町風景』平凡社、二〇〇七年

第12章

高野光平・難波功士編『テレビ・コマーシャルの考古学――昭和30年代のメディアと文化』世界思想社、二〇一〇年

参考雑誌一覧

・出版社名・誌名は本文で引用した号を刊行した当時の名称。
・二回以上引用した雑誌のうち引用箇所によって出版社名・誌名が異なるものは、新しいほうの名称をカッコ内で示した。

ビッグコミックオリジナル	小学館
an·an	平凡出版
non-no	集英社
終末から	筑摩書房
宝島	ＪＩＣＣ出版局
ミュージックライフ	新興楽譜出版社
音楽専科	音楽専科社
ニューミュージック・マガジン（ミュージック・マガジン）	ニューミュージック・マガジン社（ミュージック・マガジン）
平凡パンチ	平凡出版
OUT	みのり書房
季刊ファントーシュ	ファントーシュ編集室
アニメージュ	徳間書店
Ｓ－Ｆマガジン	早川書房
FOR LIFE	フォーライフレコード
angle	主婦と生活社
POPEYE	平凡出版
広告批評	マドラ出版
アクロス（流行観測across）	パルコ
BRUTUS	マガジンハウス
ビックリハウス	パルコ出版
REMEMBER	ＳＦＣ音楽出版
レコード・コレクターズ	ミュージック・マガジン
FOREVER MAGAZINE	フォーエバーレコーズ
東京おとなクラブ	東京おとなクラブ
週刊ポスト	小学館
HOT-DOG PRESS	講談社
週刊プレイボーイ	集英社
週刊少年ジャンプ	集英社
スターログ	ツルモトルーム
ぴあ	ぴあ
言語生活	筑摩書房
円卓会議	駸々堂出版
ビッグコミックスピリッツ	小学館
ELLE JAPON	マガジンハウス（アシェット婦人画報社）
女性セブン	小学館
週刊ダイヤモンド	ダイヤモンド社
GORO	小学館
checkmate	講談社
女性自身	光文社

週刊宝石	光文社
FRIDAY	講談社
POP・IND'S	スイッチ・コーポレイション
ROCKIN'ON JAPAN	ロッキング・オン
Olive	マガジンハウス
STUDIO VOICE	Infas パブリケーションズ
REMIX	アウトバーン
bar-f-out!(BARFOUT!)	ティー・シー・アール・シー
クイック・ジャパン	太田出版
MORE BETTER	ソニー・マガジンズ
CREA	文藝春秋
週刊読売（読売ウイークリー）	読売新聞社
Hanako	マガジンハウス
JUNON	主婦と生活社
DIME	小学館
FLASH	光文社
TOKYO1週間	講談社
サライ	小学館
自由時間	マガジンハウス
週刊朝日	朝日新聞社
週刊文春	文藝春秋
太陽	平凡社
SPA!	扶桑社
Sports Graphic Number	文藝春秋
AERA	朝日新聞社
散歩の達人	交通新聞社
THE21	PHP研究所
スコラ	スコラ
週刊大衆	双葉社
エコノミスト	毎日新聞社
サンデー毎日	毎日新聞社
日経ビジネスアソシエ	日経BP社
日経トレンディ	日経ホーム出版社
Men's non-no	集英社
サイゾー	インフォバーン
Grazia	講談社
調査情報	TBSテレビ
OZ magazine	スターツ出版
FRaU	講談社
昭和四〇年男	クレタパブリッシング
東京人	都市出版
週刊昭和タイムズ	ディアゴスティーニ
創	創出版
ピクトアップ	ピクトアップ
DAYS JAPAN	デイズジャパン
中央公論	中央公論新社
キネマ旬報	キネマ旬報社

本書は、科学研究費補助金・若手研究（B）「昭和ノスタルジーのメディア論的考察」（二〇〇九〜二〇一〇年度、課題番号 21730397）に基づくものです。

高野光平　こうの・こうへい

一九七二年生まれ。茨城大学人文社会科学部教授。東京大学大学院人文社会系研究科文化資源学研究専攻博士課程修了。東京大学大学院人文社会系研究科助手、茨城大学人文学部講師、同准教授を経て、二〇一六年より現職。編著に『テレビ・コマーシャルの考古学』（世界思想社）、共著に『歴史と向き合う社会学』（ミネルヴァ書房）、『文化人とは何か？』（東京書籍）、『テレビだョ！全員集合』（青弓社）など。

昭和《しょうわ》ノスタルジー解体《かいたい》

「懐かしさ」はどう作られたのか

二〇一八年四月二〇日　初　版

著　者　高　野　光　平

発行者　株式会社　晶　文　社

〒一〇一－〇〇五一

東京都千代田区神田神保町一－一一

電話　〇三－三五一八－四九四〇（代表）

〇三－三五一八－四九四二（編集）

印刷・製本　ベクトル印刷株式会社

〈検印廃止〉落丁・乱丁本はお取替えいたします。

© Kohei KONO 2018 ISBN 978-4-7949-6996-5　Printed in Japan

http://www.shobunsha.co.jp

JCOPY 〈（社）出版者著作権管理機構 委託出版物〉

本書の無断複写は著作権法上での例外を除き禁じられています。複写される場合は、そのつど事前に、（社）出版者著作権管理機構（TEL：03-3513-6969 FAX：03-3513-6979 e-mail: info@jcopy.or.jp）の許諾を得てください。

好評発売中

近くても遠い場所　木下直之

見世物、絵馬堂、美術館、動物園、お城、戦争……著者は見慣れた風景の中に、見落としてきたものを見つけ、新たな意味や価値を発見する。およそ150年の日本社会の変遷を、風景から掘り起こす歴史エッセイ。

日本語とジャーナリズム　武田 徹

明治期の新聞がどのように口語体になったか。言語学者、文法学者は日本語をどのように考えてきたのか。戦後、大本営発表のような報道を繰り返さないために、新聞はどのような文体を選んだか。日本語から考えるジャーナリズム論にして日本文化論。

ロッキング・オンの時代　橘川幸夫

音楽雑誌「ロッキング・オン」は、いかなる場から生まれたのか。創刊メンバーの一人である著者が1972年の創刊から約十年の歩みを振り返るクロニクル。ロックがいちばん熱かった時代、70年代カウンターカルチャーの息吹を伝えるノンフィクション。

蚕　——絹糸を吐く虫と日本人　畑中章宏

明治期に蚕は多くの農家で大切に飼われ、「お蚕さま」をめぐる民間信仰が生まれていた。伝説、お札、お祭、彫刻……身近であったはずの養蚕が生み出した、素朴で豊かな文化と芸術を、気鋭の民俗学者が各地を取材し掘り起こす民俗学的ノンフィクション。

文字を作る仕事　鳥海 修

フォント制作会社「字游工房」の代表にして、書体設計士の著者が考える理想の文字とは何か？　これまでに制作した文字。そこに込めた思想。影響を受けた人たちとの交流……。「水のような、空気のような」書体を目指して活動してきた37年間を振り返る。

斎藤昌三　書痴の肖像　川村伸秀

風変わりな造本でいまなお書物愛好家を魅了し続けている書物展望社本——その仕掛け人・斎藤昌三の人物像と、荷風、魯庵、茂吉、吉野作造、宮武外骨、梅原北明ら書痴や畸人たちとの交流を描き、知られざる日本文学史・出版史・趣味の歴史に迫った画期的労作。

儒教が支えた明治維新　小島 毅

古来より朱子学によって国を治めた中国・韓国に対し、日本では教養としての朱子学が、水戸光圀、吉田松陰、西郷隆盛、伊藤博文らへと受け継がれ、明治維新を支える思想となっていった。東アジアの中の日本を俯瞰して論じる、新しい明治維新論。